TEXTUELLEMENT

TEXTUEL

HOLT, RINEHART AND WINSTON

New York   San Francisco   Toronto   London

LEMENT

John Barson

Stanford University

Marc Chénetier

Sorbonne Nouvelle

PERMISSIONS AND ACKNOWLEDGMENTS

Permission by the following authors, publishers, and copyright holders to reprint and include copyrighted material in this textbook is gratefully acknowledged:

Éditions Gallimard: extract from *La Leçon*, by Eugène Ionesco; «Page d'écriture,» «Pater Noster,» and «L'Accent grave,» from *Paroles*, by Jacques Prévert; *Le Retour de l'enfant prodigue*, by André Gide; extracts from *Vol de nuit* and *Le Petit prince*, by Antoine de St. Exupéry. (FGE)

Librairie Hachette: extract from *La vie quotidienne dans les lycées et collèges au XIXᵉ siècle*, by Paul Gerbod. (J)

Éditions Bernard Grasset: extract from *Seul à travers l'Atlantique*, by Alain Gerbault. (FH)

Éditions Jean-Jacques Pauvert: extract from *L'Écume des jours*, by Boris Vian. (J)

L'Express: «Jusqu'où vont-elles aller, les femmes?» by Danièle Heyman; «Bombarder trois pays pour en évacuer un,» by Claudine la Haye. (CA)

Éditions Stock: *La Voix humaine*, by Jean Cocteau. (GEJ)

Jean-Pierre Giraudoux: extract from *La Guerre de Troie n'aura pas lieu*, by Jean-Pierre Giraudoux. (J)

Georges Borchardt, Inc.: «Liberté,» by Paul Éluard, from *Poésie et vérité*, (c) Éditions Gallimard, 1942. (DE)

Library of Congress Cataloging in Publication Data

Barson, John, comp.
   Textuellement.

   1. French language—Readers.   I. Chénetier, Marc,
1946–   joint comp. II. Title.
PC2117.B29   448'.6'421   73–20099
ISBN 0–03–007006–6

Textuellement, by John Barson and Marc Chénetier

    Foreign Language Department
    5643 Paradise Drive
    Corte Madera, California 94925

1 2 3 4 5 6 7 8 090 9 8 7 6 5

À Madeleine Duncombe
avec toute notre gratitude

Table des matières

III. L'HOMME EN SOCIÉTÉ

IV. L'ANGOISSE

V. CONFLITS ET GUERRE

VIII. L'UTOPIE

APPENDICE

Introduction

The present collection of French texts was prepared as an intermediate college reader, and although it is intended to supplement a two-quarter basic grammar review, it is readily adaptable for use on a quarter or semester basis. The selection of texts and the organization of the study material address themselves to the fundamental problems which beset students in their second year of language study. Students coming out of first-year courses usually have very little, if any, exposure to "real" French as opposed to "manufactured" French, written specifically for elementary textbooks. And the step from the carefully graded written word of beginning French texts to that of French authors is a perilous one. Beyond the immediate objectives of comprehension and vocabulary acquisition come the need for sensitivity, perception of ideas, awareness of tone, ability to express one's own thoughts and attitudes, and willingness and desire to discuss texts, experience and ideas with fellow students. If grammar review does indeed provide students with the foundation for creating language, then reading selections should stimulate the student and make him anxious to perform and continue expanding his range of expression. In a word, the texts must be relevant to the student's experience and interests. It is the conviction of the present editors that from the student's point of view this indispensable criterion is best met not only by the content of the texts but by their potential as discussion topics. Students are interested in ideas and viewpoints — and especially their own feelings and ideas.

The foregoing pedagogical assumption underlies the entire organization of this reader. First of all, the thematic units into which the book is divided serve the twofold purpose of permitting the juxtaposition of a variety of texts from different periods of literature and providing a central topic for discussion. The themes are sufficiently varied to appeal to a wide range of student interests and, taken as a whole, deal with ever-present aspects of human experience. A sense of logical progression determines the order of the thematic units, thus enhancing the potential for discussion, but each unit can be dealt with independently from the others.

Each unit begins with a *core text* usually about 15 to 20 pages in length. Although in most cases excerpts have been used either from novels, plays or short stories, the original French has not been simplified. Transitional bridges or *résumés* are provided as needed by the editors in the excerpts from longer works. All such insertions are clearly marked by brackets. This approach permitted concentration on a stimulating portion of given works while also giving students the chance to read a substantial piece of prose without growing discouraged and hence bored by the density of lengthy works. The approach to reading the core texts should be one of meticulous attention to detail. Facing-page notes and vocabulary aids entirely in French provide instant help to the students, and an all-French vocabulary supplement at the end of the book functions as a further aid for unresolved problems or ambiguities. Depending on the level and aptitude of the students, the core text can be covered in one or more assignments. As much as possible, students should be cautioned against translating into English and encouraged to experience the text in French, to make themselves sensitive to the particular value of the words and expressions used by each author, and thereby increase their awareness of stylistic nuances. The facing-page content questions serve as a running check on comprehension of essential points of fact. They may also be used as needed for purposes of classroom discussion or clarification.

Following the core texts are *satellite texts* which illustrate divergent approaches to the main theme. These texts are deliberately short and of varying difficulty within each unit. Again, the teacher is free to assign as many as time allows within the scope of the course he is offering. The variety of viewpoints contained in the satellite texts is aimed at stimulating discussion. Each unit contains some more challenging selections which are offered in the belief that students are indeed capable and willing to tackle something above their level provided it is short enough not to discourage them. Such texts can then be used as a gradual initiation to more advanced reading. Since we deem it worthwhile that students in intermediate French courses not limit their experience of French to literary forms, we have included newspaper articles and other items in well-written French as satellite texts in certain units.

Critical apparatus

Content questions: The facing-page content questions which accompany each of the core texts are intended primarily to help students read carefully while preparing an assignment. They are a running check on their perception of the main points of the text. These questions, however, could also be used for systematic classroom discussion when this type of questioning is deemed advisable.

Réflexion et discussion: The discussion topics and questions contained in *Réflexion et discussion* provide a more synthetic approach to studying both the core and the satellite texts by suggesting various means of analyzing and assembling their significant features. The students can work either singly or in groups to elucidate the meaning of a text, its style and overtones. They can come to grips with the text in an effort to discover its wider significance. In a sense, *Réflexion et discussion* offers a suggested class plan, especially suitable for more advanced students, but which can be used in any convenient way. Since student ability can vary significantly, each set contains a gamut of topics and questions ranging in difficulty. Furthermore, as one moves from unit to unit there is an increasing emphasis on stylistic analysis in answer to the growing capacity of students to handle sophisticated discussion. It is very important that teachers pick the material most suited to the capabilities of their students.

No marginal questions are provided for the satellite texts since they are short and intended for more rapid reading. Nothing, however, prevents their being treated as small core texts with careful analysis of style, mood, tone, etc.

Projets: At the end of each unit, suggested *projets* broaden the scope of the theme under study. Here students are asked either to compare or contrast the different texts they have just read or to contribute their own experience or variation to the central theme. The *projets* can be used for individual oral reports, group reports, group research, written papers, even exam questions. It should be noted that when students present a group project in class, the teacher's role becomes that of a moderator; the students will derive benefit and enjoyment from carrying the ball on their own. One suggested approach is to divide a class into three or four groups at the beginning of the hour, assign each group a topic, give them about 20 to 25 minutes to prepare, during which time the teacher can work with each group individually. In the remaining portion of the class period, the groups report their findings.

Notices biographiques: Information concerning the authors of the satellite texts can be found in the appendix.

Supplément au vocabulaire: Since it has been our purpose to provide students with immediate access to explanations of difficult words as they occur in the texts through facing-page and marginal glosses, a substantial end vocabulary could only be redundant. The primary purpose, therefore, of the supplementary vocabulary of *Textuellement* is to answer somewhat to individual variations of lexical background. Students approaching second-year French with minimal exposure to vocabulary may find these listings helpful. Also included in the vocabulary supplement are those words from the facing-page and marginal glosses which were defined in specific context by "ICI:" In many cases, it seemed advisable to furnish a more general definition of these words as additional information. Cognates have been omitted along with such words as ordinarily occur in first-year level instruction.

Textuellement is predicated on the belief that at a second-year level, it is far better to read well a limited amount of French than to read a great deal superficially. This is particularly so since time must be spent equally on developing all language skills — comprehension, speaking, writing, and reading. In schools where tracking is practiced and reading becomes heavily emphasized in a course, teachers could easily use this collection of texts as an introduction to the art of reading and follow it by selected longer works of their own choice. The material in the present collection would also be useful in an intermediate conversation course due to the consistent emphasis on discussion and the effectiveness of themes as a stimulus to conversation.

It is hoped that students will apply the skills which they acquire from the use of this reader to any material they may read for work or pleasure and will keep as a constant goal the improvement of their sensitivity to the inner workings of the complex world we call a text.

Acknowledgments

We wish to extend our kindest thanks to our friends, colleagues, and students at Stanford University who so willingly used *Textuellement* in its preliminary version. Their enthusiastic cooperation and helpful suggestions enabled us to make many improvements.

Special thanks also go to Jean-Pierre Giraudoux, the Librairie Hachette, and Éditions Jean-Jacques Pauvert, whose generosity in granting permission to use certain extracts is most appreciated.

We are also indebted to Marguerite Bauer of Stanford University for her judicious advice on numerous details and her assistance in proof-reading the manuscript.

We are most grateful to Nathalie Vuillemin for her refreshing, provocative illustrations.

J. B.
M. C.

TEXTUELLEMENT

I
L'ÉDUCATION

EUGENE IONESCO

La Leçon

EXTRAIT

Connu dans le monde entier pour représenter les tendances les plus modernes du théâtre français, Eugène Ionesco est cependant d'origine étrangère. Il est né en Roumanie en 1912. Ses trois pièces les plus connues: Les Chaises (1952), La Cantatrice chauve (1950) et La Leçon (1950) n'ont pratiquement pas cessé d'être jouées à Paris, en province et à l'étranger depuis leur création.

La Leçon illustre fort bien les différents aspects de l'oeuvre de Ionesco. En choisissant des situations qui mettent en évidence l'absurdité de la vie, il crée des personnages informes et tourmentés dont les actions plus ou moins cohérentes se prêtent à de multiples interprétations. Jeux de mots, analogies et sophismes deviennent le mode de communication privilégié de ces personnages vivant dans un univers absurde. A partir de situations banales, Ionesco pratique une sorte de subversion systématique par le langage, arrivant ainsi à mettre en question les idées reçues exprimées ou représentées par les personnages. Ses dialogues font apparaître une logique étrange qui s'oppose à la logique traditionnelle et force ainsi les spectateurs à prendre conscience des difficultés de la communication.

L'ensemble de ces caractéristiques, brièvement mentionnées ici, a valu au théâtre de Ionesco l'étiquette d'«anti-théâtre» et a conduit Ionesco lui-même à donner à La Leçon le sous-titre paradoxal de «drame comique».

1. Comment est le costume du professeur?

une barbiche   *petite barbe sur le menton*

lorgnons (nm)   *lunettes qui tiennent sur le nez avec une pince*

une calotte   *petit bonnet rond*

un col   *partie d'un vêtement qui est autour du cou (faux col: col qui s'attache aux chemises par des boutons)*

un tablier   *vêtement qu'on met sur une robe ou une jupe pour la protéger*

une serviette   *sac en cuir qui contient des livres et des papiers*

la scène   *lieu où les acteurs jouent la pièce*

2. De quelle manière le professeur parle-t-il?
3. Quel tic nerveux le professeur a-t-il?
4. Qu'est-ce qu'il y a d'étrange dans son regard?

assourdie   *rendue moins forte*

Il se frotte... les mains   *Il appuie une main contre l'autre dans un geste qui indique l'impatience dans l'attente d'un plaisir.*

une lueur   *petite lumière faible*

lubrique   *inspiré par le désir charnel*

[*Dans* La Leçon, *il y a trois personnages: un professeur, sa bonne, et une jeune élève âgée de 18 ans. Le professeur, qui a de 50–60 ans, est un «petit vieux à barbiche blanche; il a des lorgnons, une calotte noire, il porte une longue blouse noire de maître d'école, pantalons et souliers noirs, faux col blanc, cravate noire.»*

L'élève «a l'air d'une fille polie, bien élevée, mais bien vivante, gaie, dynamique; un sourire frais sur les lèvres.» Elle porte «un tablier gris, petit col blanc». Quand elle arrive chez le professeur, sa serviette sous le bras, elle est reçue par la bonne, une femme forte de 45–50 ans. Celle-ci installe l'élève dans le cabinet de travail du professeur et va appeler le maître. Ce cabinet, selon les indications scéniques de Ionesco, sert aussi de salle à manger. «A gauche de la scène [on voit] une porte donnant dans les escaliers de l'immeuble; au fond, à droite de la scène, une autre porte menant à un couloir de l'appartement.

«Au fond, un peu sur la gauche, une fenêtre, pas très grande, avec des rideaux simples; sur le bord extérieur de la fenêtre, des pots de fleurs banales.

«On doit apercevoir, dans le lointain, des maisons basses, aux toits rouges: la petite ville. Le ciel est bleu gris. Sur la droite, un buffet rustique. La table sert aussi de bureau: elle se trouve au milieu de la pièce. Trois chaises autour de la table, deux autres des deux côtés de la fenêtre, tapisserie claire, quelques rayons avec des livres.»

L'élève s'installe «sa serviette sur ses genoux,» et en attendant le professeur examine le salon puis sort un cahier pour «jeter un dernier coup d'œil sur ses devoirs». Au bout de quelques minutes, le professeur arrive. Il est «excessivement poli, très timide, voix assourdie par la timidité, très correct, très professeur. Il se frotte tout le temps les mains; de temps à autre [il a] une lueur lubrique dans les yeux, vite réprimée.»]

5. Quels détails indiquent la politesse de l'élève envers son professeur?

se retourne   *tourne sur elle-même*
vivement   *avec vivacité*
dégagée   *à l'aise, confiante*
tend la main   *donne la main*

presser (*de se presser*)   *se dépêcher, faire ou aller vite*

la peine   *la difficulté*

Il y a... que   *depuis*

6. Quel mot dans cette liste est source d'humour? Pourquoi?

déplaît   *de déplaire: causer un sentiment contraire au plaisir*
nullement   *pas du tout*
un pensionnat   *école où les étudiants habitent*
un évêque   *homme d'église chargé d'administrer un diocèse*
autre part   *dans un autre endroit*

le chef-lieu   *ville principale d'une région. Chaque département en France a un chef-lieu. Paris est le chef-lieu de la Seine et la capitale de la France.*

7. Pourquoi les félicitations du professeur sont-elles exagérées?

les félicitations (*nf*)   *compliments*
sur le bout des ongles (*expression idiomatique*)   *parfaitement*
du mal   *de la difficulté*

Le Professeur : Bonjour, Mademoiselle... C'est vous, c'est bien vous, n'est-ce pas, la nouvelle élève ?

L'Élève, *se retourne vivement, l'air très dégagée, jeune fille du monde; elle se lève, s'avance vers le professeur, lui tend la main* : Oui Monsieur. Bonjour, Monsieur. Vous voyez, je suis venue à l'heure. Je n'ai pas voulu être en retard.

Le Professeur : C'est bien, Mademoiselle. Merci, mais il ne fallait pas vous presser. Je ne sais comment m'excuser de vous avoir fait attendre.... Je finissais justement... n'est-ce pas, de.... Je m'excuse. ... Vous m'excuserez.

L'Élève : Il ne faut pas, Monsieur. Il n'y a aucun mal, Monsieur.

Le Professeur : Mes excuses.... Vous avez eu de la peine à trouver la maison ?

L'Élève : Du tout... Pas du tout. Et puis j'ai demandé. Tout le monde vous connaît ici.

Le Professeur : Il y a trente ans que j'habite la ville. Vous n'y êtes pas depuis longtemps ! Comment la trouvez-vous ?

L'Élève : Elle ne me déplaît nullement. C'est une jolie ville, agréable, un joli parc, un pensionnat, un évêque, de beaux magasins, des rues, des avenues...

Le Professeur : C'est vrai, Mademoiselle. Pourtant j'aimerais autant vivre autre part. A Paris, ou au moins à Bordeaux.

L'Élève : Vous aimez Bordeaux ?

Le Professeur : Je ne sais pas. Je ne connais pas.

L'Élève : Alors vous connaissez Paris ?

Le Professeur : Non plus, Mademoiselle, mais si vous me le permettez, pourriez-vous me dire, Paris, c'est le chef-lieu de... Mademoiselle ?

L'Élève *cherche un instant, puis, heureuse de savoir* : Paris, c'est le chef-lieu de... la France ?

Le Professeur : Mais oui, Mademoiselle, bravo, mais c'est très bien, c'est parfait. Mes félicitations. Vous connaissez votre géographie nationale sur le bout des ongles. Vos chefs-lieux.

L'Élève : Oh ! je ne les connais pas tous encore, Monsieur, ce n'est pas si facile que ça, j'ai du mal à les apprendre.

Le Professeur : Oh, ça viendra.... Du courage.... Mademoiselle....

8. Le professeur parle-t-il du temps d'une façon très scientifique?

plutôt ICI: *au contraire*

étonnant *qui cause de la surprise; surprenant*

s'attendre à *avoir l'idée que quelque chose va arriver*

Evidemment *certainement, bien sûr*

9. Quelles expressions révèlent la condescendance du professeur?

convaincu (*de* convaincre) *absolument sûr*

instruite *qui a reçu une formation scolaire*

arriverez à *réussirez à*

m'instruire *apprendre*

approfondisse *d'*approfondir: *rendre plus profond* (profond *est le contraire de* superficiel)

ont raison *d'*avoir raison: *avoir une opinion juste, correcte; antonyme:* avoir tort

pousser ICI: *continuer*

Je m'excuse... de la patience... doucement, doucement.... Vous verrez, ça viendra.... Il fait beau aujourd'hui... ou plutôt pas tellement.... Oh! si quand même. Enfin, il ne fait pas trop mauvais, c'est le principal... Euh... euh... il ne pleut pas, il ne neige pas non plus. 5

L'ÉLÈVE : Ce serait bien étonnant, car nous sommes en été.

LE PROFESSEUR : Je m'excuse, Mademoiselle, j'allais vous le dire... mais vous apprendrez que l'on peut s'attendre à tout.

L'ÉLÈVE : Evidemment, Monsieur.

LE PROFESSEUR : Nous ne pouvons être sûrs de rien, Mademoiselle, en 10 ce monde.

L'ÉLÈVE : La neige tombe l'hiver. L'hiver, c'est une des quatre saisons. Les trois autres sont... euh... le prin...

LE PROFESSEUR : Oui ?

L'ÉLÈVE : ... temps, et puis l'été... et... euh... 15

LE PROFESSEUR : Ça commence comme automobile, Mademoiselle.

L'ÉLÈVE : Ah, oui, l'automne.

LE PROFESSEUR : C'est bien cela, Mademoiselle, très bien répondu, c'est parfait. Je suis convaincu que vous serez une bonne élève. Vous ferez des progrès. Vous êtes intelligente, vous me paraissez 20 instruite, bonne mémoire.

L'ÉLÈVE : Je connais mes saisons, n'est-ce pas, Monsieur ?

LE PROFESSEUR : Mais oui, Mademoiselle... ou presque. Mais ça viendra. De toute façon, c'est déjà très bien. Vous arriverez à les connaître, toutes vos saisons, les yeux fermés. Comme moi. 25

L'ÉLÈVE : C'est difficile.

LE PROFESSEUR : Oh non. Il suffit d'un petit effort, de la bonne volonté, Mademoiselle. Vous verrez, ça viendra, soyez-en sûre.

L'ÉLÈVE : Oh, je voudrais bien, Monsieur. J'ai une telle soif de m'instruire. Mes parents aussi désirent que j'approfondisse mes con- 30 naissances. Ils veulent que je me spécialise. Ils pensent qu'une simple culture générale, même si elle est solide, ne suffit plus, à notre époque.

LE PROFESSEUR : Vos parents, Mademoiselle, ont parfaitement raison. Vous devez pousser vos études. Je m'excuse de vous le dire, mais 35

fortunés   *riches*

j'ai de la chance   ICI: *heureusement pour moi*

le concours   *examen compétitif*

le baccalauréat   *diplôme qu'on reçoit à la fin des études secondaires*

le bachot   *familier pour* baccalauréat

passer   *se présenter à un examen*

philosophie normale   *programme fictif d'études*

10. Quelles sont les aspirations scolaires de l'élève?

tâcherons   *de tâcher: faire un effort pour*

de notre mieux   *tout notre possible*

11. Quel contraste trouvez-vous entre la hâte du professeur et le contenu de son dialogue avec l'élève?

se mettre à   *commencer à*

guère   *presque pas*

en face de   *de l'autre côté de*

c'est une chose nécessaire. La vie contemporaine est devenue très complexe.

L'Élève : Et tellement compliquée.... Mes parents sont assez fortunés, j'ai de la chance. Ils pourront m'aider à travailler, à faire des études très supérieures. 5

Le Professeur : Et vous voudriez vous présenter....

L'Élève : Le plus tôt possible, au premier concours de doctorat. C'est dans trois semaines.

Le Professeur : Vous avez déjà votre baccalauréat, si vous me permettez de vous poser la question ? 10

L'Élève : Oui, Monsieur, j'ai mon bachot sciences, et mon bachot lettres.

Le Professeur : Oh, mais vous êtes très avancée, même trop avancée pour votre âge. Et quel doctorat voulez-vous passer ? Sciences matérielles ou philosophie normale ? 15

L'Élève : Mes parents voudraient bien, si vous croyez que cela est possible en si peu de temps, ils voudraient bien que je passe mon doctorat total.

Le Professeur : Le doctorat total ? ... Vous avez beaucoup de courage, Mademoiselle. Je vous félicite sincèrement. Nous tâcherons, 20 Mademoiselle, de faire de notre mieux. D'ailleurs, vous êtes déjà assez savante. A un si jeune âge.

L'Élève : Oh, Monsieur.

Le Professeur : Alors, si vous voulez bien me permettre, mes excuses, je vous dirais qu'il faut se mettre au travail. Nous n'avons 25 guère de temps à perdre.

L'Élève : Mais au contraire, Monsieur, je le veux bien. Et même je vous en prie.

Le Professeur : Puis-je donc vous demander de vous asseoir... là.... Voulez-vous me permettre, Mademoiselle, si vous n'y voyez pas 30 d'inconvénients, de m'asseoir en face de vous ?

L'Élève : Certainement, Monsieur. Je vous en prie.

Le Professeur : Merci bien, Mademoiselle. (*Ils s'assoient l'un en face de l'autre, à table, de profil à la salle.*) Voilà. Vous avez vos livres, vos cahiers ? 35

L'Élève, *sortant des cahiers et des livres de sa serviette* :   Oui, Monsieur.

12. Quel est le double sens de l'expression «à votre disposition»?

ennuie *d'ennuyer: déranger, troubler*

à votre disposition *à la discrétion de, en le pouvoir de*

éteint (*d'éteindre*) ICI: *supprimé, effacé*

un geste *mouvement*

réprime *de réprimer: étouffer, retenir, contenir*

(le) serviteur *domestique;* ICI: *terme de politesse*

13. La leçon commence-t-elle de façon très pédagogique?

sommaire *rapide, abrégé*

dégager *rendre clair*

confuse *pas claire*

14. Pourquoi le professeur répète-t-il le verbe «vouloir». Quel effet cela produit-il?

proprement *précisément*

15. Sait-on pourquoi la bonne recommande le calme?

je n'admets pas *je n'accepte pas*

me conduire *me comporter, agir*

Bien sûr, j'ai là tout ce qu'il faut.

Le Professeur : Parfait, Mademoiselle. C'est parfait. Alors, si cela ne vous ennuie pas... pouvons-nous commencer ?

L'Élève : Mais oui, Monsieur, je suis à votre disposition, Monsieur.

Le Professeur : A ma disposition ? ... (*Lueur dans les yeux vite éteinte,* un geste, qu'il réprime.) Oh, Mademoiselle, c'est moi qui suis à votre disposition. Je ne suis que votre serviteur.

L'Élève : Oh, Monsieur.

Le Professeur : Si vous voulez bien... alors... nous... nous... je... je commencerai par faire un examen sommaire de vos connaissances passées et présentes, afin de pouvoir en dégager la voie future.... Bon. Où en est votre perception de la pluralité ?

L'Élève : Elle est assez vague... confuse.

Le Professeur : Bon. Nous allons voir ça.

Il se frotte les mains. La Bonne entre, ce qui a l'air d'irriter Le Professeur ; elle se dirige vers le buffet, y cherche quelque chose, s'attarde.

Le Professeur : Voyons, Mademoiselle, voulez-vous que nous fassions un peu d'arithmétique, si vous voulez bien...

L'Élève : Mais oui, Monsieur. Certainement, je ne demande que ça.

Le Professeur : C'est une science assez nouvelle, une science moderne ; à proprement parler, c'est plutôt une méthode qu'une science... C'est aussi une thérapeutique. (*A la Bonne.*) Marie, est-ce que vous avez fini ?

La Bonne : Oui, Monsieur, j'ai trouvé l'assiette. Je m'en vais...

Le Professeur : Dépêchez-vous. Allez à votre cuisine, s'il vous plaît.

La Bonne : Oui, Monsieur. J'y vais.

Fausse sortie de la Bonne.

La Bonne : Excusez-moi, Monsieur, faites attention, je vous recommande le calme.

Le Professeur : Vous êtes ridicule, Marie, voyons. Ne vous inquiétez pas.

La Bonne : On dit toujours ça.

Le Professeur : Je n'admets pas vos insinuations. Je sais parfaitement comment me conduire. Je suis assez vieux pour cela.

énerve   d'énerver: *rendre agité, mettre quelqu'un sur les nerfs*

vous mêlez-vous   *de se mêler: s'occuper de;* ICI: *s'introduire mal à propos dans les affaires des autres*

averti   d'avertir: *prévenir, informer*

je n'ai que faire de   *je n'ai pas besoin de*

sotte   *stupide*

craint   *de craindre: avoir peur*

dévouée   *loyale, fidèle*

Revenons à nos moutons arithmétiques: *L'expression «Revenons à nos moutons,» qui vient de La Farce de Maître Pathelin, qui date du Moyen Age, est employée pour indiquer qu'on reprend un sujet après avoir fait une digression.*

16. Pourquoi peut-on trouver le professeur «spirituel»?

spirituel   *plein d'esprit (puisqu'il fait un jeu de mots)*

volontiers   *avec plaisir*

émerveillé   *étonné*

d'autant plus que   *exprime une augmentation par rapport à quelque chose;* ANTONYME: *d'autant moins que*

poussons   *avançons*

La Bonne : Justement, Monsieur. Vous feriez mieux de ne pas commencer par l'arithmétique avec Mademoiselle. L'arithmétique ça fatigue, ça énerve.

Le Professeur : Plus à mon âge. Et puis de quoi vous mêlez-vous ? C'est mon affaire. Et je la connais. Votre place n'est pas ici. 5

La Bonne : C'est bien, Monsieur. Vous ne direz pas que je ne vous ai pas averti.

Le Professeur : Marie, je n'ai que faire de vos conseils.

La Bonne : C'est comme Monsieur veut. *Elle sort.*

Le Professeur : Excusez-moi, Mademoiselle, pour cette sotte inter- 10 ruption. Excusez cette femme... Elle a toujours peur que je me fatigue. Elle craint pour ma santé.

L'Élève : Oh, c'est tout excusé, Monsieur. Ça prouve qu'elle vous est dévouée. Elle vous aime bien. C'est rare, les bons domestiques.

Le Professeur : Elle exagère. Sa peur est stupide. Revenons à nos 15 moutons arithmétiques.

L'Élève : Je vous suis, Monsieur.

Le Professeur, *spirituel* : Tout en restant assise !

L'Élève, *appréciant le mot d'esprit* : Comme vous, Monsieur.

Le Professeur : Bon. Arithmétisons donc un peu. 20

L'Élève : Oui, très volontiers, Monsieur.

Le Professeur : Cela ne vous ennuierait pas de me dire...

L'Élève : Du tout, Monsieur, allez-y.

Le Professeur : Combien font un et un ?

L'Élève : Un et un font deux. 25

Le Professeur, *émerveillé par le savoir de l'élève* : Oh, mais c'est très bien. Vous me paraissez très avancée dans vos études. Vous aurez facilement votre doctorat total, Mademoiselle.

L'Élève : Je suis bien contente. D'autant plus que c'est vous qui le dites. 30

Le Professeur : Poussons plus loin : combien font deux et un ?

L'Élève : Trois.

Le Professeur : Trois et un ?

L'Élève : Quatre.

Le Professeur : Quatre et un ? 35

L'Élève : Cinq.

bis   *deux fois*

ter   *trois fois*

quater   *quatre fois*

17. Le professeur est-il satisfait
    des talents de son élève en
    addition?

chaleureusement   *avec ardeur, chaleur*

magistrale   *excellente (comme un* maître); *im-
posante*

18. Le mot «magistrale» est-il
    approprié?

épuisée   *très fatiguée*

retirez   *enlevez; soustrayez*

il ne s'agit plus d'   *il n'est plus question de*

tâchons de   *essayons de*

LE PROFESSEUR : Cinq et un ?

L'ÉLÈVE : Six.

LE PROFESSEUR : Six et un ?

L'ÉLÈVE : Sept.

LE PROFESSEUR : Sept et un ?

L'ÉLÈVE : Huit.

LE PROFESSEUR : Sept et un ?

L'ÉLÈVE : Huit... *bis*.

LE PROFESSEUR : Très bonne réponse. Sept et un ?

L'ÉLÈVE : Huit *ter*.

LE PROFESSEUR : Parfait. Excellent. Sept et un ?

L'ÉLÈVE : Huit *quater*. Et parfois neuf.

LE PROFESSEUR : Magnifique. Vous êtes magnifique. Vous êtes exquise. Je vous félicite chaleureusement, Mademoiselle. Ce n'est pas la peine de continuer. Pour l'addition, vous êtes magistrale. Voyons la soustraction. Dites-moi, seulement, si vous n'êtes pas épuisée, combien font quatre moins trois ?

L'ÉLÈVE : Quatre moins trois ?... Quatre moins trois ?

LE PROFESSEUR : Oui. Je veux dire : retirez trois de quatre.

L'ÉLÈVE : Ça fait... sept ?

LE PROFESSEUR : Je m'excuse d'être obligé de vous contredire. Quatre moins trois ne font pas sept. Vous confondez : quatre plus trois font sept, quatre moins trois ne font pas sept. Il ne s'agit plus d'additionner, il faut soustraire maintenant.

L'ÉLÈVE, *s'efforce de comprendre* : Oui... oui...

LE PROFESSEUR : Quatre moins trois font... Combien ?... Combien ?

L'ÉLÈVE : Quatre ?

LE PROFESSEUR : Non, Mademoiselle, ce n'est pas ça.

L'ÉLÈVE : Trois, alors.

LE PROFESSEUR : Non plus, Mademoiselle... Pardon, je dois le dire... Ça ne fait pas ça... mes excuses.

L'ÉLÈVE : Quatre moins trois... Quatre moins trois... Quatre moins trois ?... Ça ne fait tout de même pas dix ?

LE PROFESSEUR : Oh, certainement pas, Mademoiselle. Mais il ne s'agit pas de deviner, il faut raisonner. Tâchons de le déduire ensemble. Voulez-vous compter ?

mettons ICI : *disons*
Cela suffit *c'est suffisant*

sachez *impératif de* savoir

oies (*nf*) *grands oiseaux qu'on trouve dans les fermes. Il y des histoires pour enfants qui s'appellent* Les contes de ma mère l'oie.

pépins (*nm*) *grains qu'on trouve à l'intérieur de certains fruits, les pommes, les citrons, etc.*

19. Quels sont les éléments absurdes dans l'exposé du professeur?
20. Pourquoi le professeur trouve-t-il la réponse de l'élève «excellente»? L'est-elle vraiment?

L'Élève : Oui, Monsieur. Un..., deux..., euh...

Le Professeur : Vous savez bien compter ? Jusqu'à combien savez-vous compter ?

L'Élève : Je puis compter... à l'infini.

Le Professeur : Cela n'est pas possible, Mademoiselle. 5

L'Élève : Alors, mettons jusqu'à seize.

Le Professeur : Cela suffit. Il faut savoir se limiter. Comptez donc, s'il vous plaît, je vous en prie.

L'Élève : Un..., deux..., et puis après deux, il y a trois... quatre...

Le Professeur : Arrêtez-vous, Mademoiselle. Quel nombre est plus 10 grand ? Trois ou quatre ?

L'Élève : Euh... trois ou quatre ? Quel est le plus grand ? Le plus grand de trois ou quatre ? Dans quel sens le plus grand ?

Le Professeur : Il y a des nombres plus petits et d'autres plus grands. Dans les nombres plus grands il y a plus d'unités que dans 15 les petits...

L'Élève : ... Que dans les petits nombres ?

Le Professeur : A moins que les petits aient des unités plus petites. Si elles sont toutes petites, ils se peut qu'il y ait plus d'unités dans les petits nombres que dans les grands... s'il s'agit d'autres unités... 20

L'Élève : Dans ce cas, les petits nombres peuvent être plus grands que les grands nombres ?

Le Professeur : Laissons cela. Ça nous mènerait beaucoup trop loin : sachez seulement qu'il n'y a pas que des nombres... il y a aussi des grandeurs, des sommes, il y a des groupes, il y a des tas, des tas de 25 choses telles que les prunes, les wagons, les oies, les pépins, etc. Supposons simplement, pour faciliter notre travail, que nous n'avons que des nombres égaux, les plus grands seront ceux qui auront le plus d'unités égales.

L'Élève : Celui qui en aura le plus sera le plus grand ? Ah, je com- 30 prends, Monsieur, vous identifiez la qualité à la quantité.

Le Professeur : Cela est trop théorique, Mademoiselle, trop théorique. Vous n'avez pas à vous inquiéter de cela. Prenons notre exemple et raisonnons sur ce cas précis. Laissons pour plus tard les conclusions générales. Nous avons le nombre quatre et le nombre 35 trois, avec chacun un nombre toujours égal d'unités ; quel nombre

tenez   ICI : *voyez, regardez*
allumettes (*nf*)   *petits morceaux de bois qui servent*
    à produire une flamme

21. La leçon de soustraction
    marche-t-elle aussi bien que
    l'addition?
22. En quoi la soustraction est-
    elle importante pour le
    professeur?

sera le plus grand, le nombre plus petit ou le nombre plus grand ?

L'ÉLÈVE : Excusez-moi, Monsieur... Qu'entendez vous par le nombre le plus grand ? Est-ce celui qui est moins petit que l'autre ?

LE PROFESSEUR : C'est ça, Mademoiselle, parfait. Vous m'avez très bien compris. 5

L'ÉLÈVE : Alors, c'est quatre.

LE PROFESSEUR : Qu'est-ce qu'il est, le quatre ? Plus grand ou plus petit que trois ?

L'ÉLÈVE : Plus petit... non, plus grand.

LE PROFESSEUR : Excellente réponse. Combien d'unités avez-vous de 10 trois à quatre ?... ou de quatre à trois, si vous préférez ?

L'ÉLÈVE : Il n'y a pas d'unités, Monsieur, entre trois et quatre. Quatre vient tout de suite après trois ; il n'y a rien du tout entre trois et quatre !

LE PROFESSEUR : Je me suis mal fait comprendre. C'est sans doute ma 15 faute. Je n'ai pas été assez clair.

L'ÉLÈVE : Non, Monsieur, la faute est mienne.

LE PROFESSEUR : Tenez. Voici trois allumettes. En voici encore une, ça fait quatre. Regardez bien, vous en avez quatre, j'en retire une, combien vous en reste-t-il ? 20

(On ne voit pas les allumettes, ni aucun des objets, d'ailleurs, dont il est question ; le professeur se lèvera de table, écrira sur un tableau inexistant avec une craie inexistante, etc.)

L'ÉLÈVE : Cinq. Si trois et un font quatre, quatre et un font cinq.

LE PROFESSEUR : Ce n'est pas ça du tout. Vous avez toujours tendance 25 à additionner. Mais il faut aussi soustraire. Il ne faut pas uniquement intégrer. Il faut aussi désintégrer. C'est ça la vie. C'est ça la philosophie. C'est ça la science. C'est ça le progrès, la civilisation.

L'ÉLÈVE : Oui, Monsieur.

LE PROFESSEUR : Revenons à nos allumettes. J'en ai donc quatre. Vous 30 voyez, elles sont bien quatre. J'en retire une, il n'en reste plus que... ?

L'ÉLÈVE : Je ne sais pas, Monsieur.

LE PROFESSEUR : Voyons, réfléchissez. Ce n'est pas facile, je l'admets.

parvenir *réussir*

arraché *enlevé avec force, brusquement*

ajoute *d'ajouter: additionner*

Pourtant, vous êtes assez cultivée pour pouvoir faire l'effort intellectuel demandé et parvenir à comprendre. Alors ?

L'ÉLÈVE : Je n'y arrive pas, Monsieur. Je ne sais pas, Monsieur.

Le PROFESSEUR : Prenons des exemples plus simples. Si vous aviez eu deux nez, et je vous en aurais arraché un... combien vous en 5 resterait-il maintenant ?

L'ÉLÈVE : Aucun.

Le PROFESSEUR : Comment aucun ?

L'ÉLÈVE : Oui, c'est justement parce que vous n'en avez arraché aucun, que j'en ai un maintenant. Si vous l'aviez arraché, je ne 10 l'aurais plus.

Le PROFESSEUR : Vous n'avez pas compris mon exemple. Supposez que vous n'avez qu'une seule oreille.

L'ÉLÈVE : Oui, après ?

Le PROFESSEUR : Je vous en ajoute une, combien en auriez-vous ? 15

L'ÉLÈVE : Deux.

Le PROFESSEUR : Bon... je vous en ajoute encore une. Combien en auriez-vous ?

L'ÉLÈVE : Trois oreilles.

Le PROFESSEUR : J'en enlève une... Il vous reste... combien d'oreilles ? 20

L'ÉLÈVE : Deux.

Le PROFESSEUR : Bon. J'en enlève encore une, combien vous en reste-t-il ?

L'ÉLÈVE : Deux.

Le PROFESSEUR : Non. Vous en avez deux, j'en prends une, je vous en 25 mange une, combien vous en reste-t-il ?

L'ÉLÈVE : Deux.

Le PROFESSEUR : J'en mange une... une.

L'ÉLÈVE : Deux.

Le PROFESSEUR : Une. 30

L'ÉLÈVE : Deux.

Le PROFESSEUR : Une !

L'ÉLÈVE : Deux !

Le PROFESSEUR : Une ! ! !

L'ÉLÈVE : Deux ! ! ! 35

Le PROFESSEUR : Une ! ! !

23. Pourquoi l'élève ne comprend-elle pas les illustrations du professeur?

doigts (nm)   *Chaque main a cinq doigts.*

autrement   *d'une autre manière*

bâtons (nm)   *morceaux de bois;* ICI: *il s'agit tout simplement de «traits».*

L'Élève: Deux!!!

Le Professeur: Une!!!

L'Élève: Deux!!!

Le Professeur: Non, non. Ce n'est pas ça. L'exemple n'est pas... n'est pas convaincant. Ecoutez-moi.

L'Élève: Oui, Monsieur.

Le Professeur: Vous avez... vous avez... vous avez....

L'Élève: Dix doigts!...

Le Professeur: Si vous voulez. Parfait. Bon. Vous avez donc dix doigts.

L'Élève: Oui, Monsieur.

Le Professeur: Combien en auriez-vous, si vous en aviez cinq?

L'Élève: Dix, Monsieur.

Le Professeur: Ce n'est pas ça!

L'Élève: Si, Monsieur.

Le Professeur: Je vous dis que non!

L'Élève: Vous venez de me dire que j'en ai dix...

Le Professeur: Je vous ai dit aussi, tout de suite après, que vous en aviez cinq!

L'Élève: Je n'en ai pas cinq, j'en ai dix!

Le Professeur: Procédons autrement... Limitons-nous aux nombres de un à cinq, pour la soustraction... Attendez, Mademoiselle, vous allez voir. Je vais vous faire comprendre. (*Le Professeur se met à écrire à un tableau noir imaginaire. Il l'approche de l'Élève, qui se retourne pour regarder.*) Voyez, Mademoiselle... (*Il fait semblant de dessiner, au tableau noir, un bâton; il fait semblant d'écrire au-dessous le chiffre 1; puis deux bâtons, sous lesquels il fait le chiffre 2, puis en dessous le chiffre 3, puis quatre bâtons au-dessous desquels il fait le chiffre 4.*) Vous voyez...

L'Élève: Oui, Monsieur.

Le Professeur: Ce sont des bâtons, Mademoiselle, des bâtons. Ici, c'est un bâton; là ce sont deux bâtons; là, trois bâtons, puis quatre bâtons, puis cinq bâtons. Un bâton, deux bâtons, trois bâtons, quatre et cinq bâtons, ce sont des nombres. Quand on compte des bâtons, chaque bâton est une unité, Mademoiselle... Qu'est-ce que je viens de dire?

24. Qu'est-ce que l'élève aurait
dû répondre à cette ques-
tion?

25. D'où provient la logique
bizarre de la jeune fille?

26. Pourquoi l'étudiante perd-
elle intérêt ici?

profondément   *complètement*
polytechnicien   *étudiant de l'École Polytechnique,*
  spécialisée en sciences théoriques et appliquées
charger   *rendre responsable (de)*
école maternelle   *école pour les jeunes enfants;*
  elle précède l'école primaire.
approfondi   *examiné en détail*
la moindre   *la plus petite*
moyen   *ni très bon ni très mauvais; ordinaire*
trois milliards   *3.000.000.000*

27. A quelles expressions voit-
on que le professeur mé-
lange ses sujets?

L'Élève : «Une unité, Mademoiselle ! Qu'est-ce que je viens de dire ?»

Le Professeur : Ou des chiffres ! Ou des nombres ! Un, deux, trois, quatre, cinq, ce sont des éléments de la numération, Mademoiselle.

L'Élève, *hésitante* : Oui, Monsieur. Des éléments, des chiffres, qui sont des bâtons, des unités et des nombres...

Le Professeur : A la fois... C'est-à-dire, en définitive, toute l'arithmétique elle-même est là.

L'Élève : Oui, Monsieur. Bien, Monsieur. Merci, Monsieur.

Le Professeur : Alors comptez, si vous voulez, en vous servant de ces éléments... additionnez et soustrayez...

L'Élève, *comme pour imprimer dans sa mémoire:* Les bâtons sont bien des chiffres et les nombres, des unités ?

Le Professeur : Hum... si l'on peut dire. Et alors ?

L'Élève : On peut soustraire deux unités de trois unités, mais peut-on soustraire deux deux de trois trois ? et deux chiffres de quatre nombres ? et trois nombres d'une unité ?

Le Professeur : Non, Mademoiselle.

L'Élève : Pourquoi, Monsieur ?

Le Professeur : Parce que, Mademoiselle.

L'Élève : Parce que quoi, Monsieur ? Puisque les uns sont bien les autres ?

Le Professeur : Il en est ainsi, Mademoiselle. Ça ne s'explique pas. Ça se comprend par un raisonnement mathématique intérieur. On l'a ou on ne l'a pas.

L'Élève : Tant pis !

Le Professeur : Écoutez-moi, Mademoiselle, si vous n'arrivez pas à comprendre profondément ces principes, ces archétypes arithmétiques, vous n'arriverez jamais à faire correctement un travail de polytechnicien. Encore moins ne pourra-t-on vous charger d'un cours à l'École polytechnique... ni à la maternelle supérieure. Je reconnais que ce n'est pas facile, c'est très abstrait... évidemment... mais comment pourriez-vous arriver, avant d'avoir bien approfondi les éléments premiers, à calculer mentalement combien font, et ceci est la moindre des choses pour un ingénieur moyen — combien font, par exemple, trois milliards sept cent cinquante-cinq millions

28. Pourquoi le professeur est-
    il «étonné» puis «stupéfait»?

il bredouille   *il balbutie, il parle avec hésitation*

me fier à   *avoir confiance en*

29. Pourquoi le professeur
    n'est-il pas content du
    talent que son élève a en
    multiplication?
30. Est-il mécontent seulement
    parce qu'elle ne suit pas ses
    principes?
31. Quels sont les différents
    sens du verbe «compter»?
    (lignes 25 à 26)

fort   *intelligent*; ICI: *habile*
avouer   *reconnaître, confesser*

ainsi que   *comme, aussi*
acharnées   *constantes et enragées*
par ailleurs   *dans d'autres domaines (endroits)*
néfaste   ICI: *dangereux*

neuf cent quatre-vingt-dix-huit mille deux cent cinquante et un, multiplié par cinq milliards cent soixante-deux millions trois cent trois mille cinq cent huit ?

L'Élève (*très vite*): Ça fait dix-neuf quintillions trois cent quatre-vingt dix quadrillions deux trillions huit cent quarante-quatre milliards deux cent dix-neuf millions cent soixante-quatre mille cinq cent huit....

Le Professeur (*étonné*): Non. Je ne pense pas. Ça doit faire dix neuf quintillions trois cent quatre-vingt dix quadrillions, deux trillions huit cent quarante-quatre milliards deux cent dix-neuf millions cent soixante-quatre mille, cinq cent neuf....

L'Élève: ... Non... cinq cent huit...

Le Professeur (*de plus en plus étonné, calcule mentalement*): Oui... Vous avez raison... le produit est bien... (*il bredouille inintelligiblement*)... quintillions, quadrillions, trillions, milliards, millions... (*distincte-ment*) cent soixante-quatre mille cinq cent huit... (*stupéfait*) mais comment le savez-vous, si vous ne connaissez pas les principes du raisonnement arithmétique ?

L'Élève: C'est simple. Ne pouvant me fier à mon raisonnement, j'ai appris par coeur tous les résultats possibles de toutes les multipli-cations possibles.

Le Professeur: C'est assez fort.... Pourtant, vous me permettrez de vous avouer que cela ne me satisfait pas, Mademoiselle, et je ne vous féliciterai pas: en mathématiques et en arithmétique tout spécialement, ce qui compte — car en arithmétique il faut toujours compter — ce qui compte, c'est surtout de comprendre.... C'est par un raisonnement mathématique, inductif et déductif à la fois, que vous auriez dû trouver ce résultat— ainsi que tout autre résultat. Les mathématiques sont les ennemies acharnées de la mémoire, excellente par ailleurs, mais néfaste, arithmétiquement parlant !... Je ne suis donc pas content... ça ne va donc pas, mais pas du tout...

L'Élève, *désolée*: Non, Monsieur.

Le Professeur: Laissons cela pour le moment. Passons à un autre genre d'exercices...

L'Élève: Oui, Monsieur.

(le) concours ICI : *examens*

vous mêlez-vous *voir p. 16*

si vous tenez vraiment à *si vous avez vraiment envie de*

(le) pire *superlatif de* mauvais

C'est trop fort ICI : *c'est vraiment exagéré*

averti *prévenu (d'avertir : dire à quelqu'un d'avance de faire attention)*
majeur *légalement adulte (à partir de 18 ou de 21 ans suivant le cas)*

32. Quel effet les interruptions de la bonne créent-elles ?

La Bonne, *entrant*: Hum, hum, Monsieur...

Le Professeur, *qui n'entend pas*: C'est dommage, Mademoiselle, que vous soyez si peu avancée en mathématiques spéciales...

La Bonne, *le tirant par la manche*: Monsieur! Monsieur!

Le Professeur: Je crains que vous ne puissiez vous présenter au concours du doctorat total...

L'Élève: Oui, Monsieur, dommage!

Le Professeur: Au moins si vous... (*A la bonne.*) Mais laissez-moi, Marie... Voyons, de quoi vous mêlez-vous? A la cuisine! A votre vaisselle! Allez! Allez! (*A l'Élève.*) Nous tâcherons de vous préparer pour le passage, au moins, du doctorat partiel...

La Bonne: Monsieur!... Monsieur!... *Elle le tire par la manche.*

Le Professeur (*à la Bonne*): Mais lâchez-moi donc! Lâchez-moi! Qu'est-ce que ça veut dire?... (*A l'Élève.*) Je dois donc vous enseigner, si vous tenez vraiment à vous présenter au doctorat partiel...

L'Élève: Oui, Monsieur.

Le Professeur: ... Les éléments de la linguistique et de la philologie comparée...

La Bonne: Non, Monsieur, non!... Il ne faut pas!...

Le Professeur: Marie, vous exagérez!

La Bonne: Monsieur, surtout pas de philologie, la philologie mène au pire...

L'Élève, *étonnée*: Au pire? (*Souriant, un peu bête.*) En voilà une histoire!

Le Professeur, *à la Bonne*: C'est trop fort! Sortez!

La Bonne: Bien, Monsieur, bien. Mais vous ne direz pas que je ne vous ai pas averti! La philologie mène au pire!

Le Professeur: Je suis majeur, Marie!

L'Élève: Oui, Monsieur.

La Bonne: C'est comme vous voudrez! *Elle sort.*

Le Professeur: Continuons, Mademoiselle.

L'Élève: Oui, Monsieur.

Le Professeur: Je vais donc vous prier d'écouter avec la plus grande attention mon cours, tout préparé...

L'Élève: Oui, Monsieur.

grâce auquel ICI: *à l'aide duquel, au moyen duquel*

acquérir *obtenir, assimiler*

LE PROFESSEUR: ... Grâce auquel, en quinze minutes, vous pouvez acquérir les principes fondamentaux de la philologie linguistique et comparée des langues néo-espagnoles.

L'ÉLÈVE: Oui, Monsieur, oh! *Elle frappe dans ses mains.*

LE PROFESSEUR, *avec autorité*: Silence! Que veut dire cela ? 5

L'ÉLÈVE: Pardon, Monsieur.

Lentement, elle remet ses mains sur la table.

LE PROFESSEUR: Silence! [. . .]

[*Le professeur, se promenant dans la chambre, commence ensuite sa «leçon de philologie» qui devient, elle aussi, aussi absurde que la leçon de mathématiques. A mesure que les explications du professeur deviennent plus complexes, plus paradoxales, plus confuses, l'Élève s'impatiente de plus en plus. Elle se met à se plaindre d'un mal de dent, pleurniche, et interrompt constamment le professeur, ce qui le rend furieux. Enfin, le Professeur, dans un dernier effort, pour montrer à l'Élève comment distinguer entre les langues «néo-espagnoles» (qui d'après lui se ressemblent toutes parfaitement) sort un couteau invisible avec lequel il compte faire une leçon de prononciation. Le professeur est maintenant devenu autoritaire, brusque, impoli, et cherche à dominer son élève qui souffre de tout son corps. Elle ne veut plus apprendre et le professeur, exaspéré, dans un geste à la fois de colère et de possession sexuelle, tue son élève d'un grand coup de couteau. La Bonne, qui avait bien prévu que la philologie menait au pire, aide, cependant, le Professeur à enterrer l'élève dans le jardin derrière la maison où reposent les trente-neuf autres jeunes filles que le professeur a déjà tuées dans de semblables circonstances. La pièce se termine avec l'arrivée d'une autre élève-victime.*]

RÉFLEXION ET DISCUSSION

1. On dit du théâtre de Ionesco qu'il est un «théâtre de l'absurde».
   (a) Quels éléments de l'intrigue justifient cette appellation?
   (b) Dégagez des exemples de situations et de propos absurdes.
   (c) Choisissez dans le texte les clichés qui vous semblent appartenir aux rapports traditionnels entre professeur et étudiants. Expliquez comment cette vision traditionnelle adaptée à une situation exceptionnelle contribue à l'humour du texte.

2. Quel est le rôle joué par le langage dans la perspective du théâtre de l'absurde?

3. D'après cet extrait, qu'est-ce que Ionesco semble penser des professeurs? Des étudiants?

4. Quels aspects de l'éducation la leçon d'arithmétique ridiculise-t-elle?

5. Quelles sont vos réactions personnelles à la lecture de cet extrait de *La Leçon*?

JACQUES PRÉVERT

L'ACCENT GRAVE

LE PROFESSEUR

Élève Hamlet!

L'ÉLÈVE HAMLET
(sursautant)

Hein ICI: *interjection qu'on emploie quand on n'a pas entendu*

... Hien... Quoi... Pardon... Qu'est-ce qui se 5 passe... Qu'est-ce qu'il y... Qu'est-ce que c'est?...

LE PROFESSEUR
(mécontent)

vous êtes encore dans les nuages *vous rêvez*

Vous ne pouvez pas répondre «présent» comme 10 tout le monde? Pas possible, vous êtes encore dans les nuages.

L'ÉLÈVE HAMLET

Être ou ne pas être dans les nuages!

LE PROFESSEUR 15

Suffit   *c'est assez*
Pas tant de manières
ICI: *ne faites pas de difficultés, ne soyez pas insolent*

Suffit. Pas tant de manières. Et conjuguez-moi le verbe être, comme tout le monde, c'est tout ce que je vous demande.

L'ÉLÈVE HAMLET

To be... 20

En français, s'il vous plaît, comme tout le monde.

L'Élève Hamlet

Bien, monsieur. (*Il conjugue:*) Je suis ou je ne ₅ suis pas. Tu es ou tu n'es pas. Il est ou il n'est pas. Nous sommes ou nous ne sommes pas...

Le Professeur
(*excessivement mécontent*)

qui n'y êtes pas   *qui ne*   Mais c'est vous qui n'y êtes pas, mon pauvre 10
comprenez pas   ami !

L'Élève Hamlet

C'est exact, Monsieur le professeur,
Je suis «où» je ne suis pas
dans le fond   *quand on*   Et, dans le fond, hein à la reflexion,   15
y pense vraiment   Être «où» ne pas être
hein   (*interjection*) ICI: C'est peut-être aussi la question.
n'est-ce pas ?

RÉFLEXION ET DISCUSSION

1. Comment l'élève Hamlet triomphe-t-il du sérieux du professeur ?

2. Expliquez le titre du poème.

JACQUES PRÉVERT

PAGE D'ÉCRITURE

Bird represent?
Why is Prof angry?
What happens to the classroom

le maître   *à l'école pri-*
maire le professeur

l'oiseau-lyre *(nm)   oi-*
seau exotique dont la
queue ressemble à une
lyre

Deux et deux quatre
quatre et quatre huit
huit et huit font seize
Répétez! dit le maître
Deux et deux quatre   5
quatre et quatre huit
huit et huit font seize.
Mais voilà l'oiseau-lyre
qui passe dans le ciel
l'enfant le voit   10
l'enfant l'entend
l'enfant l'appelle :
Sauve-moi
joue avec moi
oiseau !   15
Alors l'oiseau descend
et joue avec l'enfant
Deux et deux quatre...
Répétez! dit le maître
et l'enfant joue   20
l'oiseau joue avec lui...
Quatre et quatre huit
huit et huit font seize
et seize et seize qu'est-ce qu'ils font ?
Ils ne font rien seize et seize   25

40

pupitre *table utilisée dans les écoles primaires par les élèves*

fichent le camp *(expression familière) s'en vont*

faire le pitre *faire le clown ; faire rire les autres par des grimaces et des gestes semblables à ceux des clowns*
s'écroulent *se brisent et tombent*
vitres *(nf) parties des fenêtres faites de verre*
l'encre *(nf) liquide bleu ou noir ou rouge qu'on met dans les stylos pour écrire*
falaise *(nf) roche blanche dont sont faites les côtes abruptes (les falaises de Douvres en Angleterre sont célèbres)*
le porte-plume *tige en bois, en métal ou en plastique qui sert à tenir la plume métallique fixée au bout*

et surtout pas trente-deux
de toute façon
et ils s'en vont.
Et l'enfant a caché l'oiseau   5
dans son pupitre
et tous les enfants
entendent sa chanson
et tous les enfants
entendent la musique
et huit et huit à leur tour s'en vont   10
et quatre et quatre et deux et deux
à leur tour fichent le camp
et un et une ne font ni un ni deux
un à un s'en vont également.
Et l'oiseau-lyre joue   15
et l'enfant chante
et le professeur crie :
Quand vous aurez fini de faire le pitre !
Mais tous les autres enfants
écoutent la musique   20
et les murs de la classe
s'écroulent tranquillement.
Et les vitres redeviennent sable
l'encre redevient eau
les pupitres redeviennent arbres   25
la craie redevient falaise
le porte-plume redevient oiseau.

RÉFLEXION ET DISCUSSION

1. Que représente l'oiseau-lyre?

2. Comment manifeste-t-il son influence?

3. A quoi est due la colère du professeur? Est-elle justifiée? Pourquoi?

4. Que signifient les transformations finales?

PAUL GERBOD

LA VIE QUOTIDIENNE DANS LES LYCÉES ET COLLÈGES AU XIXᵉ SIÈCLE

latinité   *classe de lettres*

versets *(nm) petits paragraphes de la Bible*

Actes des Apôtres *section du Nouveau Testament*

un alinéa *paragraphe*

Cicéron *auteur latin*

Bossuet *auteur du 17e siècle*

Fléchier *auteur du 17e siècle*

Démosthène *orateur grec*

Jules Simon *historien français*

ex cathedra *du haut de la chaire (du professeur)*

disert *long et élégant*

En 1838, une classe de latinité s'ouvre par la prière dite par le maître suivie par la récitation de deux versets en grec des Actes des Apôtres avec les deux appris la veille, un alinéa de Cicéron, une page de Bossuet ou de Fléchier, une 5 leçon de rhétorique. Chaque récitant vient au milieu de la classe et l'exercice dure environ une demi-heure. Vingt minutes sont ensuite consacrées à l'explication des quatre versets des Actes et à une dizaine de lignes de Démosthène. 10 Le maître dicte le devoir, corrige celui qui vient d'être remis, rend compte éventuellement du discours latin ou français et achève la classe par l'explication de Cicéron…. Une fois par semaine, à la fin de la classe, une demi-heure est réservée 15 à la lecture et à l'explication de quelques morceaux choisis de la littérature française. En 1874, Jules Simon déplore encore le maintien, dans les classes de rhétorique, de ces méthodes traditionnelles : récitation mécanique, de fragments 20 d'auteurs grecs et latins, correction orale, improvisée de quelques devoirs que le professeur choisit parmi les meilleurs et les pires et qu'il lit à haute voix en les commentant.

Le cours se fait ex cathedra : monologue disert 25 ou amplification oratoire. En histoire, en sciences et en philosophie, les maîtres dictent de longs

rédigé *écrit*

développements. [...] En philosophie, le dialogue oral se présente ordinairement dans la première partie du siècle sous la forme d'un cahier entièrement rédigé sous la dictée du maître avec demandes et réponses, souvent encore en latin. 5
Le matériel scolaire est réduit ou rudimentaire : quelques cartes murales, tableaux noirs dont les maîtres hésitent à se servir ; les cabinets de physique ou de sciences naturelles renferment quelques collections disparates et anachroniques 10 ou quelques collections incomplètes de minéraux. [...] Les élèves sont passifs, prennent au

prennent au vol *es-*
saient de comprendre ou
de noter rapidement
queues de classe *(nf)*
élèves les moins bons
conviés *invités*
fait «leurs preuves»
dont la valeur a été
prouvée
thèmes *traductions de*
sa propre langue en
langue étrangère
versions *traductions en*
sa propre langue

vol la parole magistrale. Les queues de classe sont abandonnées à elles-mêmes. En 1840, les professeurs de langues vivantes sont conviés à utiliser 15 les méthodes qui ont fait «leurs preuves» dans l'enseignement des humanités : thèmes, versions, récitations ; l'anglais, l'allemand ou l'italien doivent être traités comme des langues mortes. [...] 20
La tradition et la routine imprègnent profondément les méthodes pédagogiques.

RÉFLEXION ET DISCUSSION

1. Quelles sont les caractéristiques principales du cours décrit ?

2. En critiquant la technique exposée dans le texte, donnez votre conception de l'enseignement des langues vivantes.

PROJETS

1. Comparez les différentes méthodes de critique et de satire de l'éducation employées dans les textes que vous venez de lire. Laquelle vous semble la plus efficace? Pourquoi? (Devoir écrit)

2. Si vous vouliez faire la critique d'un de vos cours, comment vous y prendriez-vous? (Devoir écrit)

3. Pour vous, quel serait le cours idéal? (Discussion de Classe)

4. Comparez le professur de Ionesco à un de vos professeurs. (Exposé personnel)

5. Où en est la question des prières en classe dans les lycées aux Etats-Unis? (Projet de Recherche)

6. Comparez les raisons pour lesquelles vous êtes à l'université à celles d'un ou de plusieurs de vos camarades. (Exposé collectif)

7. Plusieurs projets de réforme de l'éducation sont proposés un peu partout dans le monde aujourd'hui. Expliquez, après des recherches, un aspect de ces réformes, proposez-en des applications et discutez-les. (Par exemple, séminaires de première année, classes au laboratoire, campus à l'étranger, achat et vente des travaux et examens écrits.) (Projet de Recherche)

II
L'ÉVASION

ALAIN GERBAULT

Seul à travers l'Atlantique

EXTRAIT

Né à Laval, ville proche de la Bretagne, en 1893, Alain Gerbault
entreprend à l'âge de 30 ans de traverser seul l'Atlantique sur un
petit cotre: le Firecrest. Ce bateau est un ancien bateau de course
fabriqué en 1892. Presque du même âge que celui qui l'utilise dans
cette histoire, c'est un «cutter» anglais, long de 11 mètres, à un seul
mât. Très lourd et très étroit, c'est un navire sûr, résistant et confortable, que Gerbault aime pour ses possibilités techniques autant
que pour sa «personnalité». Il possède trois compartiments: une cabine
où dormir et se laver, un salon où lire et se reposer (Gerbault trans-
porte avec lui de nombreux livres de poésie et d'aventures), un poste
d'équipage où travailler et faire la cuisine. Tout ce qu'Alain Gerbault aime, tous ses souvenirs, toute sa vie, sont à bord du Firecrest.
Ce sera là son univers pendant toute la traversée.

Il fera le récit de son aventure qui paraîtra quelques années plus tard
sous le titre: Seul à travers l'Atlantique (1924). Ce sera son seul
ouvrage, plus célèbre par l'exploit qu'il relate qu'à cause de sa
valeur littéraire intrinsèque.

De 1924 à 1929, Alain Gerbault achève le tour du monde commencé par l'épisode dont ce livre constitue le récit. Il meurt en 1941.

Du livre d'Alain Gerbault nous avons extrait deux passages qui
vous permettront de suivre le jeune navigateur français dans le genre
d'exploit où l'homme risque sa vie même.

1. Pourquoi Gerbault ne souffre-t-il pas de la solitude?

tenait... à   *était dû à*

2. Qu'est-ce qui rend difficile la réparation des voiles?

coutures (*nf*)   *endroits où les morceaux de toile sont attachés ensemble par du fil*

un pont   *partie supérieure du navire*

3. Qu'est-ce que Gerbault regrette de ne pas avoir fait?

glissant   (*de glisser*) *En marchant sur une peau de banane, on glisse*

la toile de rechange   *voile supplémentaire servant à en remplacer une autre*

déchirures (*nf*)   *ouvertures dans la toile dues à la violence du vent*

aiguilles (*nf*)   *pointes en métal qui servent à faire la couture*

amener   ICI: *faire descendre*

hisser   *faire monter le long du mât*

en outre   *de plus (comme travail supplémentaire)*

cuire   *préparer*

fût... fournie   (*subjonctif imparfait d'*être) = était fourni,   *garnie*

(la) couchette   *lit (dans un train, un bateau, etc.)*

4. Quelles sont les autres occupations du navigateur?

la barre   La barre *sert à diriger le bateau*

5. Quel cauchemar Alain Gerbault fait-il?

(le) cauchemar   *rêve désagréable*

une sueur   *Quand on a très chaud, la sueur coule sur le visage et le corps*

je jetais un coup d'oeil   *je regardais très rapidement*

Deux mois auparavant j'avais quitté Gibraltar pour mon voyage de 4.600 milles, seul à travers l'Atlantique, par la longue route du sud. Pendant soixante jours je n'avais parlé à aucun être vivant. Les lecteurs de ce récit peuvent penser que cette période de solitude me sembla très dure à supporter : il n'en était rien. Le fait que je n'avais personne à qui parler ne me troublait jamais. J'étais accoutumé à être moi-même mon seul compagnon : mon bonheur tenait en effet à la grande fascination que l'océan exerçait sur moi.

La plupart du temps, j'étais très occupé à réparer les ravages du vent dans mes vieilles voiles. Elles s'ouvraient constamment le long des coutures et je travaillais sur un pont glissant et incliné sur lequel je devais me tenir en équilibre.

J'aurais pu faire des voiles neuves complètes avec beaucoup moins de travail, si j'avais transporté la toile de rechange nécessaire ; mais j'en avais juste assez pour réparer les déchirures. Ma provision d'aiguilles diminuait et j'avais peur de manquer de fil avant mon arrivée au port.

En raison du mauvais état de mes voiles j'avais souvent à les changer. Les amener et les hisser suivant les différentes conditions du vent représentait déjà suffisamment de travail, mais j'avais en outre à amener souvent une voile pour la réparer et, ensuite, en hisser une autre à la place.

D'autre part, j'avais deux ou trois repas à cuire par jour. J'avais peu de temps pour la lecture, quoique la bibliothèque du bord fût abondamment fournie de livres d'aventures maritimes. La nuit j'étais trop fatigué pour lire et je tombais dans ma couchette à moitié endormi. Mon sommeil était fort léger, car, au moindre changement de vent, je devais monter sur le pont pour modifier l'angle de la barre.

Et pendant que mon navire était secoué sur l'océan, j'avais des rêves étranges. Parfois ces rêves se passaient sur terre, mais l'idée fixe du but que je m'étais proposé me poursuivait toujours, et je pensais en dormant : Si je suis à terre, je n'ai pas traversé l'Atlantique, c'est donc que je ne serais pas parti. Le rêve devenait alors un atroce cauchemar. Je me réveillais baigné d'une sueur froide pour constater avec joie que j'étais à bord du *Firecrest*. Vite je jetais un coup d'oeil sur le pont pour voir si tout allait bien à bord et je me rendormais en

heures de veille (*nf*) *heures pendant lesquelles on ne dort pas*

un sillage *trace laissée sur l'eau par le passage d'un bateau*

je gouvernais sur *je me dirigeais vers*

la voûte céleste *le ciel*

6. Comment Gerbault passe-t-il son temps lorsqu'il est toute une nuit à la barre?

qui veut que *selon laquelle*

émise *énoncée*

7. Pourquoi doute-t-il de l'infaillibilité des «systèmes philosophiques»?

siècles (*nm*) *un siècle dure cent ans*

maintes *nombreuses*

anéantir *réduire à néant, à rien; détruire*

8. Quelle alternative voit-il à une évolution progressive du monde?

entraîné *emporté de force*

9. Comment le mouvement influe-t-il sur la pensée des hommes?

défilaient *passaient*

firent que j'étais là *ont causé ma présence*
(firent: *passé simple de* faire)

souriant à la pensée que mon navire se rapprochait sans cesse du but.

Bien souvent aussi c'était pendant le jour que je cherchais à prendre du repos. Souvent alors vers le soir la brise se levait et je passais la nuit à la barre. Il était toujours difficile de résister au sommeil ; mais je ne m'ennuyais jamais pendant ces longues heures de veille. Le *Firecrest* glissait doucement laissant derrière lui un sillage phosphorescent et je gouvernais sur une étoile. Seul sur la mer, je regardais la voûte céleste et les mondes de lumière en occupant mon esprit à des considérations sur la faiblesse de l'homme et la pauvreté des systèmes philosophiques.

Je pensais à la théorie si incomplète de l'évolution, qui veut que tout évolue presque toujours dans un sens de progrès. Je pensais aux histoires des mondes qui veulent que la terre se soit refroidie progressivement et que l'homme soit parti du stage le plus bas pour arriver à la période actuelle. Ceci n'est, comme tout système, qu'une hypothèse émise par des hommes parce qu'elle semble expliquer mieux qu'une autre les phénomènes que nos faibles moyens nous ont permis de constater pendant notre époque.

On ne peut pas prouver que la terre n'ait pas existé il y a des millions de siècles. Elle s'est peut-être aussi alternativement refroidie et réchauffée. Le monde a peut-être connu à maintes reprises des degrés de civilisation très supérieurs aux nôtres. Des catastrophes périodiques ont pu à différents intervalles anéantir complètement toute civilisation et la presque totalité de la race humaine, qui recommencerait toujours indéfiniment le même cycle de l'âge de pierre à l'âge des grandes inventions. Tout en somme n'est qu'hypothèse et incertitude.

La connaissance absolue est interdite à l'homme. Parce qu'il est entraîné dans le mouvement relatif de la terre, il ne peut avoir que des notions relatives.

Pour connaître l'absolu, il faudrait qu'il puisse se tenir dans l'espace libre de tout mouvement. Mais alors il ne serait plus un homme, il serait Dieu.

Parfois aussi les différentes périodes de ma vie défilaient devant moi ainsi que tous les événements qui modifièrent ma conception de l'existence et firent que j'étais là à la barre de mon navire au milieu de l'océan.

10. Comment ses souvenirs de jeunesse expliquent-ils en partie l'attraction que la mer a sur le marin?

(la) sensibilité *une personne sensible est facilement touchée, émue (ne confondez pas avec* raisonnable*)*

éprise *amoureuse*

pensionnaire (*nm*) *élève qui habite dans son lycée ou son collège*

brisa (*de briser: casser, séparer en plusieurs parties ou morceaux*) = a brisé

balles (*nf*) incendiaires *projectiles qui mettent le feu à ce qu'ils frappent*

l'ivresse (*nf*) ICI: *excitation*

comble *remplit*

le vide *absence de matière;* ICI: *sentiment de perte*

vint (*passé simple de* venir) = est venu

11. Comment son expérience de la guerre affecte-t-elle sa vision du monde?

trop ICI: *pas très bien*

reporté *revenu*

ralentissait sa marche *allait moins vite*

aux approches de *près de*

un mendiant *personne qui vit de la charité*

la voie ferrée *les rails*

haillons (*nm*) *vieux vêtements déchirés*

(le) pied bot *infirmité physique par la suite de laquelle le pied est malformé*

12. En quoi réside la beauté du jeune mendiant?

l'aumône (*nf*) *quantité d'argent ou de nourriture donnée charitablement*

déguenillé *en guenilles, en haillons (cf. p. 55, ligne 24)*

inondé *couvert* (NORMALEMENT: *couvert d'eau*)

13. Qu'est-ce que Gerbault voit de paradoxal dans sa situation comparée à celle du mendiant?

inlassablement *infatigablement*

je voguerais *je naviguerais*

C'est d'abord la trop grande sensibilité et les déceptions de mon enfance éprise d'idéal qui m'obligèrent de bonne heure à vivre en moi-même, puis la triste vie de pensionnaire au collège, la guerre et la mort de ma mère qui brisa ma vie par l'épouvantable tristesse du jamais plus.

Les souvenirs de guerre se précipitent devant ma mémoire : un 5 combat du haut des airs, les balles incendiaires qui percent les flancs de mon appareil, l'avion ennemi qui descend en flammes, l'ivresse momentanée de la victoire. De retour à terre je ne suis plus, hélas, qu'un enfant qui a perdu sa mère.

Le temps ne comble pas le vide immense. Les uns après les autres 10 mes meilleurs compagnons meurent dans les airs. L'armistice vint et je pense à ces héros qu'on oublie trop facilement, à la vanité de tous ceux qui portent trop ostensiblement les insignes d'une victoire qui n'appartient qu'aux morts, car, lorsqu'on n'a pas donné sa vie pour la Patrie, on n'a rien donné. 15

De nouveau, d'autres épisodes de ma vie se présentent à ma mémoire. Certains, insignifiants en apparence, ont laissé en moi une impression profonde. Je ne sais trop pourquoi, je me vois soudain reporté à trois années en arrière.

Un train de luxe qui se dirigeait vers Madrid ralentissait sa marche 20 le long d'une courbe aux approches de la ville. C'est alors que, regardant par la fenêtre de mon wagon, j'aperçus un jeune mendiant. Il courait pieds nus le long de la voie ferrée. Sa peau brunie brillait au soleil entre les haillons qui le couvraient. Il était plus beau que le jeune mendiant de Murillo, plus réel que l'enfant au pied bot de 25 Ribera. Il mendiait comme l'on mendie en Espagne, car il avait l'air de faire une faveur en demandant l'aumône.

Sale et déguenillé, c'était cependant lui le prince de la vie, qui courait libre, inondé de soleil et de lumière, et non l'un quelconque des voyageurs que le train emportait prisonnier. Je pensais alors que 30 j'aurais aimé être comme lui pour pouvoir recommencer ma vie en partant de très bas avec quinze ans de moins, moi qui cours inlassable-ment à la recherche de ma jeunesse.

Mais parce que depuis des siècles les hommes ont coutume de vivre esclaves de la civilisation, je ne serais pas obligé de mener la même vie 35 servile et conventionnelle. Maître de mon navire, je voguerais autour

ivre   *qui a trop bu d'alcool.* ICI: *exalté*

matelot (*nm*)   *marin, homme de mer*

ne fut pas   (*passé simple d'être*) = n'a pas été

14. En quoi le tempérament de Gerbault s'accorde-t-il à la vie qu'il a choisie?

15. Quels sont les sentiments de Gerbault envers son voilier?

16. Pourquoi Gerbault aime-t-il le mauvais temps?

met à l'épreuve   *éprouve*

je tressaillais   *de* tressaillir: *trembler, frissonner*

17. Pourquoi n'a-t-il pas peur?

l'écume (*nf*)   *mousse blanche produite par l'agitation de l'eau*

le cotre   *petit bateau à un seul mât*

l'écran (*nm*)   *on projette un film sur un écran*

s'entr'ouvrait   *s'ouvrait un peu*

avait embarqué   *avait pris*

au niveau du   *à la même hauteur que*

un bord   *un côté*

tiroirs   *compartiments qu'on trouve dans certains meubles: bureaux, commodes, etc.*

couchettes   (*nf*) *cf. p.* 50

gâtant   *endommageant*

J'eus à   (*passé simple d'avoir*) = *il m'a fallu*

grand'voile (*nf*)   *le vent soufflant dans la voile fait avancer le bateau.* (grand'voile = *voile principale*)

montrât   (*subjonctif imparfait de* montrer) = montre

la corne   *morceau de bois transversal en haut du mât. La voile est attachée au mât et à la corne*

du monde, ivre de grand air, d'espace et de lumière, menant la vie simple de matelot, baignant dans le soleil un corps qui ne fut pas créé pour être enfermé dans les maisons des hommes.

Et, tout heureux d'avoir trouvé ma voie et réalisé mon rêve, je récite à la barre mes poèmes préférés de la mer.... 5

La nuit passait ainsi très vite. Une à une les étoiles disparaissaient. Une clarté grise arrivait de l'orient et je voyais apparaître les formes et les lignes du *Firecrest*.

Mon navire était beau lorsque venait le jour. [...]

[*Les plaisirs d'une mer calme sont bientôt remplacés par les dangers de la tempête. Mais Gerbault ne manque pas de courage:*]

Je ne me plaignais jamais du mauvais temps, qui était la sorte de temps que j'attendais, celui qui met à l'épreuve l'habileté et l'endurance du marin et la force de son navire. Loin d'être impressionné par la majesté de l'océan en furie, je tressaillais à l'approche du combat: 15 j'avais un adversaire redoutable, et, tout joyeux dans la tempête, je chantais toutes les chansons de mer dont je pouvais me souvenir. [...]

Le *Firecrest* plongeait dans l'écume comme s'il voulait se faire sous-marin, et se couchait lourdement sous les coups de vent; la tempête soufflait droit de la direction où je désirais aller, et le cotre avait à 20 combattre pour chaque mètre qu'il gagnait. [...]

Les vagues étaient si hautes qu'il était difficile de prendre une observation; quand, par brefs moments, l'écran de nuages s'entr'ouvrait pour laisser apparaître le soleil, je devais attendre d'être au sommet d'une vague avant d'apercevoir l'horizon. [...] 25

L'orage continuait, violent, je descends sous le pont et je découvre que le *Firecrest* avait embarqué énormément d'eau. [...]

L'eau était maintenant au niveau du plancher dans la cabine, et, quand le *Firecrest* s'inclinait sur un bord, elle sautait dans les tiroirs et les couchettes, mouillant et gâtant tout. 30

Au dehors, maintenant, soufflait un véritable ouragan. Le ciel était entièrement obscurci de nuages noirs si bas et si épais que le jour semblait être la nuit. J'eus à rouler ma grand'voile jusqu'à ce que rien ne se montrât que la corne et fort peu de toile. Les vagues étaient

battait son chemin   *avançait lourdement*

à torrents   *très fort*
lancinante   *obsédante*
aveuglant   *d'aveugler: ôter la vue à*

18. Quels détails révèlent la force de la tempête?

19. Quelles difficultés éprouve-t-il pendant la tempête? (p. 57, ligne 22–p. 59, ligne 8)

molle   *tendre*
cordages (nm)   *ensemble des cordes qui servent à contrôler le mouvement des voiles*
fouettait   *flagellait, frappait*

20. Quelle idée le console?

au fond   *à la partie la plus basse de l'océan*

21. Gerbault a-t-il peur de mourir? Pourquoi?

Est-il   *y a-t-il*

balayaient   *passaient sur*

22. Qu'est-ce que le «port des navires perdus»? Où se trouve-t-il?

aborder   *arriver*
(le) tourbillon   *masse d'eau qui tourne en rond*

23. Quel aspect la mer a-t-elle dans l'ouragan?

que surplombait une armée de nuages   *couvert par une armée de nuages*
démontées   *déchaînées, agitées*
déferlaient   *se brisaient*

battait toujours son chemin   *avançait toujours*

m'engloutir   *me submerger*
faisait route presque vent de travers   *avançait avec le vent venant de côté*

si hautes et le navire battait son chemin si lourdement qu'il semblait, par moments, qu'il voulût rejeter son mât loin de lui. La pluie tombait à torrents, lancinante, poussée par la force de l'orage et m'aveuglant presque, je pouvais à peine ouvrir mes yeux et, quand je le faisais, je voyais à peine d'une extrémité à l'autre du navire. Pendant plusieurs 5 jours, je m'étais exposé à la pluie et à l'écume. La peau de mes mains était devenue si molle que je souffrais terriblement quand j'avais à tirer sur les cordages. [...]

Ni les tempêtes, qui déchiraient mes voiles, ni l'eau qui entrait dans la cabine, ni la pluie d'écume qui me fouettait constamment ne 10 pouvaient apaiser mon amour de la mer. Un marin qui traverse seul l'océan doit s'attendre à de durs moments. Les anciens mariniers, qui faisaient le tour du cap Horn, devaient combattre constamment pour leur existence et souffraient plus du froid que moi.

Je savais qu'il était possible qu'un jour le *Firecrest* et moi rencon- 15 trions une tempête qui serait trop forte et nous entraînerait au fond ensemble, mais c'est une fin à laquelle tous les gens de mer doivent s'attendre. Est-il d'ailleurs plus belle mort pour un marin ?

La tempête continua à travers la nuit du 19 août; l'une après l'autre les vagues balayaient le petit cotre qui se secouait sous elles. J'étais 20 souvent réveillé par le choc de la mer et la grande inclinaison du navire.

Dès le matin du 20 août, je compris que ce jour allait voir le point culminant de toutes les tempêtes que j'avais rencontrées. Le *Firecrest* fut en effet tout près d'aborder au port des navires perdus. Aussi loin 25 que l'oeil pouvait voir, il n'y avait rien qu'un furieux tourbillon d'eau que surplombait une armée de nuages noirs comme de l'encre, poussés par la tempête.

A 10 heures, le vent avait atteint la force de l'ouragan, les vagues étaient démontées, courtes et vicieuses; leur crête était déchirée par 30 le vent en petits tourbillons qui déferlaient et devenaient blancs d'écume; ils se précipitaient sur mon petit navire comme s'ils voulaient le détruire. Mais lui battait toujours son chemin au travers des vagues, si vaillamment que j'avais envie de chanter. C'était la vie.

Tout d'un coup, un désastre sembla m'engloutir; il était juste 35 midi; le *Firecrest* faisait route presque vent de travers sous un morceau

24. Quel autre sentiment s'ajoute à l'épouvante que Gerbault ressent à l'approche de cette énorme vague?

25. Que doit faire le navigateur pour échapper à la mort?

le foc *petite voile triangulaire placée à l'avant du navire*

je vis (*passé simple de* voir) = j'ai vu

rugissante *un lion en colère rugit; c'est son cri*

épouvante (*nf*) *peur violente, terreur*

un roulement de tonnerre *réverbérations du tonnerre (bruit produit par l'électricité pendant un orage)*

par-dessus bord *en dehors du navire*

le gréement *ensemble des cordages et du mât d'un navire*

réchauds (*nm*) *appareil sur lequel on prépare le repas, fourneau portatif*

je dus (*passé simple de* devoir) = j'ai dû

affamé *ayant très faim*

transi *comme paralysé par le froid*

avaries (*nf*) *dommages faits au bateau*

escale (*nf*) *arrêt au cours d'un voyage*

26. Pourquoi l'auteur se sent-il «triste à mourir»?

précipitât (*subjonctif imparfait de* précipiter) = précipite

secousses (*nf*) *tremblements violents*

brisât (*subjonctif imparfait de* briser: *casser*) = brise

épuisé *extrêmement fatigué, à bout de forces*

en proie à *victime de*

de sa grand'voile et le foc. Soudain, je vis arriver de l'horizon une vague énorme, dont la crête blanche et rugissante semblait si haute qu'elle dépassait toutes les autres. Je pouvais à peine en croire mes yeux. C'était une chose de beauté aussi bien que d'épouvante. Elle arrivait sur moi avec un roulement de tonnerre.   5

Sachant que, si je restais sur le pont, j'y trouverais une mort certaine, car je ne pouvais pas ne pas être balayé par-dessus bord, j'eus juste le temps de monter dans le gréement et j'étais environ à mi-hauteur du mât quand la vague déferla, furieuse, sur le *Firecrest* qui disparut sous des tonnes d'eau et un tourbillon d'écume. Le navire 10 hésita et s'inclina sous le choc et je me demandai s'il allait pouvoir revenir à la surface.

Lentement, il sortit de l'écume et l'énorme vague passa.

[*Gerbault doit maintenant s'appliquer à réparer son navire, travail difficile sur une mer agitée. A la tombée de la nuit après des heures de réparations il doit s'arrêter et descendre dans la cabine. Là aussi tout est en désordre :*]

J'essayai de faire du feu, mais découvris qu'aucun de mes deux réchauds ne voulait fonctionner. Je dus me coucher, affamé, transi et saturé d'eau : pour la première fois de ma carrière, un triste et 20 misérable marin.

Les îles Bermudes étaient seulement à 300 milles au sud, et New-York, avec le détour que le Gulf-Stream allait m'obliger à faire, à 1.000 au moins. Je savais qu'il était plus sûr de me diriger vers les îles Bermudes que je pouvais atteindre en quelques jours, et là réparer mes 25 avaries, avant d'aller vers l'Amérique. J'avais décidé de faire le voyage de Gibraltar à la côte américaine sans escale. Abandonner ce projet me brisait le coeur et je me sentais triste à mourir.

A ce moment je me souciais fort peu qu'une vague précipitât le *Firecrest* et moi au fond de la mer. En vain j'essayai de dormir ; les 30 secousses du mât étaient si fortes que je craignais qu'il ne se brisât avant le jour. Je restai ainsi plusieurs heures, étendu épuisé sur ma couchette, en proie à un profond désespoir. Et pourtant malgré la fièvre qui brûlait dans mon cerveau une idée fixe persistait toujours. Je savais

27. Pourquoi se résigne-t-il à
faire escale aux Bermudes?

réchauds   (nm) *voir p. 60*
limer   *diminuer en frottant*

28. Pourquoi change-t-il subitement d'idée?

lard (nm)   *gras de porc salé*

un paquebot   *grand bateau (par exemple: un
paquebot transatlantique)*

auparavant   *avant*

29. Pourquoi Gerbault se sent-
il triste en voyant Nan-
tucket?

croisière (nf)   *voyage*

harcelé   *poursuivi, tourmenté, fatigué*

envahi par   ICI: *plein de*
me soumettre   *capituler*

que je devais aller aux Bermudes et je ne pouvais penser qu'à New-York qui était le port que je voulais atteindre.

Soudain je décidai de tenter ce qui semblait impossible, je me levai et, comme avant tout j'avais besoin de nourriture, je commençai par réparer mes réchauds. Je brisai trois aiguilles l'une après l'autre avant 5 de pouvoir en limer une suffisamment petite pour nettoyer le trou à travers lequel le pétrole se vaporise.

Quand le jour arriva, j'avais été capable de cuire un déjeuner de lard et de thé; alors je me sentis tout à fait honteux de moi-même d'avoir pensé, même quelques heures, à me diriger vers les Bermudes. 10

[*Ayant surmonté les dangers de la tempête, le navigateur traverse le Gulf-Stream et rencontre un autre navire. Il y a échange de cordialités. Ensuite Gerbault remonte la côte Atlantique et se trouve pris dans un brouillard épais où à chaque instant il court le risque d'être écrasé par un gros paquebot. Il arrive sans mésaventure près de l'île de Nantucket:*]

Ce fut le matin du 10 septembre que je découvris l'Amérique et l'île de Nantucket; la première terre aperçue depuis la côte africaine, quatre-vingt-douze jours auparavant. Contrairement à ce que tout le monde pourrait croire, je me sentis un peu triste. Je comprenais que 20 cela annonçait la fin de ma croisière, que tous les jours heureux que j'avais vécus sur l'océan seraient bientôt terminés et que je serais obligé de rester à terre pendant quelques mois. Je n'allais plus être seul maître à bord de mon petit navire, mais parmi les humains, prisonnier de la civilisation. 25

[*Lorsque Gerbault arrive à New York, il est acclamé, harcelé par les journalistes, les photographes et les gens curieux de connaître le jeune homme qui vient seul de triompher de l'Atlantique. Gerbault se sent dépaysé, mal à son aise, et ne peut vraiment goûter la gloire qu'il mérite.*]

Je n'étais plus chez moi à bord, et mon domaine était constamment envahi par une foule de visiteurs. Je dus de nouveau me soumettre aux

souliers *(nm)* *chaussures*

30. Pour quelles raisons l'auteur dit-il se sentir malheureux?

me blessait *me faisait mal. On peut blesser quelqu'un avec une arme (un couteau ou un revolver, par exemple)*
songeais *rêvais, pensais*

31. Pourquoi ce lycéen a-t-il abandonné ses études?

J'étais jeune encore que je rêvais... *Déjà, tout jeune, je rêvais...*

32. Quel plaisir le matelot prendrait-il à voyager avec Gerbault?

tyrannies de la vie civilisée. Entre autres choses, je me souviens qu'il me fut très pénible de me remettre à porter des souliers.

Je passai après mon arrivée par une grande période de dépression. Le succès me laissait complètement indifférent. J'avais vécu trop long- 5 temps dans un monde d'idéal et de rêve et toutes les exigences de la vie quotidienne dans une grande ville me blessaient profondément. Je pensais sans cesse à mes jours heureux sur l'océan : à peine arrivé, je ne songeais plus qu'à repartir.

[*Gerbault parle ensuite de l'énorme quantité de lettres qu'il reçoit de gens de tout âge qui, désirant partir en voyage avec lui, mettent leurs talents et leurs services à sa disposition. En voici une écrite par un jeune lycéen de dix-sept ans :*]

«Depuis de longues années, je m'étais senti le goût de l'aventure. J'étais jeune encore que je rêvais de voyages et de naufrages. J'ai laissé mes études car je ne me sens aucune disposition pour un métier séden- 15 taire. J'étudie donc seul l'anglais et les mathématiques en attendant l'occasion de satisfaire mes goûts de sauvage. J'adore la mer, les pampas, les aventures avec ce qu'elles ont d'imprévu, de pittoresque. Voulez-vous de moi ? Malheureusement je ne peux vous donner une fortune pour votre entreprise ; mais je vous apporterai mon instruc- 20 tion, ma bonne volonté et mon amitié.»

[*Et une autre écrite par un ancient matelot :*]

«Je regrette la mer, je voudrais parcourir encore ses flots immenses. Je voudrais encore vivre cette vie de matelot avec ses angoisses et ses peines ; c'est pourquoi je vous supplie de m'emmener avec vous. Je 25 supporterai à vos côtés sans me plaindre des angoisses des tempêtes, je voudrais être avec vous pour cette vie sans lendemain. Je ne vous demande rien, je n'emporterai rien, je ne veux rien rapporter. Je vous supplie de me prendre à votre service.»

crurent   (*passé simple de* croire) = ont cru

33. Pourquoi ne veut-il pas que l'on considère son voyage comme «un exploit sportif destiné à conquérir la célébrité?»

le mensonge   *contraire de* la vérité

jouir   *profiter*

34. Pourquoi n'est-il pas heureux sur terre?

le goudron   *substance noire dont on recouvre la surface des routes*
âpre   *rude*

35. Quels sens différents donne-t-il au mot «pris,» ligne 14.

Quoi qu'il advienne   *quoi qu'il arrive*

poète anglais   *voir «Sea-Fever» de John Masefield*

(la) marée   *phénomène par lequel l'eau de l'océan monte et descend sous l'effet combiné de la gravitation de la terre et de l'attraction de la lune*

jaillissante   *de* jaillir: *sortir impétueusement, comme l'eau d'un geyser*
goëlands (nm)   *oiseaux blancs des bords de mer*
criards   *qui crient de façon aiguë et désagréable*

Ceux qui crurent que ma tentative était un exploit sportif destiné à conquérir la célébrité se sont trompés:

> Ils ne comprirent rien à ce grand songe,
> Qui charma la mer de son voyage, 5
> Puisqu'il n'était pas le même mensonge
> Qu'on enseignait dans leur village.

Au milieu de mes amis, joyeux de me revoir, je pourrais jouir en paix d'un succès que je n'ai pas cherché; mais je ne suis pas complètement heureux sur terre, je pense sans cesse à la forte odeur du 10 goudron, à l'âpre brise marine, à mon *Firecrest* qui m'attend là-bas de l'autre côté de la mer océane.

Il y a trois ans, pour la première fois, à bord de mon navire, j'avais pris la mer; maintenant je sais qu'elle m'a pris pour toujours. Quoi qu'il advienne, je retournerai vers elle et je pense au jour heureux, 15 maintenant très proche, où le *Firecrest* et moi nous repartirons ensemble vers le Pacifique et ses îles de beauté, et les vers du poète anglais hantent ma mémoire:

> Je dois reprendre la mer,
> car l'appel de la marée montante est un appel clair 20
> et c'est un appel sauvage
> auquel on ne peut qu'obéir.
> Et tout ce que je demande
> est un jour de vent
> avec nuages blancs qui volent, 25
> la vague déferlante, l'écume jaillissante et les goëlands criards.

RÉFLEXION ET DISCUSSION

1. Pendant de longues semaines, Alain Gerbault voyage «seul» et heureux «à travers l'Atlantique.»
   (a) Pourquoi recherche-t-il la solitude?
   (b) Comment occupe-t-il le temps dont il dispose?
   (c) Pour quelles raisons cette situation ne lui est-elle pas pénible?
   (d) Dans quels cas la fuite vers la solitude est-elle un renoncement à certaines responsabilités?

2. Répondant à un «appel», Alain Gerbault se lance dans une «aventure».
   (a) Pourquoi l'aventure, toujours dangereuse, est-elle attrayante?
   (b) Le «goût de l'aventure» vous semble-t-il être quelque chose d'inné ou quelque chose qu'on peut acquérir? Expliquez!
   (c) Quelle est l'importance, dans ce texte, du besoin d'indépendance? Quel est le rôle du plaisir que Gerbault éprouve à vaincre les difficultés?
   (d) Quels dangers divers présente cette sorte d'aventure?
   (e) Comment Gerbault réagit-il pendant la tempête? Quelle est la source de son optimisme (confiance, espoir, fatalisme...) dans l'adversité?
   (f) Quels sentiments vous inspire la situation du navigateur?
   (g) Partagez-vous l'idéal de vie aventureuse d'Alain Gerbault? Pourquoi?

3. Gerbault a choisi la navigation comme moyen d'«évasion». Il fuit une certaine réalité et en cherche une autre.
   (a) Comment a-t-il décidé de faire ce voyage? A quoi essaie-t-il d'échapper? Que fuit-il?
   (b) A quelles réflexions philosophiques se livre-t-il dans ce passage? Quels en sont les thèmes principaux?
   (c) Comment son amour de la mer satisfait-il son besoin d'évasion et de liberté?
   (d) Quelles notions supplémentaires nous fournissent les lettres de ses admirateurs citées à la fin du texte?

CHARLES BAUDELAIRE

Anywhere out of the World
N'importe où hors du monde

possédé du désir *possédé par le désir*

(le) poêle *appareil de chauffage dans lequel on brûle du bois ou du charbon*

guérirait *de guérir : recouvrerait la santé*

le déménagement *action de changer de lieu de résidence*

refroidie ICI: *qui a froid*

ragaillardirais *de se ragaillardir : reprendrais de l'énergie*

(la) haine *extrême opposé à l'amour*

arrache *d'arracher* : ICI: *retirer de la terre avec force une plante et ses racines*

selon *qui correspond à*

te divertiras-tu *de se divertir : se distraire, s'amuser*

mâts (nm) *le mât d'un bateau soutient ses voiles*

amarrés *attachés*

Cette vie est un hôpital où chaque malade est possédé du désir de changer de lit. Celui-ci voudrait souffrir en face du poêle, et celui-là croit qu'il guérirait à côté de la fenêtre.

Il me semble que je serais toujours bien là où 5 je ne suis pas, et cette question de déménagement en est une que je discute sans cesse avec mon âme.

«Dis-moi, mon âme, pauvre âme refroidie, que penserais-tu d'habiter Lisbonne? Il doit y faire 10 chaud, et tu t'y ragaillardirais comme un lézard. Cette ville est au bord de l'eau; on dit qu'elle est bâtie en marbre, et que le peuple y a une telle haine du végétal, qu'il arrache tous les arbres. Voilà un paysage selon ton goût; un paysage fait 15 avec la lumière et le minéral, et le liquide pour les réfléchir!»

Mon âme ne répond pas.

«Puisque tu aimes tant le repos, avec le spectacle du mouvement, veux-tu venir habiter la 20 Hollande, cette terre béatifiante? Peut-être te divertiras-tu dans cette contrée dont tu as souvent admiré l'image dans les musées. Que penserais-tu de Rotterdam, toi qui aimes les forêts de mâts, et les navires amarrés au pied des maisons?» 25

muette ICI : *silencieuse*
Batavia *aujourd'hui :*
    Djakarta, ville de l'île
    de Java

engourdissement (*nm*)
    ICI : *paralysie*
plaises *subjonctif pré-*
    sent de plaire
fuyons *de* fuir : *s'échap-*
    per, s'évader
malles (*nf*) *bagages*
Borneo *île d'Indonésie*
frise *de* friser ICI :
    toucher légèrement
suppriment *de* suppri-
    mer ICI : *faire dispa-*
    raître
(le) néant *absence d'être*
ténèbres (*nf, pl*) *ob-*
    scurité profonde
gerbes (*nf*) *bouquets*
feu d'artifice *spectacle*
    lumineux produit par
    l'explosion de fusées
pourvu que *à condition*
    que

Mon âme reste muette.

«Batavia te sourirait peut-être davantage ?
Nous y trouverions d'ailleurs l'esprit de l'Europe marié à la beauté tropicale.»

Pas un mot. — Mon âme serait-elle morte ? 5
«En es-tu donc venue à ce point d'engourdissement que tu ne te plaises que dans ton mal ?
S'il en est ainsi, fuyons vers les pays qui sont les
analogies de la Mort. — Je tiens notre affaire,
pauvre âme ! Nous ferons nos malles pour Bornéo. 10
Allons plus loin encore, à l'extrême bout de la
Baltique ; encore plus loin de la vie, si c'est possible ; installons-nous au pôle. Là le soleil ne
frise qu'obliquement la terre, et les lentes alter-
natives de la lumière et de la nuit suppriment la 15
variété et augmentent la monotonie, cette moitié
du néant. Là, nous pourrons prendre de longs
bains de ténèbres, cependant que, pour nous
divertir, les aurores boréales nous enverront de
temps en temps leurs gerbes roses, comme des 20
reflets d'un feu d'artifice de l'Enfer !»

Enfin, mon âme fait explosion, et sagement
elle me crie : «N'importe où ! n'importe où !
pourvu que ce soit hors de ce monde !»

RÉFLEXION ET DISCUSSION

1. Pourquoi Baudelaire décrit-il la vie comme «un hôpital»?

2. Dans la vie, à quoi correspond le fait de «changer de lit», comme il est dit dans ce poème?

3. Quel genre de propositions Baudelaire fait-il à son âme?

4. Pourquoi son âme ne répond-elle pas?

5. Pourquoi le poète propose-t-il ensuite de partir vers des pays désolés?

6. Quelles préoccupations motivent les deux voyages proposés par Baudelaire?

7. Où l'âme veut-elle aller? Pourquoi?

8. Quels sentiments vous semblent dominer ce poème en prose?

ANTOINE DE SAINT-EXUPÉRY

LE PETIT PRINCE

EXTRAIT

L'auteur, pilote tombé en panne au milieu du désert, rencontre le petit prince, jeune visiteur d'une autre planète qui lui raconte son histoire: ayant eu des difficultés avec une fleur dont il était amoureux, le petit prince a quitté sa planète pour faire un voyage interplanétaire durant lequel il a rencontré divers personnages — un roi, un businessman, un géographe, un marchand. Echouant enfin sur la terre, il rencontre un renard dont il devient l'ami. Ce dernier lui fait cadeau du secret suivant: «L'essentiel est invisible pour les yeux.... C'est le temps que tu as perdu pour ta rose qui fait ta rose si importante.... Tu deviens responsable pour toujours de ce que tu as apprivoisé.»

Dans le passage que vous allez lire, l'auteur, en cherchant l'eau qui lui permettra de survivre, découvrira lui-même le prix de l'amitié.

Nous en étions au huitième jour de ma panne dans le désert, et j'avais écouté l'histoire du marchand en buvant la dernière goutte de ma provision d'eau:

— Ah! dis-je au petit prince, ils sont bien jolis, 5
tes souvenirs, mais je n'ai pas encore réparé

mon avion, je n'ai plus rien à boire, et je serais heureux, moi aussi, si je pouvais marcher tout doucement vers une fontaine ! [...]

— J'ai soif aussi... cherchons un puits....

J'eus un geste de lassitude : il est absurde de chercher un puits, au hasard, dans l'immensité du désert. Cependant nous nous mîmes en marche.

Quand nous eûmes marché des heures en silence, la nuit tomba, et les étoiles commencèrent de s'éclairer. Je les apercevais comme en rêve, ayant un peu de fièvre, à cause de ma soif. Les mots du petit prince dansaient dans ma mémoire :

— Tu as donc soif, toi aussi ? lui demandai-je.

Mais il ne répondit pas à ma question. Il me dit simplement :

— L'eau peut aussi être bonne pour le coeur...

Je ne compris pas sa réponse mais je me tus... Je savais bien qu'il ne fallait pas l'interroger.

Il était fatigué. Il s'assit. Je m'assis auprès de lui. Et, après un silence, il dit encore :

— Les étoiles sont belles, à cause d'une fleur* que l'on ne voit pas....

Je répondis «bien sûr» et je regardai, sans parler, les plis du sable sous la lune.

— Le désert est beau, ajouta-t-il....

Et c'était vrai. J'ai toujours aimé le désert. On s'assoit sur une dune de sable. On ne voit rien. On n'entend rien. Et cependant quelque chose rayonne en silence...

— Ce qui embellit le désert, dit le petit prince, c'est qu'il cache un puits quelque part...

---

un puits *trou profond dans lequel on trouve de l'eau*

J'eus (*passé simple d'avoir*) = j'ai eu

au hasard ICI : *sans direction précise*

nous nous mîmes (*passé simple de mettre*) = nous nous sommes mis

Quand nous eûmes marché (*passé antérieur de* marcher) = nous avons marché, puis...

commencèrent (*passé simple de* commencer) = ont commencé

s'éclairer *s'allumer*

compris (*passé simple de* comprendre) = ai compris

je me tus (*passé simple de se taire*) = je me suis tu

auprès de *à côté de*

plis (*nm*) ICI : *ondulations*

rayonne ICI : *fait sentir sa présence* (rayonner : *émettre des rayons, comme le soleil*)

---

* La planète d'origine du petit prince est une étoile où pousse une fleur dont le petit prince est amoureux.

Je fus surpris de comprendre soudain ce mystérieux rayonnement du sable. Lorsque j'étais petit garçon j'habitais une maison ancienne, et la légende racontait qu'un trésor y était enfoui. Bien sûr, jamais personne n'a su le découvrir, ni, peut-être même ne l'a cherché. Mais il enchantait toute cette maison. Ma maison cachait un secret au fond de son coeur...

— Oui, dis-je au petit prince, qu'il s'agisse de la maison, des étoiles ou du désert, ce qui fait leur beauté est invisible!

— Je suis content, dit-il, que tu sois d'accord avec mon renard.

Comme le petit prince s'endormait, je le pris dans mes bras, et me remis en route. J'étais ému. Il me semblait porter un trésor fragile. Il me semblait même qu'il n'y eût rien de plus fragile sur la Terre. Je regardais, à la lumière de la lune, ce front pâle, ces yeux clos, ces mèches de cheveux qui tremblaient au vent, et je me disais: ce que je vois là n'est qu'une écorce. Le plus important est invisible...

Comme ses lèvres entr'ouvertes ébauchaient un demi-sourire je me dis encore: «Ce qui m'émeut si fort de ce petit prince endormi, c'est sa fidélité pour une fleur, c'est l'image d'une rose qui rayonne en lui comme la flamme d'une lampe, même quand il dort...» Et je le devinai plus fragile encore. Il faut bien protéger les lampes: un coup de vent peut les éteindre...

Et, marchant ainsi, je découvris le puits au lever du jour.

XXV

— Les hommes, dit le petit prince, ils s'enfournent dans les rapides, mais ils ne savent plus

s'agitent *s'excitent*

creusés *de* creuser:
*faire un trou, une
cavité*
la poulie *sorte de roue
autour de laquelle passe
la corde*
le seau *le seau est le
récipient qui sert à
tirer l'eau du puits*
jouer ICI: *tourner*
rit (*passé simple de
rire*) = a ri
fit (*passé simple de
faire*) = a fait
gémit *de* gémir: *émet-
tre une plainte (quand
on souffre)*
une girouette *plaque
en métal qu'on fixe sur
un toit pour indiquer la
direction du vent*
fît (*subjonctif imparfait
de* faire) = fasse
je hissai *de* hisser: *faire
monter (on hisse un
drapeau)*
la margelle *le bord du
puits (formé par des
pierres)*
d'aplomb *bien en équi-
libre* ICI: *solidement*
but (*passé simple de
boire*) = a bu

ce qu'ils cherchent. Alors ils s'agitent et tournent
en rond...

Et il ajouta:

— Ce n'est pas la peine...

Le puits que nous avions atteint ne ressemblait   5
pas aux puits sahariens. Les puits sahariens sont de
simples trous creusés dans le sable. Celui-là ressemblait à un puits de village. Mais il n'y avait là
aucun village, et je croyais rêver.

— C'est étrange, dis-je au petit prince, tout   10
est prêt: la poulie, le seau et la corde...

Il rit, toucha la corde, fit jouer la poulie. Et
la poulie gémit comme gémit une vieille girouette
quand le vent a longtemps dormi.

Tu entends, dit le petit prince, nous réveillons   15
ce puits et il chante...

Je ne voulais pas qu'il fît un effort:

— Laisse-moi faire, lui dis-je, c'est trop
lourd pour toi.

Lentement je hissai le seau jusqu'à la margelle.   20
Je l'y installai bien d'aplomb. Dans mes oreilles
durait le chant de la poulie et, dans l'eau qui
tremblait encore, je voyais trembler le soleil.

— J'ai soif de cette eau-là, dit le petit prince,
donne-moi à boire...   25

Et je compris ce qu'il avait cherché!

Je soulevai le seau jusqu'à ses lèvres. Il but,
les yeux fermés. C'était doux comme une fête.
Cette eau était bien autre chose qu'un aliment.
Elle était née de la marche sous les étoiles, du   30
chant de la poulie, de l'effort de mes bras. Elle
était bonne pour le coeur comme un cadeau.

RÉFLEXION ET DISCUSSION

1. Le petit prince réorganise le monde autour de sa sensibilité.
   (a) Que représente le petit prince?
   (b) Quelle est votre interprétation de la réponse du petit prince: «L'eau peut aussi être bonne pour le coeur.»
   (c) Il dit aussi: «Les étoiles sont belles, à cause d'une fleur que l'on ne voit pas.» Pourquoi?
   (d) Essayez de définir la manière dont le petit prince donne ces deux réponses.
   (e) Quelle part de ce que symbolise le petit prince vous semble nécessaire dans le monde actuel?

2. Sa vision poétique du monde lui fait découvrir le mystère de la beauté.
   (a) Quelle est la source principale de la beauté d'après ce texte?
   (b) A quoi est dû le rayonnement mystérieux du désert? Quel est le secret de la maison?
   (c) Expliquez le symbolisme de la phrase: «Ce qui embellit le désert, c'est qu'il cache un puits quelque part.»

3. La raison tue les rêves, mais c'est grâce au rêve qu'on trouve la «vraie» réalité.
   (a) A quels endroits le rationnalisme de l'adulte s'oppose-t-il à la vision de l'enfant?
   (b) Que représente le petit prince pour le narrateur quand il le porte?
   (c) Comment expliquez-vous qu'ils découvrent le puits? Quelle est l'importance de l'eau pour le pilote, pour le petit prince?
   (d) Pourquoi le petit prince dit-il: «J'ai soif de cette eau-là.» (p. 75, ligne 24)
   (e) Dans ce passage, à quoi sert le fait de s'évader de la réalité?

BORIS VIAN

L'Écume des jours

EXTRAIT

Colin et Chloé, les héros de ce livre, qui vivent dans un monde de fantaisie, viennent de se marier. Leur voyage de noces se déroule dans une ambiance irréelle et merveilleuse caractéristique de l'ensemble du livre.

se frayait... un chemin *avancer en évitant ou en éliminant les obstacles*

ornières (*nf*) *trous dans la route dûs au passage des véhicules*

au ras des fils *à très faible distance des fils*

aigres ICI: *perçants et désagréables*

plombée ICI: *couleur du métal gris le plomb*

flaques *Après la pluie, il y a des* flaques *d'eau sur le sol.*

un raccourci *chemin plus court*

usée *détériorée*

une coque *enveloppe extérieure (comme celle d'un oeuf)*

La grande voiture blanche se frayait précautionneusement un chemin dans les ornières de la route. Colin et Chloé, assis derrière, regardaient le paysage avec un certain malaise. Le ciel était bas, des oiseaux rouges volaient au ras des fils 5 télégraphiques en montant et descendant comme eux, et leurs cris aigres se reflétaient sur l'eau plombée des flaques.

— Pourquoi est-on passés par là ? demanda Chloé à Colin. 10

— C'est un raccourci, dit Colin. C'est obligatoire. La route ordinaire est usée. Tout le monde a voulu y rouler parce qu'il y faisait beau tout le temps, et, maintenant, il ne reste plus que celui-ci. Ne t'inquiète pas. Nicolas sait 15 conduire.

— C'est cette lumière, dit Chloé.

Son coeur battait vite, comme serré dans une coque trop dure. Colin passa son bras autour de Chloé, et prit le cou gracieux entre ses doigts, 20 sous les cheveux, comme on prend un petit chat.

chatouillait *de cha-*
touiller: Si on cha-
touille les pieds de
quelqu'un avec une
plume, il se met à rire.

un arc-en-ciel *La lu-*
mière passant à travers
un prisme produit les
couleurs de l'arc-en-
ciel.
la fourrure *manteau*
fait de la peau d'un
animal
bariolées *de toutes les*
couleurs

moirée *qui brille légè-*
rement, comme une étoffe
(satin ou soie)
vermoulues *mangées*
par les insectes au point
d'être prêtes à s'écrou-
ler
haies *(nf) plantes sépa-*
rant un champ d'un
autre
tas *(nm) piles*
ébouriffé *qui a les che-*
veux en désordre
ivre *qui a trop bu*
d'alcool
fossés *(nm) tranchées de*
chaque côté de la route
Aussi bien *de toute*
façon

— Oui, dit Chloé, en rentrant la tête dans les épaules, car Colin la chatouillait, touche-moi, j'ai peur toute seule...

— Veux-tu que je mette les glaces jaunes ? dit Colin. 5

— Mets quelques couleurs...

Colin pressa des boutons verts, bleus, jaunes, rouges et les glaces correspondantes remplacèrent celles de la voiture. On se serait cru dans un arc-en-ciel, et, sur la fourrure blanche, des ombres 10 bariolées dansaient au passage de chaque poteau télégraphique. Chloé se sentit mieux. [...]

[*Le trio après avoir traversé un pays désolé, arrive dans un endroit merveilleux.*]

— Pardon, Monsieur, dit Nicolas. Monsieur 15 désire-t-il que nous descendions ici ?

L'auto s'était arrêtée devant un hôtel au bord de la route. C'était la bonne route, lisse, moirée de reflets photogéniques, avec des arbres parfaitement cylindriques des deux côtés, de l'herbe 20 fraîche, du soleil, des vaches dans les champs, des barrières vermoulues, des haies en fleur, des pommes aux pommiers et des feuilles mortes en petits tas, avec de la neige de place en place pour varier le paysage, des palmiers, des mimosas et 25 des pins du Nord dans le jardin de l'hôtel et un garçon roux et ébouriffé qui conduisait deux moutons et un chien ivre. D'un côté de la route, il y avait du vent et de l'autre pas. On choisissait celui qui vous plaisait. Un arbre sur deux, seule- 30 ment, donnait de l'ombre, et, dans un seul des fossés, on trouvait des grenouilles.

— Descendons ici, dit Colin. Aussi bien, nous n'arriverons pas au Sud aujourd'hui.

RÉFLEXION ET DISCUSSION

1. Dans la première partie du texte, quels sont les détails pris dans la réalité qui contribuent à présenter un décor merveilleux?

2. Quel genre de femme Chloé vous paraît-elle être?

3. Les deux héros tentent de changer la réalité du monde.
   (a) Que représente la route «usée» qu'ils ne peuvent pas suivre?
   (b) Pourquoi est-elle ainsi usée?
   (c) Quels avantages et quels inconvénients la nouvelle route présente-t-elle?
   (d) Par quels moyens les personnages essaient-ils de s'évader de la réalité?

4. Dans la deuxième partie, l'auteur parvient à donner l'impression d'un paysage idyllique et idéal.
   (a) Quelles sont les saisons représentées dans le paragraphe à la page 78, lignes 17 – 32?
   (b) Quels éléments pastoraux traditionnels y trouvez-vous?
   (c) Quel est l'effet des adjectifs?
   (d) Quels sont les mots qui donnent une impression d'harmonie géométrique au passage?
   (e) Quels sont les éléments qui n'appartiennent pas à la réalité?
   (f) Quelles sont vos réactions à l'atmosphère créée par ce passage?

5. Colin devrait normalement dire «Nous n'arriverons pas *dans le* Sud aujourd'hui» (page 78, lignes 33 – 34). Comment sa formule: «Nous n'arriverons pas *au Sud* aujourd'hui» contribue-t-elle au thème de l'évasion?

PROJETS

1. Gerbault met de la distance entre un monde dans lequel il n'aime pas vivre et lui-même. Il désire échapper à des choses précises (vie sociale et conventions). Qu'est-ce que l'«âme» de Baudelaire, les personnages de Vian veulent fuir? Essayez d'expliquer leur malaise respectif et les différences de leurs préoccupations. (DEVOIR ÉCRIT)

2. L'évasion est présentée ici au niveau individuel. L'humanité dans son ensemble obéit parfois aux mêmes impulsions. Illustrez cette notion en parlant par exemple de l'exploration de l'espace, de la science, ou de la religion. (EXPOSÉ COLLECTIF)

3. Les gens peuvent avoir diverses obsessions (affaires, études, recherche, vie sentimentale, passe-temps et dadas, etc.). Voyez-vous un rapport entre ces obsessions et le besoin d'évasion? (DISCUSSION DE CLASSE)

4. L'évasion dans votre vie: (EXPOSÉS PERSONNELS):
    (a) Avez-vous tenté une aventure comparable à celle de Gerbault?
    (b) Connaissez-vous des gens que la grande aventure attire? Comment sont-ils?
    (c) Vous vous êtes trouvé dans une situation difficile à laquelle vous ne vouliez pas faire face. Vous avez trouvé un moyen d'échapper. Racontez!
    (b) Les vacances comme évasion. Passez-vous vos vacances à oublier l'année précédente ou à préparer la suivante?

5. Le monde de l'enfance. Racontez vos aventures, vos rêves et vos imaginations d'enfant. Essayez de décrire les différentes façons dont les enfants savent s'évader de la réalité (faire semblant de, jouer à, mimer...). (Devoir écrit)

6. L'évasion par les rêves est une des formes les plus connues de l'évasion. Dites quelles formes elle peut prendre et discutez ses effets et son efficacité. (Projet de Recherche)

7. La drogue vous semble-t-elle un bon moyen d'évasion? Recherchez les témoignages de ceux qui l'utilisent et discutez. (Projet de Recherche)

8. L'art vous paraît-il être un mode privilégié d'évasion ou au contraire une bonne façon de mieux connaître le monde et d'apprendre à y vivre? (Discussion de Classe)

9. Les voyages. Un dicton français dit «Partir, c'est mourir un peu.» Expliquez le sens de cet adage et dites si vous êtes d'accord. (Devoir écrit)

10. Par quels autres moyens peut-on s'évader du réel? Dans quels cas l'évasion vous paraît-elle être la meilleure solution? (Exposé collectif)

11. Quelles vous semblent être les motivations des gens qui ont le goût de la vitesse et du risque? (Projet de Recherche)

III
L'HOMME EN SOCIÉTÉ

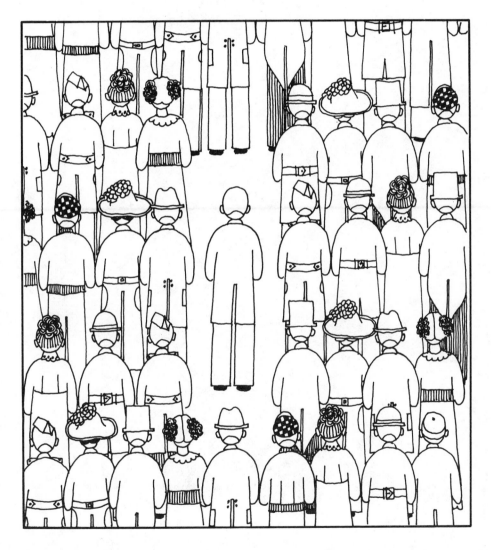

contrefaits   *mal faits*
velus   *couverts de poil*
ours (nm)   *gros animaux noirs ou bruns; au pôle*
   nord, les ours sont blancs

MONTESQUIEU

LETTRES PERSANES

EXTRAIT

Magistrat, Charles-Louis de Secondat, baron de Montesquieu a mené une vie paisible. Né en 1689, il écrit en 1721 son premier grand ouvrage, Les Lettres persanes, *dont est extraite l'histoire des Troglodytes. Un séjour en Angleterre de 1729 à 1731 accentue son goût pour les affaires publiques et, dans les années suivantes, il écrira plusieurs livres sur les questions qui les touchent:* Des Considérations *en 1734 et surtout* L'Esprit des Lois *en 1748, oeuvre cruciale dont la philosophie politique continue de faire sentir ses effets de nos jours. Sa mort en 1755 interrompra la rédaction de* Cahiers *où il exposait sa philosophie personnelle.*

Dans les Lettres persanes, *Montesquieu imagine que deux Persans, Usbek et Rica, visitent l'Europe et surtout la France. Grâce à ce stratagème, il peut se livrer à la satire des institutions et des moeurs et proposer quelques modèles de société idéale.*

LETTRE II

Les Troglodytes

Il y avait en Arabie un petit peuple, appelé *Troglodyte*, qui descendait de ces anciens Troglodytes qui, si nous en croyons les historiens, ressemblaient plus à des bêtes qu'à des hommes. Ceux-ci n'étaient point 5 si contrefaits: ils n'étaient point velus comme des ours; ils ne

1. Qui sont les Troglodytes?

2. Pourquoi ont-ils tué leur roi?

la méchanceté *inclination à faire du mal; contraire de* la bonté
ils conjurèrent *de* conjurer: *comploter*

3. Pourquoi ont-ils tué les magistrats qu'ils avaient élus?

(le) joug *morceau de bois qui sert à réunir deux boeufs; au sens figuré: oppression*

4. Selon quel principe décident-ils de se gouverner?

convinrent *passé simple de* convenir: *être d'accord*
veillerait à *s'occuperait de*

Qu'ai-je affaire de ICI: *pour quelles raisons, pourquoi*
dont je ne me soucie point *qui ne m'intéressent pas*

5. Quelle règle de vie les Troglodytes adoptent-ils?

ensemence *d'* ensemencer: *semer les graines dans*
labourerai *de* labourer: *retourner la terre*

6. Quel but économique se fixent-ils?

prendrai de la peine *de* prendre de la peine: *faire un effort*

arrosées *au milieu desquelles coulaient des ruisseaux (on arrose une plante pour la faire pousser)*
manquèrent ICI: *n'ont pas donné de récolte*
purent *passé simple de* pouvoir
la dureté *méchanceté*

pluvieuse *une année* pluvieuse *est une année durant laquelle il pleut beaucoup*

7. Quelles conséquences immédiates l'égoïsme des Troglodytes a-t-il?

sifflaient point; ils avaient deux yeux; mais ils étaient si méchants et si féroces qu'il n'y avait parmi eux aucun principe d'équité ni de justice.

Ils avaient un roi d'une origine étrangère, qui, voulant corriger la méchanceté de leur naturel, les traitait sévèrement. Mais ils con- 5 jurèrent contre lui, le tuèrent et exterminèrent toute la famille royale.

Le coup étant fait, ils s'assemblèrent pour choisir un gouvernement, et, après bien des dissensions, ils créèrent des magistrats. Mais, à peine les eurent-ils élus, qu'ils leur devinrent insupportables, et ils les massacrèrent encore. 10

Ce peuple, libre de ce nouveau joug, ne consulta plus que son naturel sauvage; tous les particuliers convinrent qu'ils n'obéiraient plus à personne; que chacun veillerait uniquement à ses intérêts, sans consulter ceux des autres.

Cette résolution unanime flattait extrêmement tous les particuliers. 15 Ils disaient: «Qu'ai-je affaire d'aller me tuer à travailler pour des gens dont je ne me soucie point? Je penserai uniquement à moi; je vivrai heureux. Que m'importe que les autres le soient? Je me procurerai tous mes besoins, et, pourvu que je les aie, je ne me soucie point que tous les autres Troglodytes soient misérables.» 20

On était dans le mois où l'on ensemence les terres. Chacun dit: «Je ne labourerai mon champ que pour qu'il me fournisse le blé qu'il me faut pour me nourrir: une plus grande quantité me serait inutile; je ne prendrai point de la peine pour rien.»

Les terres de ce petit royaume n'étaient pas de même nature: il y 25 en avait d'arides et de montagneuses, et d'autres qui, dans un terrain bas, étaient arrosées de plusieurs ruisseaux. Cette année la sécheresse fut très grande, de manière que les terres qui étaient dans les lieux élevés manquèrent absolument, tandis que celles qui purent être ar- rosées furent très fertiles. Ainsi les peuples des montagnes périrent 30 presque tous de faim par la dureté des autres, qui leur refusèrent de partager la récolte.

L'année d'ensuite fut très pluvieuse; les lieux élevés se trouvèrent d'une fertilité extraordinaire, et les terres basses furent submergées. La moitié du peuple cria une seconde fois famine; mais ces misérables 35 trouvèrent des gens aussi durs qu'ils l'avaient été eux-mêmes.

fort   *très*

l'enleva   *l'a emmenée sans que personne le sache*

Il s'émut une grande querelle   *il y a eu une
   grande querelle*

s'en remettre à   *demander l'avis de*

avait eu quelque crédit   avait eu *de l'influence*

voulurent   *passé simple de* vouloir

8. Quel est l'objet de cette querelle? A qui s'adresse-t-on pour la régler?

différends (*nm*)   *querelles, différences d'opinion*

9. Comment réagit le juge?

ne m'importuner plus   (*inversion archaïque*)
   aujourd'hui: ne plus m'importuner

10. Qui gagne ce procès? Comment?

le ravisseur   *auteur de l'enlèvement*

pénétré   ICI: *convaincu*

11. Pourquoi la femme a-t-elle tant plu au Troglodyte vaincu?

plut   *passé simple de* plaire

12. Quels avantages les deux Troglodytes ont-ils tiré de leur association?

se soutinrent   *passé simple de* se soutenir

par là   *de cette façon*

13. Quelles conséquences désastreuses le meurtre du premier Troglodyte a-t-il?

devint   *passé simple de* devenir

fut   *passé simple d'*être

vinrent   *passé simple de* venir

vit   *passé simple de* voir

14. Comment raisonne le marchand?

je la vais vendre   (*inversion archaïque*) *aujourd'hui:* je vais la vendre

en passer par là   *accepter ses conditions*

Je suis bien aise   *je suis bien content, je suis
   satisfait*

Un des principaux habitants avait une femme fort belle ; son voisin en devint amoureux et l'enleva. Il s'émut une grande querelle, et, après bien des injures et des coups, ils convinrent de s'en remettre à la décision d'un Troglodyte qui, pendant que la République subsistait, avait eu quelque crédit. Ils allèrent à lui et voulurent lui dire leurs 5 raisons. «Que m'importe, dit cet homme, que cette femme soit à vous ou à vous ? J'ai mon champ à labourer ; je n'irai peut-être pas employer mon temps à terminer vos différends et travailler à vos affaires, tandis que je négligerai les miennes. Je vous prie de me laisser en repos, et de ne m'importuner plus de vos querelles.» Là-dessus il les quitta et s'en 10 alla travailler sa terre. Le ravisseur, qui était le plus fort, jura qu'il mourrait plutôt que de rendre cette femme, et l'autre, pénétré de l'injustice de son voisin et de la dureté du juge, s'en retournait désespéré, lorsqu'il trouva dans son chemin une femme jeune et belle, qui revenait de la fontaine. Il n'avait plus de femme ; celle-là lui plut, 15 elle lui plut bien davantage lorsqu'il apprit que c'était la femme de celui qu'il avait voulu prendre pour juge, et qui avait été si peu sensible à son malheur. Il l'enleva et l'emmena dans sa maison.

Il y avait un homme qui possédait un champ assez fertile, qu'il cultivait avec grand soin. Deux de ses voisins s'unirent ensemble, le 20 chassèrent de sa maison, occupèrent son champ ; ils firent entre eux une union pour se défendre contre tous ceux qui voudraient l'usurper, et effectivement ils se soutinrent par là pendant plusieurs mois. Mais un des deux, ennuyé de partager ce qu'il pouvait avoir tout seul, tua l'autre et devint seul maître du champ. Son empire ne fut pas long : 25 deux autres Troglodytes vinrent l'attaquer ; il se trouva trop faible pour se défendre, et il fut massacré.

Un Troglodyte presque tout nu vit de la laine qui était à vendre ; il en demanda le prix. Le marchand dit en lui-même : «Naturellement je ne devrais espérer de ma laine qu'autant d'argent qu'il en faut pour 30 acheter deux mesures de blé ; mais je la vais vendre quatre fois davantage, afin d'avoir huit mesures.» Il fallut en passer par là et payer le prix demandé. «Je suis bien aise, dit le marchand : j'aurai du blé à présent.» — «Que dites-vous ? reprit l'acheteur. Vous avez besoin de blé ? J'en ai à vendre. Il n'y a que le prix qui vous étonnera peut-être : car vous 35 saurez que le blé est extrêmement cher, et que la famine règne presque

15. Comment le vendeur de blé se venge-t-il du vendeur de laine?

m'en défaire *le vendre*

dussiez-vous crever de faim *même si vous deviez mourir de faim*

si à propos *tellement bien*

qui se mirent dans ses mains *qui se sont adressés à lui et lui ont fait confiance* (mirent = *passé simple de* mettre)

16. Quelle mauvaise surprise le médicin a-t-il?

Quand la maladie eut cessé *après la fin de la maladie*

traités *soignés*

accablé des *épuisé par les*

qu'il vînt (*subjonctif imparfait de* venir) = qu'il vienne

mortel *qui tue*

guérir *se remettre d'une maladie, recouvrer la*

17. Pourquoi le médecin ne veut-il pas soigner les Troglodytes malades?

santé

périrent *passé simple de* périr

furent *passé simple d'*être

de l'humanité (*nf*) *de la bonté, de la bien-veillance*

la droiture *caractère probe, honnête; rectitude morale*

la ressentaient *la sentaient, y réagissaient*

18. A quoi est due l'amitié des deux derniers Troglodytes? Quel nouveau type de relation inaugurent-ils?

écarté *éloigné*

partout. Mais rendez-moi mon argent, et je vous donnerai une mesure de blé : car je ne veux pas m'en défaire autrement, dussiez-vous crever de faim.»

Cependant une maladie cruelle ravageait la contrée. Un médecin habile y arriva du pays voisin et donna ses remèdes si à propos qu'il guérit tous ceux qui se mirent dans ses mains. Quand la maladie eut cessé, il alla chez tous ceux qu'il avait traités demander son salaire ; mais il ne trouva que des refus. Il retourna dans son pays, et il y arriva accablé des fatigues d'un si long voyage. Mais bientôt après il apprit que la même maladie se faisait sentir de nouveau et affligeait plus que jamais cette terre ingrate. Ils allèrent à lui cette fois et n'attendirent pas qu'il vînt chez eux. «Allez, leur dit-il, hommes injustes ! Vous avez dans l'âme un poison plus mortel que celui dont vous voulez guérir ; vous ne méritez pas d'occuper une place sur la Terre, parce que vous n'avez point d'humanité, et que les règles de l'équité vous sont inconnues. Je croirais offenser les Dieux, qui vous punissent, si je m'opposais à la justice de leur colère.»

A Erzéron, le 3 de la lune de Gemmadi 2, 1711

Lettre 12

Usbek au Même, à Ispahan

Tu as vu, mon cher Mirza, comment les Troglodytes périrent par leur méchanceté même et furent les victimes de leurs propres injustices. De tant de familles, il n'en resta que deux qui échappèrent aux malheurs de la Nation. Il y avait dans ce pays deux hommes bien singuliers : ils avaient de l'humanité ; ils connaissaient la justice ; ils aimaient la vertu. Autant liés par la droiture de leur coeur que par la corruption de celui des autres, ils voyaient la désolation générale et ne la ressentaient que par la pitié ; c'était le motif d'une union nouvelle. Ils travaillaient avec une sollicitude commune pour l'intérêt commun ; ils n'avaient de différends que ceux qu'une douce et tendre amitié faisait naître ; et, dans l'endroit du pays le plus écarté, séparés de leurs compatriotes indignes de leur présence, ils menaient une vie heureuse

d'elle-même   *sans qu'on l'aide, sans qu'on la cultive*

19. Quelles sont leurs qualités?

représentaient   *faisaient le portrait de*

20. Quels principes ont-ils in-culqués à leurs enfants?

doive   *subjonctif présent de* devoir

autrui   *les autres hommes*

21. Quel a été l'effet de leurs efforts?

s'accrut   *passé simple de* s'accroître: *augmenter, agrandir*

s'affaiblir   *devenir moins fort*

fut   *passé simple d'*être

22. Quel rôle joue la Religion chez ce peuple?

chéri   *aimé tendrement*

apprit   *passé simple d'*apprendre

à les craindre   *à craindre les Dieux*

vint   *passé simple de* venir

adoucir   *rendre plus doux, moins rude, moins brusque*

accords (nm)   ICI: *l'harmonie*

champêtre   *de la campagne, rustique*

festins (nm)   *banquets somptueux*

la pudeur   *sentiment qui empêche de faire une action ou de dire une parole indécente*

23. Que se passe-t-il pendant ces fêtes?

un aveu   *déclaration de sentiment*

autels (nm)   *tables dans les églises où l'on célèbre les cérémonies religieuses ou sur lesquelles on fait des sacrifices aux Dieux*

24. A quoi les Troglodytes consacraient-ils leurs pri-ères?

et tranquille. La terre semblait produire d'elle-même, cultivée par ces vertueuses mains.

Ils aimaient leurs femmes, et ils en étaient tendrement chéris. Toute leur attention était d'élever leurs enfants à la vertu. Ils leur représentaient sans cesse les malheurs de leurs compatriotes et leur mettaient devant les yeux cet exemple si triste ; ils leur faisaient surtout sentir que l'intérêt des particuliers se trouve toujours dans l'intérêt commun ; que vouloir s'en séparer, c'est vouloir se perdre ; que la vertu n'est point une chose qui doive nous coûter ; qu'il ne faut point la regarder comme un exercice pénible ; et que la justice pour autrui est une charité pour nous.

Ils eurent bientôt la consolation des pères vertueux, qui est d'avoir des enfants qui leur ressemblent. Le jeune peuple qui s'éleva sous leurs yeux s'accrut par d'heureux mariages : le nombre augmenta ; l'union fut toujours la même, et la vertu, bien loin de s'affaiblir dans la multitude, fut fortifiée, au contraire, par un plus grand nombre d'exemples.

Qui pourrait représenter ici le bonheur de ces Troglodytes ? Un peuple si juste devait être chéri des Dieux. Dès qu'il ouvrit les yeux pour les connaître, il apprit à les craindre, et la Religion vint adoucir dans les moeurs ce que la Nature y avait laissé de trop rude.

Ils instituèrent des fêtes en l'honneur des Dieux : les jeunes filles, ornées de fleurs, et les jeunes garçons les célébraient par leurs danses et par les accords d'une musique champêtre. On faisait ensuite des festins où la joie ne règnait pas moins que la frugalité. C'était dans ces assemblées que parlait la nature naïve : c'est là qu'on apprenait à donner le coeur et à le recevoir ; c'est là que la pudeur virginale faisait en rougissant un aveu surpris, mais bientôt confirmé par le consentement des pères ; et c'est là que les tendres mères se plaisaient à prévoir de loin une union douce et fidèle.

On allait au Temple pour demander les faveurs des Dieux ; ce n'était pas les richesses et une onéreuse abondance ; de pareils souhaits étaient indignes des Troglodytes ; ils n'étaient au pied des autels que pour demander la santé de leurs femmes, l'amour et l'obéissance de leurs enfants. Les filles y venaient apporter le tendre sacrifice de leur coeur et ne leur demandaient d'autre grâce que celle de pouvoir rendre un Troglodyte heureux.

troupeaux (*nm*) *groupes d'animaux domestiques*
(moutons, chèvres, vaches)
la charrue *instrument agricole tiré par des chevaux*
(ou des boeufs) et qui sert à labourer la terre

25. Dans quel ambiance les Troglodytes passent-ils leur soirée?

parée *ornée, accompagnée*

soins (*nm*) *soucis, inquiétudes*

chagrins (*nm*) *souffrances morales, tourments*

étrangère *inconnue*

26. Quels sont les sentiments qui gouvernent l'organisation du groupe?

confondus *mélangés*

la peine *complication, difficulté; mal*

qu'on s'épargnait ICI: *dont on se dispensait,*
qu'on évitait

vint *passé simple de* venir

une génisse *jeune vache*

Le soir, lorsque les troupeaux quittaient les prairies, et que les boeufs fatigués avaient ramené la charrue, ils s'assemblaient, et, dans un repas frugal, ils chantaient les injustices des premiers Troglodytes et leurs malheurs, la vertu renaissante avec un nouveau peuple et sa félicité. Ils célébraient les grandeurs des Dieux, leurs faveurs toujours présentes 5 aux hommes qui les implorent, et leur colère inévitable à ceux qui ne les craignent pas ; ils décrivaient ensuite les délices de la vie champêtre et le bonheur d'une condition toujours parée de l'innocence. Bientôt ils s'abandonnaient à un sommeil que les soins et les chagrins n'interrompaient jamais. 10

La Nature ne fournissait pas moins à leurs désirs qu'à leurs besoins. Dans ce pays heureux, la cupidité était étrangère : ils se faisaient des présents où celui qui donnait croyait toujours avoir l'avantage. Le peuple troglodyte se regardait comme une seule famille ; les troupeaux étaient presque toujours confondus ; la seule peine qu'on s'épargnait 15 ordinairement, c'était de les partager.

D'Erzéron, le 6 de la lune de Gemmadi 2, 1711

Lettre 13

Usbek au Même

Je ne saurais assez te parler de la vertu des Troglodytes. Un d'eux 20 disait un jour : «Mon père doit demain labourer son champ ; je me lèverai deux heures avant lui, et, quand il ira à son champ, il le trouvera tout labouré.»

Un autre disait en lui-même : «Il me semble que ma soeur a du goût pour un jeune Troglodyte de nos parents ; il faut que je parle à 25 mon père, et que je le détermine à faire ce mariage.»

On vint dire à un autre que des voleurs avaient enlevé son troupeau : «J'en suis bien fâché, dit-il : car il y avait une génisse toute blanche que je voulais offrir aux Dieux.»

On entendait dire à un autre : «Il faut que j'aille au Temple remer- 30 cier les Dieux : car mon frère, que mon père aime tant, et que je chéris si fort, a recouvré la santé.»

27. Quels principes moraux déterminent les pensées et les actions des Troglodytes?

fit *passé simple de* faire

28. Quelle attitude adoptent les Troglodytes envers les malfaiteurs?

puisse-t-il mourir *nous souhaitons qu'il meure*
pillé *volé le contenu de*

donnassent *(subjonctif imparfait de* donner) = donnent

29. Pourquoi les peuples voisins décident-ils d'attaquer les Troglodytes?

furent *passé simple d'*être
résolurent *passé simple de* résoudre; ICI: *décider*
enlever ICI: *voler*
au devant d'eux *vers* eux

dérobé *volé*
bestiaux *(nm)* *animaux*

Mettez bas *déposez*

30. Comment les Troglodytes réagissent-ils à cette nouvelle?
31. Pourquoi le peuple voisin n'accepte-t-il pas l'offre des Troglodytes?

farouches *sauvages*
furent renvoyées *ont été rejetées*

s'était emparée de ICI: *avait envahi*

Ou bien : « Il y a un champ qui touche celui de mon père, et ceux qui le cultivent sont tous les jours exposés aux ardeurs du Soleil ; il faut que j'aille y planter deux arbres, afin que ces pauvres gens puissent aller quelquefois se reposer sous leur ombre. »

Un jour que plusieurs Troglodytes étaient assemblés, un vieillard 5 parla d'un jeune homme qu'il soupçonnait d'avoir commis une mauvaise action, et lui en fit des reproches. « Nous ne croyons pas qu'il ait commis ce crime, dirent les jeunes Troglodytes ; mais, s'il l'a fait, puisse-t-il mourir le dernier de sa famille ! »

On vint dire à un Troglodyte que des étrangers avaient pillé sa 10 maison et avaient tout emporté. « S'ils n'étaient pas injustes, répondit-il, je souhaiterais que les Dieux leur en donnassent un plus long usage qu'à moi. »

Tant de prospérités ne furent pas regardées sans envie ; les peuples voisins s'assemblèrent, et, sous un vain prétexte, ils résolurent d'en- 15 lever leurs troupeaux. Dès que cette résolution fut connue, les Troglodytes envoyèrent au-devant d'eux des ambassadeurs, qui leur parlèrent ainsi :

« Que vous ont fait les Troglodytes ? Ont-ils enlevé vos femmes, dérobé vos bestiaux, ravagé vos campagnes ? Non : nous sommes 20 justes, et nous craignons les Dieux. Que demandez-vous donc de nous ? Voulez-vous de la laine pour faire des habits ? Voulez-vous du lait de nos troupeaux ou des fruits de nos terres ? Mettez bas les armes ; venez au milieu de nous, et nous vous donnerons de tout cela. Mais nous jurons, par ce qu'il y a de plus sacré, que, si vous entrez dans nos 25 terres comme ennemis, nous vous regarderons comme un peuple injuste, et que nous vous traiterons comme des bêtes farouches. »

Ces paroles furent renvoyées avec mépris ; ces peuples sauvages entrèrent armés dans la terre des Troglodytes, qu'ils ne croyaient défendus que par leur innocence. 30

Mais ils étaient bien disposés à la défense : ils avaient mis leurs femmes et leurs enfants au milieu d'eux. Ils furent étonnés de l'injustice de leurs ennemis, et non pas de leur nombre. Une ardeur nouvelle s'était emparée de leur coeur : l'un voulait mourir pour son père ; un autre, pour sa femme et ses enfants ; celui-ci, pour ses frères ; 35 celui-là, pour ses amis ; tous, pour le peuple troglodyte. La place de

32. Pourquoi les Troglodytes se défendent-ils si bien?

33. Quelle est l'issue de la bataille?

d'abord   ICI : *immédiatement, tout de suite*

outre la cause   *en plus de la cause*

lâches   *manquant de courage*

le butin   *ensemble de choses prises au moment d'un vol ou d'un pillage*

n'eurent pas honte   (*passé simple d'avoir honte*) = ils n'ont pas eu honte

honte   (*nf*) *sentiment de regret provenant d'une mauvaise action*

cédèrent   de céder à : *être vaincu par*

crurent   *passé simple de* croire

convinrent   *passé simple de* convenir

déférer   *attribuer*

34. Pourquoi élisent-ils un roi? Qui choisissent-ils?

serré   *oppressé*

A Dieu ne plaise   *je souhaite que Dieu ne veuille pas*

comptez que   *soyez sûrs que*

35. Comment le vieillard accueille-t-il la nouvelle de son élection?

assujettis   *réduits à l'esclavage*

répandre   *verser*

vous peser   *vous sembler lourde*

vous ne sauriez   *vous ne pourriez*

soumis   *sous l'autorité de*

celui qui expirait était d'abord prise par un autre, qui, outre la cause commune, avait encore une mort particulière à venger.

Tel fut le combat de l'Injustice et de la Vertu ; ces peuples lâches, qui ne cherchaient que le butin, n'eurent pas honte de fuir, et ils cédèrent à la vertu des Troglodytes, même sans en être touchés.   5

D'Erzéron, le 9 de la lune de Gemmadi 2, 1711

LETTRE 14

Usbek au Même

Comme le Peuple grossissait tous les jours, les Troglodytes crurent qu'il était à propos de se choisir un roi. Ils convinrent qu'il fallait 10 déférer la couronne à celui qui était le plus juste, et ils jetèrent tous les yeux sur un vieillard vénérable par son âge et par une longue vertu. Il n'avait pas voulu se trouver à cette assemblée ; il s'était retiré dans sa maison, le coeur serré de tristesse.

Lorsqu'on lui envoya des députés pour lui apprendre le choix 15 qu'on avait fait de lui : « A Dieu ne plaise, dit-il, que je fasse ce tort aux Troglodytes, que l'on puisse croire qu'il n'y a personne parmi eux de plus juste que moi ! Vous me déférez la couronne, et, si vous le voulez absolument, il faudra bien que je la prenne. Mais comptez que je mourrai de douleur d'avoir vu en naissant les Troglodytes libres 20 et de les voir aujourd'hui assujettis. » A ces mots, il se mit à répandre un torrent de larmes. « Malheureux jour ! disait-il ; et pourquoi ai-je tant vécu ? » Puis il s'écria d'une voix sévère : « Je vois bien ce que c'est, ô Troglodytes ! votre vertu commence à vous peser. Dans l'état où vous êtes, n'ayant point de chef, il faut que vous soyez vertueux malgré 25 vous : sans cela vous ne sauriez subsister, et vous tomberiez dans le malheur de vos premiers pères. Mais ce joug vous paraît trop dur ; vous aimez mieux être soumis à un prince et obéir à ses lois, moins rigides

36. Selon le vieux, quelles sont les raisons profondes pour lesquelles les Troglodytes veulent un chef?

pour lors   *alors*

vous évitiez de tomber dans les grands crimes
vous ne commettiez pas de grands crimes

que prétendez-vous   *que voulez-vous*

le penchant   *inclination*

37. Pourquoi le vieillard est-il si affligé?

aïeux (nm)   *ancêtres*
afflige   *attriste*
le joug   *voir p. 86*

que vos moeurs. Vous savez que, pour lors, vous pourrez contenter votre ambition, acquérir des richesses et languir dans une lâche volupté, et que, pourvu que vous évitiez de tomber dans les grands crimes, vous n'aurez pas besoin de la vertu.» Il s'arrêta un moment, et ses larmes coulèrent plus que jamais. «Eh! que prétendez-vous que je 5 fasse? Comment se peut-il que je commande quelque chose à un Troglodyte? Voulez-vous qu'il fasse une action vertueuse parce que je la lui commande, lui qui la ferait tout de même sans moi et par le seul penchant de la nature? Ô Troglodytes! je suis à la fin de mes jours; mon sang est glacé dans mes veines; je vais bientôt revoir vos sacrés 10 aïeux. Pourquoi voulez-vous que je les afflige, et que je sois obligé de leur dire que je vous ai laissés sous un autre joug que celui de la Vertu?»

D'Erzéron, le 10 de la lune de Gemmadi 2, 1711.

RÉFLEXION ET DISCUSSION

1. Dangers et inconvénients de l'état de nature:
   (a) Pourquoi le règne de la force produit-il l'insensibilité?
   (b) A quoi l'excès d'individualisme mène-t-il la société des Troglodytes?
   (c) Pourquoi la tentative d'union (page 89) échoue-t-elle? Quel principe d'organisation ressort malgré tout de cette expérience?
   (d) Par quoi les premières transactions économiques se trouvent-elles faussées?
   (e) Que pensez-vous de l'attitude finale du médecin?
   (f) Quels enseignements sociaux Montesquieu nous invite-t-il à tirer de cette première lettre?

2. Les bienfaits de la vertu:
   (a) Comment la nouvelle société se reconstitue-t-elle?
   (b) Quels avantages cette nouvelle société présente-t-elle par rapport à l'ancienne?
   (c) Quels éléments du décor renforcent l'impression de simplicité et d'innocence illustrée par les coutumes des Troglodytes?
   (d) Les rapports sociaux entretenus par les Troglodytes à ce stade de leur civilisation vous semblent-ils être utopiques?
   (e) Que peut-on conclure de ce passage en ce qui concerne la nature de l'homme et de la société?

3. La vertu comme institution:
   (a) Quels effets cette organisation idéale a-t-elle sur les états voisins?
   (b) A quelles réalités le pessimisme du vieillard prend-il ses sources?
   (c) Pourquoi les lois dictées par la vertu sont-elles plus sévères que celles de la société? Cela vous semble-t-il juste?
   (d) Les institutions vous paraissent-elles être absolument nécessaires dans une société de dimensions importantes?
   (e) Les Troglodytes se choisissent un roi parce que la population grandit trop. Vous semble-t-il possible d'éviter ce choix? Pourquoi?
   (f) La bonne volonté peut-elle suffire comme principe d'organisation de la vie en petits groupes communautaires? Faites parler votre expérience personnelle!

JEAN DE LA BRUYÈRE

CARACTÈRES

EXTRAIT

*Jean de la Bruyère (1645–1696) est mora-
liste. Dans ses* Caractères, *il fait une critique
animée et juste des hommes et des moeurs de son
temps.*

user *utiliser*
aliments (nm) *la nour-
riture*
usage (nm) *coutume*
un soin *préoccupation*
(le) menton *partie in-
férieure du visage*
fraises (nf) ICI: *partie
du costume du XVIème
siècle ; disque épais de
dentelle blanche porté
autour du cou*
collets (nm) *cols*
la poitrine *le buste*
(la) bienséance *poli-
tesse*
nus *sans vêtements*

Qui règle les hommes dans leur manière de
vivre et d'user des aliments ? La santé et le
régime ? Cela est douteux. Une nation entière
mange les viandes après les fruits, une autre fait
tout le contraire; quelques-uns commencent 5
leurs repas par de certains fruits, et les finissent
par d'autres : est-ce raison ? est-ce usage ? Est-ce
par un soin de leur santé que les hommes s'habillent jusqu'au menton, portent des fraises et des
collets, eux qui ont eu si longtemps la poitrine 10
découverte ? Est-ce par bienséance, surtout dans
un temps où ils avaient trouvé le secret de
paraître nus tout habillés* ? Et d'ailleurs les

---

*Allusion aux modes du XVIe siecle, où les hommes eurent d'abord la poitrine découverte,
puis chargée de collets montés et de fraises, tandis qu'ils montraient leurs jambes en les
recouvrant seulement de bas de soie.—«De quelques Usages» [Note de la Bruyère.]

(la) gorge *haut de la poitrine*

(la) complexion ICI: *nature*

la pudeur *sentiment qui incite à la discrétion (physique ou morale)*

engage *oblige*

(le) coude *articulation du bras*

femmes, qui montrent leur gorge et leurs épaules, sont-elles d'une complexion moins délicate que les hommes, ou moins sujettes qu'eux aux bienséances ? Quelle est la pudeur qui engage celles-ci à couvrir leurs jambes et presque leurs pieds, 5 et qui leur permet d'avoir les bras nus au-dessus du coude ?

RÉFLEXION ET DISCUSSION

1. Qu'est-ce-que La Bruyère essaie ici de démontrer ?

2. Pourquoi n'emploie-t-il que des questions ?

3. A propos de quelles autres choses pourrait-on poser de semblables questions ?

MADAME DE SÉVIGNÉ

Lettre à M. de Pomponne

Marie de Rabutin-Chantal, Marquise de Sévigné (1626–1696) était une femme de lettres célèbre pour sa correspondance.

Lundi 1ᵉʳ décembre, 1664

conte *raconte*
une historiette *petite histoire*
divertira *amusera*
se mêle de *essaie*

comme *comment*
s'y prendre *faire*
maréchal *grade militaire le plus élevé*

de toutes les façons *de toutes sortes*

sot *stupide*

fat *prétentieux*

bonnement *franchement*
Que votre Majesté me le rende *rendez-le-moi, s'il vous plaît, Majesté*
fort *beaucoup*

Il faut que je vous conte une petite historiette, qui est très vraie, et qui vous divertira. Le Roi se mêle depuis peu de faire des vers; MM. de Saint-Aignan et Dangeau lui apprennent comme il faut s'y prendre. Il fit l'autre jour un petit 5 madrigal, que lui-même ne trouva pas trop joli. Un matin il dit au maréchal de Gramont: «Monsieur le maréchal, je vous prie, lisez ce petit madrigal, et voyez si vous en avez jamais vu un si impertinent. Parce qu'on sait que depuis peu 10 j'aime les vers, on m'en apporte de toutes les façons.» Le maréchal après avoir lu dit au Roi: «Sire, Votre Majesté juge divinement bien de toutes choses: il est vrai que voilà le plus sot et le plus ridicule madrigal que j'aie jamais lu.» Le 15 Roi se mit à rire et lui dit: «N'est-il pas vrai que celui qui l'a fait est bien fat? — Sire, il n'y a pas moyen de lui donner un autre nom. — Oh bien! dit le Roi, je suis ravi que vous m'en ayez parlé si bonnement; c'est moi qui l'ai fait. — Ah! 20 Sire, quelle trahison! Que Votre Majesté me le rende; je l'ai lu brusquement. — Non, Monsieur le maréchal: les premiers sentiments sont toujours les plus naturels.» Le Roi a fort ri de cette

fît (*subjonctif imparfait de* faire) = fasse
jugeât (*subjonctif imparfait de* juger) = juge
combien il est loin de connaître jamais... *combien il est toujours loin de connaître...*

folie, et tout le monde trouve que voilà la plus cruelle petite chose que l'on puisse faire à un vieux courtisan. Pour moi, qui aime toujours à faire des réflexions, je voudrais que le Roi en fît là-dessus, et qu'il jugeât par là combien il est 5 loin de connaître jamais la vérité.

RÉFLEXION ET DISCUSSION

1. Pourquoi le maréchal condamne-t-il d'abord le poème avec autant de force?

2. Pour quelle raison change-t-il si brusquement d'avis?

3. En quoi sa conduite est-elle représentative de l'attitude d'un courtisan?

4. Pourquoi les rois courent-ils le risque d'être souvent mal informés?

5. Quel rôle la flatterie joue-t-elle dans les rapports sociaux? Illustrez!

MOLIÈRE

LES FEMMES SAVANTES

EXTRAIT

Jean-Baptiste Poquelin de Molière (1622–1673), auteur de comédies, fait dans celle-ci la satire des femmes pédantes. Chrysale, homme de bon sens, critique Philaminte, sa femme, et Belise, sa soeur.

CHRYSALE

le solécisme *faute de grammaire*
d'étranges *d'étranges solécismes*
hors *excepté*
un gros Plutarque à mettre mes rabats *un gros volume de Plutarque sous lequel il puisse mettre son habit pour lui redonner sa forme*
ce meuble inutile ICI: *la bibliothèque*
M'ôter *(vous devriez) enlever, s'il vous plaît*
le grenier *partie supérieure d'une maison, sous le toit*

C'est à vous que je parle, ma soeur.
Le moindre solécisme en parlant vous irrite;
Mais vous en faites, vous, d'étranges en
    conduite.
Vos livres éternels ne me contentent pas,   5
Et hors un gros Plutarque à mettre mes rabats,
Vous devriez brûler tout ce meuble inutile
Et laisser la science aux docteurs de la ville;

céans *cette maison*
la lunette ICI: *télescope*
brimborions (nm) *petits objets*

vous mêler *vous occuper*

sens dessus dessous *pêle-mêle, en désordre*

moeurs (nf, pl) *coutumes, habitudes*
le ménage ICI: *maison*
ses gens (nm, pl) ICI: *domestiques*
sensés *raisonnables*
se hausse *s'élève*
A connaître un pourpoint d'avec un haut de chausse *à distinguer la partie supérieure d'un habit de la partie inférieure*
entretien (nm) *conversation*
un dé *cylindre de métal qu'on met au bout du doigt pour faire la couture*
aiguilles (nf) *pointes métalliques avec lesquelles on fait la couture*
Dont *avec lesquels*
céans ICI: *dans cette maison*
s'y laissent concevoir *sont découverts ici*
hors *excepté*

M'ôter, pour faire bien, du grenier de céans
Cette longue lunette à faire peur aux gens,
Et cent brimborions dont l'aspect importune;
Ne point aller chercher ce qu'on fait dans la
    lune,   5
Et vous mêler un peu de ce qu'on fait chez
    vous,
Où nous voyons aller tout sens dessus dessous.
Il n'est pas bien honnête, et pour beaucoup de
    causes,   10
Qu'une femme étudie et sache tant de choses.
Former aux bonnes moeurs l'esprit de ses
    enfants,
Faire aller son ménage, avoir l'oeil sur ses gens,
Et régler la dépense avec économie,   15
Doit être son étude et sa philosophie.
Nos pères sur ce point étaient gens bien sensés,
Qui disaient, qu'une femme en sait toujours
    assez
Quand la capacité de son esprit se hausse   20
A connaître un pourpoint d'avec un haut de
    chausse
Les leurs ne lisaient point, mais elles vivaient
    bien;
Leurs ménages étaient tout leur docte entretien 25
Et leurs livres un dé, du fil et des aiguilles,
Dont elles travaillaient au trousseau de leurs
    filles
Les femmes d'à présent sont bien loin de ces
    moeurs: 30
Elles veulent écrire, et devenir auteurs.
Nulle science n'est pour elles trop profonde,
Et céans beaucoup plus qu'en aucun lieu du
    monde:
Les secrets les plus hauts s'y laissent concevoir, 35
Et l'on sait tout chez moi, hors ce qu'il faut
    savoir;

comme *comment*

dont je n'ai point af-
faire *qui ne m'inté-
ressent pas*

dans ICI : *à cause de*

comme *comment*

(le) pot *la marmite, le
récipient dans lequel on
prépare ses repas*

à la science aspirent
*veulent étudier la
science*

Et tous ne font rien
moins que ce qu'ils
ont à faire *ils font
tout sauf ce qu'ils ont
à faire*

(le) rôt *rôti, morceau
de viande*

On y sait comme vont lune, étoile polaire,

Vénus, Saturne et Mars, dont je n'ai point
    affaire ;

Et, dans ce vain savoir, qu'on va chercher si
    loin,   5

On ne sait comme va mon pot, dont j'ai
    besoin.

Mes gens à la science aspirent pour vous plaire,

Et tous ne font rien moins que ce qu'ils ont à
    faire ;   10

Raisonner est l'emploi de toute ma maison,

Et le raisonnement en bannit la raison :

L'un me brûle mon rôt en lisant quelque
    histoire ;

L'autre rêve à des vers quand je demande à   15
    boire ;

Enfin je vois par eux votre exemple suivi,

Et j'ai des serviteurs, et ne suis point servi.

RÉFLEXION ET DISCUSSION

1. Quelles critiques de principe fait Chrysale ?

2. Quels arguments pratiques oppose-t-il à l'activité de ces femmes ?

3. En quoi leur comportement le gêne-t-il ?

4. Quelle mauvaise influence les femmes ont-elles sur les domestiques ?

5. Que signifient les vers à la page 110, lignes 11–12.

6. Comment qualifieriez-vous l'attitude de Chrysale ?

7. Selon lui, à quel rôle les femmes devraient-elles se limiter ? Partagez-vous son
   opinion ?

8. Comment pourrait-on répondre à Chrysale ?

9. Quels sont, selon vous, les éléments comiques de ce passage ?

«LISELOTTE»

LE GUIDE DES CONVENANCES

Les passages suivants sont extraits d'un manuel d'étiquette publié par «le Petit Écho de la Mode» au début de ce siècle.

Le choix d'un Époux

saine *moralement solide*

«Le mariage est la base de la société.» C'est cette union honnête et saine qui donnera à la nation des hommes forts, des femmes vertueuses. Aussi de quelles précautions ne doit-on pas entourer cet acte capital, duquel dépend le bonheur 5 de toute une vie et aussi le bien de la société.

* * *

et de beaucoup *très préférable*
qu'ils aient eu le loisir *qu'ils aient eu la possibilité et le temps*
enduits *couverts*
le vernis *brillant superficiel*
se sont plu *chacun a trouvé l'autre agréable*

Il est préférable, et de beaucoup, que les jeunes gens se connaissent à l'avance, qu'ils aient eu le loisir de s'étudier, avant que leur rôle de fiancés ne les ait enduits de ce vernis de perfection 10 réciproque qui dissimule bien des défauts.

Si dans les relations mondaines, sans qu'il y ait préméditation de la part des parents et amis, deux jeunes gens se sont plu, tant mieux; la responsabilité de la famille est moins grande et 15 les chances de bonheur plus nombreuses: le

ne heurte pas *ne va pas
contre l'intérêt de*
convenances (*nf*) *ma-
nières, rituel social*

suscite *provoque*
s'entremet *sert de lien,
de messager*
s'engage *commence*
de mauvais ton *impoli,
incorrect*
ne soit pas prévenue
ne sache pas d'avance
par suite *par consé-
quent*
l'avertir *lui dire d'a-
vance*
feigne *de* feindre : *faire
semblant*
Qu'on ne fasse pas *il
ne faut pas faire*
se produire *jouer un
rôle*
cerveaux (*nm*) ICI : *es-
prits*

détonnent *disent n'im-
porte quoi, sans respec-
ter le «ton» de la
conversation*
mise ICI : *habillée, vêtue*
ne se fût pas = *ne
s'était pas*
parer *habiller*

sans recherche *simple-
ment*

mariage d'amour, lorsqu'il ne heurte pas les autres considérations de position, de convenances, est ce qu'il y a de meilleur.

* * *

Lorsqu'il aura été reconnu que l'union entre les deux jeunes gens est possible et qu'il n'y a 5 point d'obstacle matériel ou moral, on suscite une rencontre, on choisit un terrain neutre, une église, un musée, un lieu de promenade. La jeune fille est avec ses parents, le jeune homme est accompagné de la personne qui s'entremet pour 10 le mariage. On se rencontre comme par hasard, à la sortie de l'église, ou pendant la promenade et, après les présentations, une conversation générale s'engage.... Elle est courte et banale, il serait de mauvais ton de chercher à la prolonger 15 indéfiniment.

Il est préférable que la jeune fille ne soit pas prévenue ; elle sera plus naturelle et, par suite, plus charmante.

Quelquefois ses parents jugent qu'il est sage 20 de l'avertir ; qu'elle feigne alors de ne rien savoir, elle sera plus à l'aise ainsi.

Qu'on ne fasse pas de cette rencontre une véritable exhibition de la jeune fille, la forçant à se produire, à se *raconter* ; les jeunes cerveaux 25 s'excitant facilement lorsqu'on les met en avant, ils dépassent la mesure, lancent des paradoxes, détonnent le plus souvent.

Elle sera mise simplement, comme elle l'aurait été si le jeune homme ne se fût pas trouvé là ; rien 30 ne serait de plus mauvais goût que de la parer avec ostentation, alors que ses soeurs ou sa mère seraient vêtues sans recherche.

fuyaient à l'anglaise *de*
  fuir : s'échapper, partir
  sans dire au revoir et
  sans être vu
l'issue (*nf*)*la fin*

le nid *les oiseaux vivent*
  dans un nid
cèdent ICI : *prêtent,*
  donnent provisoirement

fussent-ils *même s'ils*
  sont
se tutoient *se disent*
  mutuellement «tu»
l'air «jeunes tourte-*
  reaux» oiseaux beiges*
  réputés pour leur dou-
  ceur. Lorsque les jeunes
  gens se comportent
  amoureusement et se
  tiennent l'un près de
  l'autre, ils ressemblent
  à un couple de ces
  oiseaux.
la taille *la ceinture se*
  porte à la taille.

Le voyage de noces ne se fait maintenant
qu'une quinzaine de jours après le mariage. Le
temps n'est plus où les mariés fuyaient, à l'anglaise, pendant le lunch ou à l'issue du dîner.   5

On a trouvé qu'il était barbare de séparer ainsi
brusquement la jeune fille, quelquefois encore
presque une enfant, de sa mère et de toute sa
famille.

Les nouveaux époux peuvent rester quelque   10
temps dans le nid qu'ils se sont préparé. Quelquefois, même, les parents de l'un d'eux cèdent
leurs appartements pour quelques jours, afin
qu'ils n'aillent point passer les premières semaines de leur bonheur dans un banal hôtel.   15

Quelquefois, aussi, ils sont chez des grands-
parents. Il est de mauvais ton d'aller chez des
amis, fussent-ils très intimes.

Je ne suis pas d'avis que les jeunes époux se
tutoient devant les étrangers ; le *tu* intime est   20
réservé pour l'intérieur. Evitez, pendant le voyage de noces, l'air «jeunes tourtereaux» : il est
grotesque de se tenir la main, de se prendre par
la taille, de se regarder dans les yeux. Le simple
bon sens, le tact le plus élémentaire feront com-   25
prendre le ridicule de ces manières.

RÉFLEXION ET DISCUSSION

1. Pensez-vous comme l'auteur que «Le mariage est la base de la société»?

2. Quelles considérations autres que l'amour peuvent jouer un rôle dans «le choix d'un époux»?

3. En quoi consiste le comportement idéal de la jeune fille?

4. Quelle attitude morale ressort des recommandations faites à propos des fiançailles et du mariage?

5. Quelles expressions, quels mots vous semblent contribuer le plus au ton particulier de ce passage?

6. Comment se manifeste le «paternalisme» de l'auteur?

7. Quelles différences trouvez-vous entre ce rituel et celui qu'on suit conventionnellement aux États-Unis de nos jours?

8. Comment votre attitude envers l'aspect social du mariage diffère-t-elle de celle que ce texte recommande?

9. Quelle est la part de l'hypocrisie dans les conventions sociales?

10. Ce texte vous a-t-il fait rire? Précisez pourquoi.

DANIÈLE HEYMAN

«Jusqu' où vont-elles aller, les femmes»*

*V*oici *quelques extraits d'un sondage commandé par* l'Express *à la* SOFRES (*le «gallup
poll» français*) *en 1972. Ce sondage figure
dans un long article de Danièle Heyman sur
les femmes dans la société française contemporaine.*

1. Quelles sont les principales raisons qui poussent les femmes à travailler ?

le ménage   ICI: *famille,
foyer*

n'être à la charge de
personne   *être indé-
pendantes de tout le
monde*

S'épanouir   *se dévelop-
per*

Gagner leur vie	34%
Améliorer le budget du ménage	56%
Assurer leur indépendance, n'être à la charge de personne	27%
Ne pas s'occuper seulement de tâches familiales et ménagères	12%
Ne pas rester seule à la maison	11%
Réussir professionnellement	2%
S'épanouir intellectuellement........	9%
Être à égalité avec les hommes	6%

5

10

Le total est supérieur à 100%, les personnes
ayant pu donner deux réponses.

* *L'Express* 8–14 mai 1972, pp. 39–46.

2. A compétences égales, une femme est-elle
aussi efficace qu'un homme ?

Plus efficace	8%
Aussi efficace	78%
Moins efficace	10%
Sans opinion	4%

5

voeux (nm) souhaits,
désirs

Etre douée avoir du
talent

3. Si l'on vous proposait de réaliser un des trois
voeux suivants, lequel choisiriez-vous ?

Être plus riche	30%
Être plus jolie	4%
Être plus douée intellectuellement ...	62%
Ne savent pas	4%

10

4. Parmi les tâches suivantes, quelles sont les
deux dont il faudrait s'occuper en priorité ?

l'avortement (nm) in-
terruption de la gros-
sesse (grossesse: période
de neuf mois qui pré-
cède la naissance de
l'enfant)
garderies (nf) d'enfants
endroits où on surveille
les enfants pendant
l'absence de leur mère

Donner de plus grandes possibilités de formation professionnelle aux jeunes filles...........................	35%
Voter une loi autorisant l'avortement	19%
Ouvrir des garderies d'enfants collectives	28%
Donner aux mères d'enfants en bas âge la possibilité de travailler pendant quelques années à temps partiel ...	47%
Faire que les femmes qui travaillent aient à compétences égales des salaires égaux à ceux des hommes..	68%
Sans opinion	1%

15

20

25

Le total est supérieur à 100%, les personnes
ayant pu donner deux réponses.

5. Il peut arriver que ce soit la femme qui gagne
l'argent du ménage. Est-ce normal, pas normal, ou cela n'a-t-il aucune importance ?

Normal...........................	68%
Pas normal	12%
Cela n'a aucune importance	19%
Sans opinion	1%

30

35

6. Dans la société d'aujourd'hui, vaut-il mieux être un homme, une femme, ou cela n'a-t-il aucune importance ?

Être un homme 19%
Être une femme 15%   5
Cela n'a aucune importance 66%

7. Auriez-vous préféré être un homme ?

Je suis contente d'être une femme ... 82%
J'aurais préféré être un homme 15%
Ne savent pas 3%   10

RÉFLEXION ET DISCUSSION

1. Quelles préoccupations essentielles ressortent de ce sondage?

2. L'ensemble des pourcentages confirme-t-il vos sentiments personnels — ou non?

3. Quelles statistiques vous ont le plus surpris? Pourquoi?

4. Quels voeux ajouteriez-vous à la liste proposée dans la troisième série de questions?

5. Quelles questions ajouteriez-vous à ce sondage?

PROJETS

1. Montesquieu suggère que les hommes vivraient mieux si la vertu était leur seule loi. Pourquoi alors les hommes ont-ils clairement besoin d'autres lois et de codes pour vivre en société? (DISCUSSION DE CLASSE)

2. En donnant des exemples précis, montrez comment certaines coutumes ont une base légitime (politesse, amabilité, etc.) et comment certaines convenances ont au contraire des origines beaucoup plus arbitraires et superficielles (mode, façons de parler, costume, etc.). (DISCUSSION DE CLASSE)

3. Une «gaffe» consiste à parler ou à agir de façon choquante, vexante ou inacceptable. Avez-vous déjà commis une gaffe? Racontez-en les circonstances. (DEVOIR ÉCRIT)

4. Comment le rôle des hommes et le rôle des femmes varient-ils selon les sociétés et selon les époques. Illustrez. (PROJET DE RECHERCHE)

5. Il y a des gens pour qui un certain comportement social peut devenir un style de vie (les flatteurs, les snobs, les pédants). Si vous connaissez l'un d'entre eux, faites-en le portrait. (EXPOSÉ PERSONNEL)

6. Écrivez un petit guide à l'usage des nouveaux étudiants de première année, dans lequel vous essaierez de signaler toutes les particularités de conduite propres à votre université. (DEVOIR ÉCRIT)

7. Certains philosophes jugent que l'homme est né bon; d'autres, qu'il est né plutôt mauvais. Quelles sont vos vues sur cette question et quelles conséquences pratiques en tirez-vous dans vos attitudes quotidiennes? (EXPOSÉ PERSONNEL)

8. On dit couramment que «les habitudes se perdent», qu' «il n'y a plus de traditions», que «les jeunes ne respectent rien», etc... Ces propositions vous semblent-elles exactes? Quelles conventions vous semblent toujours valables de nos jours? Lesquelles rejetez-vous? Pourquoi? En adoptez-vous de nouvelles, consciemment ou non? (Exposé collectif)

9. Certaines personnes s'adaptent avec difficulté (ou pas du tout) à la société qui les entoure. Elles adoptent alors des styles de vie plus proches de leur caractère (ermite, aventurier, vagabond, etc.). Racontez l'histoire d'une de ces personnes dont le style de vie a pu parfois vous attirer. (Exposé personnel)

10. L'échange de paroles vides remplace souvent la communication véritable. Donnez un exemple de conversation dans laquelle il ne se dit rien d'important, où les grandes phrases remplacent les grandes idées. (Devoir écrit a lire en classe)

11. Lors d'un voyage à l'étranger, quelles coutumes vous ont particulièrement frappés et quelles difficultés avez-vous eues à vous y adapter? (Devoir écrit)

12. Un de vos camarades a un comportement social que vous estimez bizarre. Comment s'explique-t-il? Comment réagissez-vous? (Devoir écrit)

13. Quel est à notre époque le statut des femmes? Quelles critiques lui fait-on? Le «Women's Lib» soutiendrait-il les «femmes savantes» de la pièce de Molière? Pourquoi? Donnez votre opinion du statut que les femmes doivent avoir dans la société moderne. (Discussion de Classe)

14. A quelles extrémités peut mener le refus total de la vie en société? (Discussion de classe)

IV
L'ANGOISSE

121

réduite   *rendue plus petite*
le cadre   *bordure*
l'angle (*nm*)   *coin*
bleuâtre   *d'un certain bleu*
entr'ouverte   *légèrement ouverte*
la cloison   *le mur*
penché   *incliné*
maléficieux   *Cocteau veut dire maléfique*
(le) souffleur   *au théâtre, le souffleur rappelle aux
    acteurs les mots qu'ils oublient*
(le) meurtre   *assassinat*

JEAN COCTEAU

La Voix humaine

Pour Jean Cocteau, tout est poésie. Après sa mort quelqu'un pourra ainsi diviser l'oeuvre immense de ce «touche-à-tout» de génie en ces diverses catégories: «poésie», «poésie de théâtre», «poésie graphique», et même «poésie cinématographique».

Né en 1889 et mort voilà seulement dix ans, il a en effet prêté ses dons variés à toutes les formes de l'expression artistique contemporaine: de nombreux recueils de poèmes, des dessins innombrables, plusieurs pièces — parmi lesquelles La Voix humaine *écrite en 1930—, des films et même la décoration d'une chapelle à Villefranche dans le sud de la France.*

Grande figure des années 30, dont il connut tous les grands noms, Jean Cocteau laisse dans les lettres françaises un nom synonyme d'élégante facilité et de versatilité.

«Je suis né parisien, je parle parisien, je prononce parisien.» disait-il. La Voix humaine, *où n'apparaît qu'un seul personnage, illustre par son ton et sa langue la variété de cet idiome.*

La scène, réduite, entourée du cadre rouge de draperies peintes, représente l'angle inégal d'une chambre de femme ; chambre sombre, bleuâtre, avec, à gauche, un lit en désordre, et, à droite, une porte entr'ouverte sur une salle de bains blanche très éclairée. Au centre, sur la cloison, l'agrandissement photographique de quelque chef-   5
d'oeuvre penché ou bien un portrait de famille ; bref, une image d'aspect maléficieux.

Devant le trou du souffleur, une chaise basse et une petite table : téléphone, livres, lampe envoyant une lumière cruelle. Le rideau découvre une chambre de meurtre. Devant le lit, par terre, une femme   10

étendue *allongée*

se redresse *se lève*

lâche *laisse tomber*

s'élance *se jette dans la direction du téléphone*

gêne *embarrasse (est dans son chemin)*

écarte *le pousse de côté*

arpentera *traversera dans tous les sens à grands pas*

un caillou *pierre*

une abonnée ICI: *personne qui possède le télé-*
  phone. Dans ce texte, plusieurs personnes par-
  tagent la même ligne

statufier *représenter, comme une statue*

le comble *maximum*

(le) peignoire-chemise *vêtement qu'on met après*
  le bain ou avant de s'habiller

housses (nf) *linges qu'on met sur les meubles pour*
  les protéger de la poussière

(un) abat-jour *cylindre ouvert qui sert à diffuser*
  la lumière d'une lampe

(le) brio *vivacité, chaleur*

l'aigreur (nf) *acidité, âpreté, dureté*

une ruse *artifice destiné à tromper*

tendre une perche *aider à se tirer d'une mauvaise*
  situation, offrir de l'aide, du secours

mesquin *médiocre, qui manque de grandeur ou de*
  noblesse

donnât *(subjonctif imparfait de* donner*)* =
  donne

boite *de boiter: marcher avec des pas inégaux,*
  en général à cause d'une infirmité physique ou
  d'un accident

raccrochez *à la fin d'une conversation télé-*
  phonique, vous raccrochez

en longue chemise est étendue, comme assassinée. Silence. La femme se redresse, change de pose et reste encore immobile. Enfin, elle se décide, se lève, prend un manteau sur le lit, se dirige vers la porte après une halte en face du téléphone. Lorsqu'elle touche la porte, la sonnerie se fait entendre. Elle lâche le manteau et s'élance. Le manteau la gêne, elle l'écarte d'un coup de pied. Elle décroche l'appareil.

De cette minute elle parlera debout, assise, de dos, de face, de profil, à genoux derrière le dossier de la chaise-fauteuil, la tête coupée, appuyée sur le dossier, arpentera la chambre en trainant le fil, jusqu'à la fin où elle tombe sur le lit à plat ventre. Alors sa tête pendra et elle lâchera le récepteur comme un caillou.

Chaque pose doit servir pour une phase du monologue-dialogue (Phase du chien — phase du mensonge — phase de l'abonnée, etc.) La nervosité ne se montre pas par de la hâte, mais par cette suite de poses dont chacune doit statufier le comble de l'inconfort.

Peignoir-chemise, plafond, porte, fauteuil-chaise, housses, abat-jour blancs.

Trouver un éclairage du trou du souffleur qui forme une ombre haute derrière la femme assise et souligne l'éclairage de l'abat-jour.

Le style de cet acte excluant tout ce qui ressemble au brio, l'auteur recommande à l'actrice qui le jouera sans son contrôle de n'y mettre aucune ironie de femme blessée, aucune aigreur. Le personnage est une victime médiocre, amoureuse d'un bout à l'autre ; elle n'essaye qu'une seule ruse : tendre une perche à l'homme pour qu'il avoue son mensonge, qu'il ne lui laisse pas ce souvenir mesquin. Il voudrait que l'actrice donnât l'impression de saigner, de perdre son sang, comme une bête qui boite, de terminer l'acte dans une chambre pleine de sang.

Respecter le texte où les fautes de français, les répétitions, les tournures littéraires, les platitudes, résultent d'un dosage attentif.

Allô, allô, allô........ Mais non, Madame, nous sommes plusieurs sur la ligne, raccrochez.... Allô.... Vous êtes avec une abonnée.... Oh!.... allô!.... Mais, Madame, raccrochez vous-même.... Allô, Mademoiselle, allô.... Laissez-nous.... Mais non, ce n'est pas le docteur

1. A qui parle d'abord la femme? Pour quelles raisons?

le récepteur   *partie du téléphone qu'on décroche pour parler et entendre*

un supplice   *torture*

2. Comment sait-on qu'elle est déjà allée chez son correspondant auparavant?

la pendule   *appareil qui indique l'heure*

un comprimé   *un comprimé d'aspirine, par exemple*
je me suis secouée   *de se secouer: (fam) ne pas succomber à l'inertie, à la léthargie; s'animer*

3. Quelles sont ces lettres qu'elle a rangées?

la fourrure   *un manteau de fourrure est fait de la peau d'un animal*

4. A quoi voit-on que cette femme est très nerveuse?

le procès   *action qui se déroule dans un tribunal devant le juge*
ne coupez pas   = *n'interrompez pas la communication*

5. A qui s'adressent les mots «Ne coupez pas»?

Schmit.... Zéro huit, pas zéro sept.... allô!.... c'est ridicule.... On
me demande; je ne sais pas. (*Elle raccroche, la main sur le récepteur. On
sonne.*).... Allô!.... Mais, Madame, que voulez-vous que j'y fasse?....
Vous êtes très désagréable.... Comment, ma faute.... pas du tout....
pas du tout.... Allô!.... allô, Mademoiselle.... On me sonne et je 5
ne peux pas parler. Il y a du monde sur la ligne. Dites à cette dame de
se retirer. (*Elle raccroche. On sonne.*) Allô! c'est toi?.... c'est toi?....
Oui.... J'entends très mal.... tu es très loin, très loin.... Allô!....
c'est affreux.... il y a plusieurs personnes sur la ligne.... Redemande.
Allô! *Re-de-mande*.... Je dis: redemande-moi.... Mais, Madame, 10
retirez-vous. Je vous répète que je ne suis pas le docteur Schmit....
Allô!.... (*Elle raccroche. On sonne.*)

Ah! enfin.... c'est toi.... oui.... très bien.... allô!.... oui....
C'était un vrai supplice de t'entendre à travers tout ce monde.... oui
.... oui... 15
.... non .... c'est une chance.... Je rentre
il y a dix minutes.... Tu n'avais pas encore appelé?.... ah!.... non,
non.... J'ai dîné dehors.... chez Marthe.... Il doit être onze heures un
quart.... Tu es chez toi?.... Alors regarde la pendule électrique....
C'est ce que je pensais.... Oui, oui, mon chéri.... Hier soir? Hier soir 20
je me suis couchée tout de suite et comme je ne pouvais pas m'endormir
j'ai pris un comprimé.... non.... un seul.... à neuf heures.... J'avais
un peu mal à la tête, mais je me suis secouée. Marthe est venue. Elle a
déjeuné avec moi. J'ai fait des courses. Je suis rentrée à la maison.
J'ai mis toutes les lettres dans le sac jaune. J'ai.... Quoi?.... Très 25
forte.... je te jure.... J'ai beaucoup, beaucoup de courage.... Après?
Après je me suis habillée, Marthe est venue me prendre et voilà....
Je rentre de chez elle. Elle a été parfaite.... Très, très bonne, parfaite
.... Elle a cet air, mais elle ne l'est pas. Tu avais raison, comme
toujours........ Ma robe rose, avec la fourrure........ Mon chapeau 30
noir........ Oui, j'ai encore mon chapeau sur la tête.... non, non, je
ne fume pas. Je n'ai fumé que trois cigarettes.... Si, c'est vrai.... Si,
si........ tu es gentil....... Et toi, tu rentres?.... Tu es resté à la maison
.... Quel procès?.... Ah! oui... il ne faut pas te fatiguer.... Allô,
allô! ne coupez pas. Allô!... allô! chéri.... allô!.... Si on coupe, 35
redemande-moi tout de suite.... naturellement.... Allô! Non... je suis

6. Quelles relations les personnages semblent-ils avoir entre eux?

7. Dans quel état la femme est-elle?

une somnambule *personne qui marche pendant son sommeil*

machinalement *automatiquement*

l'ombre d'un reproche *le moindre reproche, critique*

convenu *entendu, compris*

8. Que s'est-il sans doute passé entre la femme et la personne au bout du fil?

la franchise *honnêteté*

le coup *choc*

prendre sur moi ICI: *se contraindre*

Permets *écoute (dans un sens critique)*

on a beau se douter *on soupçonne en vain*

tombe... à la renverse *tomber en arrière; ICI: (figuré) on est complètement surpris*

9. Quelle attitude la femme adopte-t-elle?

dorloter *traiter avec douceur et gentillesse (comme un bébé ou un malade)*

10. Quels arguments pensez-vous que donne la voix?

le pneumatique *lettre express que la poste envoie au moyen de tubes pneumatiques*

tout m'était égal *rien n'avait d'importance pour moi*

là... Le sac ?.... Tes lettres et les miennes. Tu peux le faire prendre quand tu veux........ Un peu dur.... Je comprends.... Oh ! mon chéri, ne t'excuse pas, c'est très naturel et c'est moi qui suis stupide.........
.... Tu es gentil..........................
.... Tu es gentil........ Moi non plus, je ne me 5
croyais pas si forte........ Il ne faut pas m'admirer. Je bouge un peu comme une somnambule. Je m'habille, je sors, je rentre machinalement. Je serai peut-être moins brave demain...............................
.... Toi ?........ Mais non
.... mais, mon chéri, je n'ai pas l'ombre d'un reproche à te faire.... 10
je... je.... laisse.... Comment ?.... Très naturel.... Au contraire....
Il... il a toujours été convenu que nous agirions avec franchise et j'aurais trouvé criminel que tu me laisses sans rien savoir jusqu'à la dernière minute. Le coup aurait été trop brutal, tandis que là, j'ai eu le temps de m'habituer, de comprendre.......... Quelle comédie ? 15
.... Allô ! .... Qui ?.... que je te joue la comédie, moi !.... Tu me connais, je suis incapable de prendre sur moi........ Pas du tout
.... Pas du tout........ Très calme........ Tu l'entendrais........ Je
dis : tu l'entendrais. Je n'ai pas la voix d'une personne qui cache quelque chose........ Non. J'ai décidé d'avoir du courage et j'en aurai 20
.... Permets.... ce n'était pas pareil........ c'est possible, mais on a beau se douter, s'attendre au malheur, on tombe toujours à la renverse
.... N'exagère pas.... j'ai tout de même eu le temps de m'habituer. Tu avais pris le soin de me dorloter, de m'endormir........ Notre amour marchait contre trop de choses. Il fallait résister, refuser cinq ans de 25
bonheur ou accepter les risques. Je n'ai jamais pensé que la vie s'arrangerait. Je paye cher une joie sans prix.... Allô.... *sans prix* et je ne regrette........ je ne.... je ne regrette rien — rien — rien..............
.... Tu.................... tu
te trompes.... tu te.... tu te... tu te trompes. J'ai........ Allô !.... j'ai 30
ce que je mérite. J'ai voulu être folle et avoir un bonheur fou........
chéri.... écoute.... allô !.... chéri... laisse.... allô.... laisse-moi parler. Ne t'accuse pas. Tout est ma faute. Si, si........ Souviens-toi du dimanche de Versailles et du pneumatique.... Ah !.... Alors !....
C'est *moi* qui ai voulu venir, c'est *moi* qui t'ai fermé la bouche, c'est 35
moi qui t'ai dit que tout m'était égal.... Non........ non.... non.. là,

11. Pourquoi a-t-elle si bien retenu les dates?
12. Que propose la voix?

(la) dépêche   *message, télégramme*

13. A votre avis, pourquoi la femme est-elle indécise?

le concierge   *les appartements en France sont gardés par un homme (ou une femme) chargé de garder l'immeuble, de surveiller les entrées et les sorties et de distribuer le courrier*

14. Qui est «il»? (ligne 12).
15. Comment les réactions de ce dernier nous renseignent-elles sur les relations des personnages?

une âme en peine   *une âme au purgatoire ou en enfer*
le vestibule   *l'entrée de la maison, hall*

gants (nm)   *en hiver on met des gants pour ne pas avoir froid aux mains*
fourrés   *à l'intérieur desquels il y a de la laine ou de la fourrure*

crispin   *à manchettes*

16. Pourquoi la femme nie-t-elle avoir trouvé les gants? Que répresentent-ils pour elle?

tu es injuste…. J'ai…. j'ai téléphoné la première…. non, le mardi
……. un mardi…. J'en suis sûre. Un mardi 27. Ta dépêche était arrivée le lundi soir, le 26. Tu penses bien que je connais ces dates par
coeur…….. ta mère ? Pourquoi…. Ce n'est vraiment pas la peine
…….. Je ne sais pas encore……. Oui…. peut-être…. Oh! non, sûre-
ment pas tout de suite, et toi ?…. Demain ?…….. Je ne savais pas que
c'était si rapide…. Alors, attends…. c'est très simple…….. demain
matin le sac sera chez le concierge. Joseph n'aura qu'à passer le prendre
…….. Oh! moi, tu sais, il est possible que je reste, comme il est
possible que j'aille passer quelques jours à la campagne, chez Marthe
…………………………………………………………………………………
.. Il est là. Il est comme une âme en peine. Hier, il passait son temps
entre le vestibule et la chambre. Il me regardait. Il dressait les oreilles.
Il écoutait. Il te cherchait partout. Il avait l'air de me reprocher de
rester assise et de ne pas chercher avec lui………………………………
…………………………… Je trouve que le mieux serait que tu le pren-
nes…….. Si cette bête doit être malheureuse…….. Oh! moi!….
Ce n'est pas un chien de femme. Je m'en occuperais mal. Je ne le
sortirais pas. Il vaudrait bien mieux qu'il reste avec toi……. Il m'ou-
blierait vite…. Nous verrons……. nous verrons…….. Ce n'est pas
bien compliqué. Tu n'aurais qu'à dire que c'est le chien d'un ami. Il
aime beaucoup Joseph. Joseph viendrait le prendre……. Je lui met-
trais le collier rouge. Il n'a pas de plaque…. Nous verrons…….. oui
………………… oui…………… oui, mon chéri…. Quels gants ?….
Tes gants fourrés, les gants que tu avais pour conduire la voiture ?….
Je ne sais pas. Je n'ai rien vu. C'est possible. Je vais voir…. Tu
attends. Ne te laisse pas couper.

*(Elle ramasse sur la table, derrière la lampe, des gants crispin fourrés
qu'elle embrasse passionnément. Elle parle avec les gants contre sa joue.)*

Allô… allô… non… j'ai cherché sur la commode, sur le fauteuil,
dans l'antichambre, partout. Ils n'y sont pas…….. Écoute…. je vais
voir encore, mais je suis certaine…….. Si par hasard on les retrouve
demain matin, je les ferai mettre en bas avec le sac…. Chéri ?…. Les
lettres…. oui…. tu les brûleras…….. Je vais te demander une chose
idiote…….. Non, voilà, je voulais te dire, si tu les brûles, j'aimerais

la boîte d'écaille   *boîte brune, jaune et noire faite de la carapace d'une tortue*

17. Quelle faveur demande-t-elle? Pourquoi?

je me mouche   *quand on est enrhumé, on se mouche*

18. Pourquoi Cocteau suggère-t-il que l'actrice dise ce passage dans une langue étrangère?

le fourneau   *appareil destiné à faire cuire la nourriture*

19. Qu'est-ce qui indique que les relations entre les deux personnes ont été intimes?

Allons, bon!   *expression ironique de dépit, quand quelque chose ne va pas*

20. Comment le téléphone dramatise-t-il les rapports des deux personnages?

inouï   *incroyable*

21. Que signifie la remarque «On dirait que ce n'est pas ton appareil»?

22. Quels éléments supplémentaires nous renseignent sur leur intimité?

penchée   *inclinée*
retroussées   *relevées, retournées*
le buvard   *papier spécial destiné à sécher l'encre*

que tu gardes la cendre dans la petite boîte d'écaille que je t'avais
donnée pour les cigarettes, et que tu.... Allô!.... non... je suis stupide
.... pardonne-moi. J'étais très forte. (*Elle pleure.*)......................
.... Là, c'est fini. Je me mouche. Enfin je serais contente
d'avoir cette cendre, voilà....... Comme tu es bon!.... Ah!   5

(*L'actrice dira le passage entre guillemets dans la langue étrangère qu'elle
connaît le mieux.*)

«Pour les papiers de ta soeur, j'ai tout brûlé dans le fourneau de la
cuisine. J'ai pensé d'abord à ouvrir pour enlever le dessin dont tu
m'avais parlé, mais puisque tu m'avais dit de tout brûler, j'ai tout 10
brûlé............................. Ah! bon.... bon.... oui».... (*En
français.*) C'est vrai, tu es en robe de chambre.... Tu te couches?....
Il ne faut pas travailler si tard, il faut te coucher si tu te lèves tôt demain matin. Allô!.... Allô!.... et comme ça?.... Pourtant je parle
très fort....... Et là, tu m'entends?.... Je dis: et là, tu m'entends? 15
.... c'est drôle parce que moi je t'entends comme si tu étais dans
la chambre........ Allô!.... allô! allô!...... Allons, bon! maintenant
c'est moi qui ne t'entends plus....... Si, mais loin, très loin.... Toi tu
m'entends. C'est chacun son tour....... Non, ne raccroche pas!....
Allô!.... Je parle, Mademoiselle, je parle!........ Ah! Je t'entends. Je 20
t'entends très bien. Oui, c'était désagréable. On croit être mort. On
entend et on ne peut pas se faire entendre........ Non, très, très bien.
C'est même inouï qu'on nous laisse parler si longtemps. D'habitude
on coupe au bout de trois minutes et on redonne un faux numéro....
Si, si.... j'entends même mieux que tout à l'heure, mais ton appareil 25
résonne. On dirait que ce n'est pas ton appareil....... Je te vois, tu
sais. (*Il lui fait deviner.*).... Quel foulard?........ Le foulard rouge........
Ah!........ penchée à gauche....... Tu as tes manches retroussées....
ta main gauche? le récepteur. Ta main droite? ton stylographe. Tu
dessines sur le buvard des profils, des coeurs, des étoiles. Tu ris! J'ai 30
des yeux à la place des oreilles....... (*Avec un geste machinal de se cacher
la figure.*).... Oh! non, mon chéri, surtout ne me regarde pas...........
.... Peur?.... Non, je n'aurai pas peur.... c'est pire........ Enfin je
n'ai plus l'habitude de dormir seule........ Oui........ oui.... oui....

23. Qui est cette vieille dame?

24. Pourquoi cette remarque est-elle ironique? (ligne 9).

25. Comment le téléphone peut-il être «une arme effrayante»?

maigre   *contraire de grosse*

rides (*nf*)   *lignes qui se forment sur le visage avec l'âge*

pire   *plus mauvais*

vilaine   *méchante*

la gueule   *terme vulgaire pour bouche ou visage*
    ICI : *le terme est employé dans un sens amical*

je plaisantais   *je disais cela pour rire*

effrayante   *qui fait peur*

26. Qui est Joseph?
27. Pourquoi la femme admet-elle faussement avoir fait une erreur?

28. Pourquoi a-t-elle un malaise?

se trouve presque mal   *est sur le point de perdre connaissance*

29. Pourquoi ment-elle?
30. Pour quelles raisons pensez-vous qu'elle pleure?

oui, oui... je te promets.... je, je... je te promets.... je te le promets
....
...... tu es gentil........ Je ne sais pas. J'évite de me regarder. Je
n'ose plus allumer dans le cabinet de toilette. Hier, je me suis trouvée
nez à nez avec une vieille dame........ Non, non! une vieille dame 5
maigre avec des cheveux blancs et une foule de petites rides............
.... Tu es bien bon! mais, mon chéri, une figure
admirable, c'est pire que tout, c'est pour les artistes........ J'aimais
mieux quand tu disais: Regardez-moi cette vilaine petite gueule!
.... Oui, cher Monsieur!.... Je plaisantais........ Tu es bête......... 10
.... *Heureusement* que tu es maladroit et que tu m'aimes. Si tu
ne m'aimais pas et si tu étais adroit, le téléphone deviendrait une arme
effrayante. Une arme qui ne laisse pas de traces, qui ne fait pas de
bruit........ Moi, méchante?.... Allô!.... allô! allô!.... allô, chéri....
où es-tu?.... Allô, allô allô, Mademoiselle. (*Elle sonne.*) Allô, Made- 15
moiselle, on coupe. (*Elle raccroche. Silence. Elle décroche.*) Allô! (*Elle
sonne.*) Allô! allô! (*Elle sonne.*) Allô, Mademoiselle. (*Elle sonne. On
sonne.*) Allô, c'est toi?.......... Mais non, Mademoiselle, On m'a
coupée........ Je ne sais pas.... c'est-à-dire.... si.... attendez....
Auteuil 04 virgule 7. Allô!......... Pas libre?........ Allô, Made- 20
moiselle, il me redemande.... Bien. (*Elle raccroche. On sonne.*) Allô!
allô! 04 virgule 7? Non, pas 6, 7. Oh! (*Elle sonne.*) Allô!.... allô,
Mademoiselle. On se trompe. On me donne le virgule 6. Je demande
le virgule 7. 04 virgule 7 Auteuil. (*Elle attend.*) Allô! Auteuil 04 virgule
7? Ah! oui. C'est vous Joseph........ C'est Madame........ On nous a 25
coupés avec Monsieur.... Pas là?.... oui.... oui.... il ne rentre pas ce
soir....... c'est vrai je suis stupide! Monsieur me téléphonait d'un
restaurant, on a coupé et je redemande son numéro.....................
Excusez-moi, Joseph........ Merci.... merci bien.... Bonsoir, Joseph
.... 30

(*Elle raccroche et se trouve presque mal. On sonne.*)

Allô! ah! chéri! c'est toi?.... On avait coupé........ Non, non.
J'attendais. On sonnait, je décrochais et il n'y avait personne........
Sans doute.... Bien sûr........ Tu as sommeil.... Tu es bon d'avoir
téléphoné........ très bon. (*Elle pleure.*)........ (*Silence.*)..... Non, je 35

31. Que représentent ici «le vide» et «le noir»?

se taire   *cesser de parler*

le vide   *l'absence totale de quelque chose, le néant*

ne t'effraye pas   *n'aie pas peur*

32. Quel autre mensonge n'avoue-t-elle pas?

à force d'attendre   *à cause de la durée de l'attente*

mener   *emmener*

sage   *raisonnable*

je te jure   *je t'en fais le serment*

33. Qu'a voulu faire la femme?

Comme une masse   *tous ensemble*

34. Quels sentiments excessifs a-t-elle éprouvé à son réveil?

suis là.... Quoi ?........ Pardonne... C'est absurde.... Rien, rien....
Je n'ai rien......................... Je te jure que je n'ai rien........
C'est pareil........ Rien du tout. Tu te trompes........ Le même que
tout à l'heure........ Seulement, tu comprends, on parle, on parle, on
ne pense pas qu'il faudra se taire, raccrocher, retomber dans le vide, 5
dans le noir.... alors.... (*Elle pleure.*)........ Écoute, mon amour. Je
ne t'ai jamais menti........ Oui, je sais, je sais, je te crois, j'en suis
convaincue........ non, ce n'est pas ça.... c'est parce que je viens de
mentir.... Tout de suite.... là.... au téléphone, depuis un quart
d'heure, je mens. Je sais bien que je n'ai plus aucune chance à attendre, 10
mais mentir ne porte pas la chance et puis je n'aime pas te mentir, je
ne peux pas, je ne veux pas te mentir, même pour ton bien........ Oh !
rien de grave, mon chéri, ne t'effraye pas.... Seulement, je mentais
en te décrivant ma robe et en te disant que j'avais dîné chez Marthe
.... Je n'ai pas dîné, je n'ai pas ma robe rose. J'ai un manteau sur ma 15
chemise parce qu'à force d'attendre ton téléphone, à force de regarder
l'appareil, de m'asseoir, de me lever, de marcher de long en large,
je devenais folle, folle ! Alors j'ai mis un manteau et j'allais sortir, prendre un taxi, me faire mener devant tes fenêtres, pour attendre........
Eh bien ! attendre, attendre je ne sais quoi................................. 20
Tu as raison... Si....
Si, je t'écoute.... Je serai sage.... Je t'écoute........ Je répondrai à
tout, je te jure........ Ici......... Je n'ai rien mangé..... Je ne pouvais
pas.... J'ai été très malade.... Hier soir, j'ai voulu prendre un comprimé pour dormir ; je me suis dit que si j'en prenais plus je dormirais 25
mieux et que si je les prenais tous, je dormirais, sans rêve, sans réveil,
je serais morte. (*Elle pleure.*)........ J'en ai avalé douze........ dans de
l'eau chaude........ Comme une masse. Et j'ai eu un rêve. J'ai rêvé
ce qui est. Je me suis réveillée en sursaut toute contente parce que
c'était un rêve, et quand j'ai su que c'était vrai, que j'étais seule, que 30
je n'avais pas la tête sur ton cou et sur ton épaule, et mes jambes entre
tes jambes, j'ai senti que je ne pouvais pas, que je *ne pouvais pas* vivre
.... légère, légère et froide
et je ne sentais plus mon coeur battre et la mort était longue à venir et
comme j'avais une angoisse épouvantable, au bout d'une heure j'ai 35
téléphoné à Marthe. Je n'avais pas le courage de mourir seule........

J'avais plus de quarante   *la température normale*
du corps humain est de 37° centigrades

une ordonnance   *prescription*

35. Comment s'est terminée sa
    tentative?

36. Pourquoi se trouve-t-elle
    stupide?

bête   *stupide*

37. Quelle est l'importance de
    la remarque «Parle, parle,
    dis n'importe quoi»?

Je souffrais à me rouler par terre   *je souffrais au*
point d'avoir envie de me rouler par terre

Lâche   *qui manque de courage*
Par exemple!   ICI : *interjection de surprise*

38. Semble-t-elle lui en vouloir
    de ce qui arrive? Et en fait?

39. De qui parle-t-elle main-
    tenant?

la modiste   *femme qui fabrique et vend des*
chapeaux

gâcher   *abîmer, détériorer*

40. Quel nouveau mensonge
    est-ce là (lignes 34 à 35)?

cogner au mur   *frapper sur le mur*

..... Chéri.... Chéri..... Il était quatre heures du matin. Elle est arrivée avec le docteur qui habite son immeuble. J'avais plus de quarante. Il paraît que c'est très difficile de s'empoisonner et qu'on se trompe toujours de dose. Le docteur a fait une ordonnance et Marthe est restée près de moi jusqu'à ce soir. Je l'ai suppliée de partir parce que tu avais dit que tu téléphonerais une dernière fois et j'avais peur qu'on m'empêche de parler....... Très, très bien....... Plus du tout.... Si, c'est vrai...... Un peu de fièvre...... 38°3........ c'était nerveux......

.... ne t'inquiète pas........ Que je suis maladroite! Je m'étais juré de ne pas te donner d'inquiétude, de te laisser partir tranquille, de te dire au revoir comme si nous devions nous retrouver demain......................... On est bête.... Si, si, bête!

....

.... Ce qui est dur c'est de raccrocher, de faire le noir........ (*Elle pleure.*)........ Allô!.... Je croyais qu'on avait coupé........ Tu es bon, mon chéri.... Mon pauvre chéri à qui j'ai fait du mal........ Oui, parle, parle, dis n'importe quoi....... Je souffrais à me rouler par terre et il suffit que tu parles pour que je me sente bien, que je ferme les yeux. Tu sais, quelquefois quand nous étions couchés et que j'avais ma tête à sa petite place avec mon oreille contre ta poitrine et que tu parlais, j'entendais ta voix, exactement la même que ce soir dans l'appareil........ Lâche?........ c'est moi qui suis lâche. Je m'étais juré........ je.... Par exemple! Toi qui.... toi.... toi qui ne m'as jamais donné que du bonheur........ Mais, mon chéri, je le répète, ce n'est pas exact. Puisque je savais — je *savais* — j'attendais ce qui est arrivé. Alors que tant de femmes s'imaginent passer leur existence auprès de l'homme qu'elles aiment et apprennent la rupture sans préparatifs — *Je savais* — .... Même, je ne te l'ai jamais dit, mais, tiens, chez la modiste, dans un magazine, j'ai vu sa photographie........ Sur la table, grand ouvert à la bonne page........ C'est humain ou plutôt féminin........ Parce que je ne voulais pas gâcher nos dernières semaines.... non. Tout naturel........ Ne me fais pas meilleure que je ne suis.................... Allô! J'entends de la musique.... Je dis: J'entends de la musique......... Eh bien, tu devrais cogner au mur et empêcher ces voisins de jouer du gramophone à des heures pareilles. Ils ont pris de mauvaises habitudes parce que tu n'habitais jamais chez toi.........

Du reste   *d'ailleurs*

blesse   *vexe*

lui tire des plaintes   *l'oblige à se plaindre, à
émettre des cris de souffrance*

bien de la patience   *beaucoup de patience*

rattache   *relie*

41. Que représente le téléphone?

figure-toi   *imagine*

une foule de   *beaucoup de*

42. Quelles associations d'idées
la femme a-t-elle faites dans
son rêve? Que signifient-
elles?

un tuyau   *cylindre creux dans lequel on fait
passer des fluides et des gaz*

(le) scaphandre   *costume métallique fait pour aller
sous la mer*

43. Quel effet a la douleur?
Expliquez.

C'est inutile. Du reste, le docteur de Marthe reviendra demain......
Non, mon chéri. C'est un très bon docteur et il n'y a aucune raison
pour que je le blesse en en faisant venir un autre........ Ne t'inquiète
pas........ Mais oui........ mais oui.... Elle te donnera des nouvelles
.... 5
.... Je comprends — je comprends.... Du reste, cette fois-ci, je suis brave, très brave........ Quoi ?
.... Oh! si, mille fois mieux. Si tu n'avais pas appelé, je serais morte
.... Non.... attends.... attends.... Trouvons un moyen.... (*Elle*
marche de long en large et sa souffrance lui tire des plaintes.)........ Par- 10
donne-moi. Je sais que cette scène est intolérable et que tu as bien de
la patience, mais comprends-moi, je souffre, je souffre. Ce fil, c'est le
dernier qui me rattache encore à nous........................... Avant-
hier soir ? j'ai dormi. Je m'étais couchée avec le téléphone........
Non, non. Dans mon lit...... Oui, Je sais. Je suis très ridicule, mais 15
j'avais le téléphone dans mon lit parce que, malgré tout, on est relié
par le téléphone. Il va chez toi et puis j'avais cette promesse de
ton coup de téléphone. Alors, figure-toi que j'ai fait une foule de petits
rêves. Ce coup de téléphone devenait un vrai coup que tu me donnais
et je tombais, ou bien un cou, un cou qu'on étrangle, ou bien j'étais 20
au fond d'une mer qui ressemblait à l'appartement d'Auteuil, et j'étais
reliée à toi par un tuyau de scaphandre et je te suppliais de ne pas
couper le tuyau — enfin des rêves stupides si on les raconte ; seulement dans le sommeil ils vivaient et c'était terrible......................
.... Parce que tu me parles. Voilà cinq ans que je vis de toi, que 25
tu es mon seul air respirable, que je passe mon temps à t'attendre, à
te croire mort si tu es en retard, à mourir de te croire mort, à revivre
quand tu entres et quand tu es là enfin, à mourir de peur que tu partes.
Maintenant, j'ai de l'air parce que tu me parles. Mon rêve n'est pas
si bête. Si tu coupes, tu coupes le tuyau.................................. 30
.... C'est entendu, mon
amour ; j'ai dormi. J'ai dormi parce que c'était la première fois. Le
docteur l'a dit : c'est une intoxication. Le premier soir, on dort. Et
puis la souffrance distrait, elle est toute neuve, on la supporte. Ce
qu'on ne supporte pas c'est la seconde nuit, hier, et la troisième, ce 35

juste   *clairement*

en admettant   *en supposant*

44. Comment voit-on que cette femme ne sait plus que faire?

45. Cette fois, quel effet a la douleur?

Un peu plus   ICI: *si j'insistais*
grogne   *fait des bruits menaçants*

toutes les peines du monde   *la plus grande difficulté*

la chair de poule   *quand on a froid ou peur, la peau se couvre de petits points, ce qui la fait ressembler à la chair de poule*

46. De qui s'agit-il? (lignes 25 à 28).

lui en vouloir   *avoir du ressentiment envers lui*

mordra   *de mordre: Quand un chien attaque sa victime, il la mord*

soir, dans quelques minutes et demain et après-demain et des jours et des jours à faire quoi, mon Dieu ?...................................
.... Je n'ai pas de fièvre, pas la moindre fièvre ; je vois juste........ C'est parce que c'est insoluble que j'aurais mieux fait d'avoir du courage et te raconter des mensonges.... Et.... 5 et en admettant que je dorme, après le sommeil il y a les rêves et le réveil et manger et se lever et se laver et sortir et aller où ?............. Mais, mon pauvre chéri, je n'ai jamais eu rien d'autre à faire que toi .... Pardon ! J'étais toujours prise, c'est entendu. Prise par toi, pour toi............ Marthe a sa vie organisée.......... C'est comme si tu 10 demandais à un poisson comment il compte arranger sa vie sans eau .... Je te le répète, je n'ai besoin de personne........ Des distractions ! Je vais t'avouer une chose qui n'est pas très poétique mais qui est vraie. Depuis ce fameux dimanche soir, je n'ai été distraite qu'une seule fois, chez le dentiste, quand il m'a touché un nerf.................. 15 ... Seule....... Seule...
.... Voilà deux jours qu'il ne quitte pas l'antichambre........ J'ai voulu l'appeler, le caresser. Il refuse qu'on le touche. Un peu plus, il me mordrait...... Oui, moi, moi ! Il retourne les lèvres et il grogne. C'est une autre chien, je t'assure. Il me fait peur........ Chez Marthe ? 20 Je te répète qu'on ne peut pas l'approcher. Marthe a eu toutes les peines du monde à sortir. Il ne voulait pas laisser ouvrir la porte........ C'est même plus prudent. Je te jure qu'il m'effraye. Il ne mange plus. Il ne bouge plus. Et quand il me regarde il me donne la chair de poule .... Comment veux-tu que je sache ? Il croit peut-être que je t'ai 25 fait du mal........ Pauvre bête !........ Je n'ai aucune raison de lui en vouloir. Je ne le comprends que trop bien. Il t'aime. Il ne te voit plus rentrer. Il croit que c'est ma faute........ Essaye d'envoyer Joseph .... Je crois qu'il suivrait Joseph...... Oh ! moi.... Un peu plus, un peu moins....... Il ne m'adorait pas du tout. La preuve !.... Il en avait 30 l'air, c'est possible, mais je te jure bien qu'il ne faudrait pas que je le touche........ Si tu ne veux pas le reprendre je le mettrai chez un garde. C'est inutile que ce chien tombe malade et devienne méchant .... Il ne mordra personne s'il est chez toi. Il aimera ceux que tu aimes..... Enfin, je voulais dire : il aimera les gens avec lesquels 35 tu vis........ Oui, mon chéri. C'est entendu ; mais c'est un chien.

je ne me gênais pas   *de ne pas se gêner: agir*
librement, sans sentiment d'embarras

géante   *anormalement grande*
cognait   *frappait*

47. Pour quelle raison la femme
s'excuse-t-elle? (ligne 9).

aboyait   *les chiens aboient; c'est leur cri*

effrayantes   *qui font très peur*

un tour de force   *exploit, geste extraordinaire*

48. Pourquoi n'a-t-elle plus
besoin de permis?

le permis   ICI: *le permis de conduire*
affreuse   *horrible*

49. Quel paradoxe les phrases
lignes 17 à 19 contiennent-
elles?

50. En quoi réside l'humour de
ce passage?

frappé   *choqué*

très mal   ICI: *ignoble*

51. Quel genre de réflexion
l'auditrice indiscrète a-
t-elle pu faire?

remords (nm)   *sentiment de honte (de regret) qu'on*
a après avoir commis une mauvaise action

52. Pourquoi la femme utilise-
t-elle des initiales pour
désigner la personne dont
elle veut parler?

Malgré son intelligence, il ne peut pas le deviner........ Je ne me gênais pas devant lui. Alors Dieu sait ce qu'il a vu!........ Je veux dire qu'il ne me reconnaît peut-être pas, que je lui ai peut-être fait peur .... On ne sait jamais........ Au contraire........ Regarde, tante Jeanne, le soir où je lui ai appris que son fils avait été tué. Elle est très pâle et très petite — Eh bien, elle est devenue toute rouge et géante .... Une géante rouge; elle cognait le plafond avec sa tête et elle avait des mains partout, et son ombre remplissait la chambre et elle faisait peur........ *elle faisait peur!*........ Je te demande pardon. Justement sa chienne. Elle se cachait sous la commode et elle aboyait comme après une bête............ Mais, je ne sais pas, mon chéri! Comment veux-tu que je sache? On n'est plus soi-même. J'ai dû faire des choses effrayantes. Pense que j'ai déchiré tout le paquet de mes photographies et l'enveloppe du photographe d'un seul coup, sans m'en apercevoir. Même pour un homme ce serait un tour de force........ Celles pour le permis........ Quoi?........ Non, puisque je n'ai plus besoin de permis .... Ce n'est pas une perte. J'étais affreuse......... Jamais! J'ai eu la chance de te rencontrer en voyageant. Maintenant, si je voyageais, je pourrais avoir la malchance de te rencontrer............ N'insiste pas ....Laisse........ Allô! Allô! Madame, retirez-vous. Vous êtes avec des abonnés. Allô! mais non, Madame............ Mais, Madame, nous ne cherchons pas à être intéressants. Vous n'avez qu'à ne pas rester sur la ligne............ Si vous nous trouvez ridicules, pourquoi perdez-vous votre temps au lieu de raccrocher?........ Oh!........ Mon chéri! mon chéri! Ne te fâche pas......... Enfin!.... non, non. Cette fois c'est moi. Je touchais le récepteur. Elle a raccroché. Elle a raccroché tout de suite après avoir dit cette chose ignoble........ Allô!.... Tu as l'air frappé.... Si, tu es frappé à cause de ce que tu viens d'entendre, je connais ta voix........ Tu es frappé!.... Je.... mais mon chéri, cette femme doit être très mal et elle ne te connaît pas. Elle croit que tu es comme les autres hommes........ Mais non, mon chéri! Ce n'est pas du tout pareil........ Quels remords?.... Allô!.... laisse, laisse. Ne pense plus à cette stupidité. C'est fini........ Que tu es naïf!.... Qui? N'importe qui. Avant-hier j'ai rencontré la personne dont le nom commence par S.. .... Par la lettre S — B. S. — oui, Henri Martin .... Elle m'a demandé si tu avais un frère et si c'était lui dont on

je ne me suis pas éternisée *je ne suis pas restée très longtemps*

ne cherche pas midi à 14 heures (*expression idiomatique*) *ne cherche pas de raisons extra-ordinaires, d'explications complexes*

lâche *abandonne*

53. En quoi cette rupture est-elle différente des ruptures habituelles?

sourde ICI: *qui n'est pas aiguë, ni localisée, mais vague et envahissante*

54. De quel «appareil» est-il question? Quelle importance a-t-il pour elle?

s'accrochant *s'agrippant*

55. Quelle contradiction y a-t-il dans ce passage? (lignes 25 à 29).

56. Pourquoi l'homme s'est-il fâché?

annonce le mariage........ Qu'est-ce que tu veux que ça me fasse ?
.... La vérité........ Un air de condoléances...........................
.... Je t'avoue que je ne me suis pas éternisée.
J'ai dit que j'avais du monde à la maison........ Ne cherche pas midi à
quatorze heures, c'est très simple. Les gens détestent qu'on les lâche, 5
et peu à peu j'ai lâché tout le monde........ Je ne voulais pas perdre
une minute de nous.... Complètement égal. Ils peuvent dire ce qu'ils
veulent....... Il faut être juste. Notre situation est inexplicable pour
les gens........ Pour les gens.... Pour les gens, on s'aime ou on se
déteste. Les ruptures sont des ruptures. Ils regardent vite. Tu ne leur 10
feras jamais comprendre........ Tu.... tu ne leur feras jamais comprendre certaines choses..
...... Le mieux est de faire comme moi et de s'en moquer...... Complètement. (*Elle pousse un cri de douleur sourde.*) Oh !........ Rien. Je
parle, je parle ; je crois que nous parlons comme d'habitude et puis 15
tout à coup la vérité me revient....... (*Larmes.*)........ Pourquoi se
faire des illusions ?.... Oui.... oui.... Non! Dans le temps, on se
voyait. On pouvait perdre la tête, oublier ses promesses, risquer
l'impossible, convaincre ceux qu'on adorait en les embrassant, en
s'accrochant à eux. Un regard pouvait changer tout. Mais avec cette 20
appareil, ce qui est fini est fini........ Sois tranquille. On ne se suicide
pas deux fois........ Peut-être, pour essayer de dormir........ Je ne
saurais pas acheter un revolver. Tu ne me vois pas achetant un revolver!........ Où trouverai-je la force de combiner un mensonge, mon
pauvre adoré ?........ Aucune.... J'aurais dû avoir de la force. Il y a 25
des circonstances où le mensonge est utile. Toi, si tu me mentais pour
rendre la séparation moins pénible........ Je ne dis pas que tu mentes.
Je dis : si tu mentais et que je le sache. Si, par exemple, tu n'étais
pas chez toi et que tu me dises........ Non, non, mon chéri! Écoute
.... Je te crois........ Je n'ai pas voulu dire que je ne te croyais pas 30
.... Pourquoi te fâches-tu ?........ Si, tu prends une voix méchante.
Je disais simplement que si tu me trompais par bonté d'âme et que
je m'en aperçoive, je n'en aurais que plus de tendresse pour toi........
Allô! allô!........ Allô!.... (*Elle raccroche en disant bas et très vite:*)
Mon Dieu, faites qu'il redemande. Mon Dieu, faites qu'il redemande. 35
Mon Dieu, faites qu'il redemande. Mon Dieu, faites qu'il redemande.

57. Quelle importance le fait
de raccrocher prend-il dans
son esprit?

caves (*nf*) *sous-sol d'une maison*

égouts (*nm*) *conduits souterrains où coulent les
eaux usées*

tortillons (*nm*) *circonvolutions*

58. Qui représente ce «vous»?
(ligne 15).

59. Quelle faveur demande
cette fois la femme? Pourquoi?

que tu ne descendes pas à l'hôtel *que tu
n'ailles pas à l'hôtel*

Dépêche-toi *hâte-toi, fais vite*

60. Que se passe-t-il à la
fin de la scène?

Mon Dieu, faites (*On sonne. Elle décroche.*) On avait coupé. J'étais en train de te dire que si tu me mentais par bonté et que je m'en aperçoive, je n'en aurais que plus de tendresse pour toi............ Bien sûr .... Tu es fou!........ Mon amour........ mon cher amour........ (*Elle enroule le fil autour de son cou.*)............ Je sais bien qu'il le faut, mais c'est atroce........ Jamais je n'aurai ce courage.......... Oui. On a l'illusion d'être l'un contre l'autre et brusquement on met des caves, des égouts, toute une ville entre soi........ Tu te souviens d'Yvonne qui se demandait comment la voix peut passer à travers les tortillons du fil. J'ai le fil autour de mon cou. J'ai ta voix autour de mon cou .... Il faudrait que le bureau nous coupe par hasard........ Oh! mon chéri! Comment peux-tu imaginer que je pense une chose si laide? Je sais bien que cette opération est encore plus cruelle à faire de ton côté que du mien.... non.... non, non............................. A Marseille?........ Écoute, chéri, puisque vous serez à Marseille après-demain soir, je voudrais........ enfin j'aimerais.... j'aimerais que tu ne descendes pas à l'hôtel où nous descendons d'habitude. Tu n'es pas fâché?........ Parce que les choses que je n'imagine pas n'existent pas, ou bien, elles existent dans une espèce de lieu très vague et qui fait moins mal........ tu comprends?......... Merci.... merci. Tu es bon. Je t'aime.

(*Elle se lève et se dirige vers le lit avec l'appareil à la main.*)

Alors, voilà.... voilà.... J'allais dire machinalement: à tout de suite .... J'en doute........ On ne sait jamais........ Oh!.... c'est mieux. Beaucoup mieux........

(*Elle se couche sur le lit et serre l'appareil dans ses bras.*)

Mon chéri........ mon beau chéri........ Je suis brave. Dépêche-toi. Vas-y. Coupe! Coupe vite! Coupe! Je t'aime, je t'aime, je t'aime, je t'aime, je t'aime.........................

(*Le récepteur tombe par terre.*)

RIDEAU

RÉFLEXION ET DISCUSSION

1. Ce «monologue» artificiel fait vivre devant nous plusieurs personnages.
   (a) Combien de personnages apparaissent en fait dans la pièce? Quelle est leur importance respective?
   (b) Que peut-on deviner des personnalités des deux principaux protagonistes? Essayez de faire leur portrait moral et physique.
   (c) Dans quelle société ces gens semblent-ils vivre? Quels détails nous permettent de le deviner?

2. Dans cette pièce, Jean Cocteau utilise les multiples ressources de l'art de la suggestion.
   (a) Comment est-il possible de reconstituer l'autre moitié de la conversation à partir des paroles prononcées par la femme? (Vous choisirez un passage du texte et reproduirez la conversation entre les deux personnes: dites ensuite comment cela vous a été possible.)
   (b) A quels endroits les paroles de la femme vous paraissent-elles ne pas exprimer sa véritable pensée? Pourquoi?
   (c) Quel message essaie-t-elle de transmettre ainsi indirectement à l'homme?
   (d) Lorsqu'elle se compare à sa tante (page 145), lorsqu'elle parle de l'état du chien (page 143), quels sentiments cherche-t-elle à communiquer?
   (e) Combien de mensonges pouvez-vous trouver dans ces pages? Quels en sont les sujets? Les raisons? Les effets sur l'atmosphère de la pièce?

3. La Voix humaine, voix angoissée.
   (a) Quelle est la cause principale du sentiment d'angoisse qui grandit jusqu'à la fin?
   (b) Par quels procédés la nervosité de la femme et la tension de la situation sont-elles mises en évidence?
   (c) Selon vous, qu'arrive-t-il exactement à la fin de la pièce?
   (d) Comment le téléphone, dans son double rôle d'instrument de communication et de rupture, devient-il un des personnages principaux de la pièce? Comment contribue-t-il constamment à la tension de la conversation?

4. Ici, la voix des personnages est parfois plus importante que ce qu'ils disent.
   (a) La «voix humaine», quelle peut elle être? Quelles notions le mot «voix» recouvre-t-il?
   (b) Quelle importance vitale la voix et les paroles entendues au téléphone prennent-elles pour la femme?
   (c) Y a-t-il, ou y a-t-il eu, dans votre vie, des voix particulièrement chères, particulièrement importantes? Pourquoi?

GUY DE MAUPASSANT

LA PEUR

EXTRAIT

C'est l'hiver. Dehors le vent souffle en tempête. L'auteur passe la nuit chez son garde forestier. Ce dernier a tué un homme deux ans plus tôt; il est, depuis, hanté par son fantôme. Avec ses deux fils il a barricadé la maison et tout le monde attend dans une angoisse croissante.

tenait ICI: *tourmentait*
las *fatigué*
craintes (nf) *peur*
fit un bond de sa chaise
  sauta brusquement de sa chaise
le fusil *arme à feu*
bégayant *parlant avec difficulté et avec de nombreuses interruptions*
égarée *affolée*
haches (nf) *instruments servant à couper les arbres*

Malgré mes efforts, je sentais bien qu'une terreur profonde tenait ces gens, et chaque fois que je cessais de parler, toutes les oreilles écoutaient au loin. Las d'assister à ces craintes imbéciles, j'allais demander à me coucher, quand le 5 vieux garde tout à coup fit un bond de sa chaise, saisit de nouveau son fusil, en bégayant d'une voix égarée: «Le voilà! le voilà! Je l'entends!» Les deux femmes retombèrent à genoux dans leurs coins en se cachant le visage; et les fils 10 reprirent leurs haches. J'allais tenter encore de les apaiser, quand le chien endormi s'éveilla

tendant le cou *allongeant le cou*

éteint ICI: *sans vie*

hurlements (nm) *cris violents*

tressaillir *sursauter brusquement*

le poil *les chats angora ont le poil long*

se hérissait *se mettait dans une position verticale*

égarées *voir page 152*

un frisson *tremblement involontaire*

éperdus *affolés, comme fous*

voilà tout *c'est tout*

tendue *attentive*

bouleversés *violemment affectés*

au moindre *au plus petit*

se mit *passé simple de se mettre*

gémissant *faisant des bruits plaintifs*

Il se tut *passé simple de se taire*

nous restâmes *passé simple de* rester

nous eûmes *passé simple d'*avoir

brusquement et, levant sa tête, tendant le cou, regardant vers le feu de son oeil presque éteint, il poussa un de ces lugubres hurlements qui font tressaillir les voyageurs, le soir, dans la campagne. Tous les yeux se portèrent sur lui, il 5 restait maintenant immobile, dressé sur ses pattes comme hanté d'une vision, et il se remit à hurler vers quelque chose d'invisible, d'inconnu, d'affreux sans doute, car tout son poil se hérissait. Le garde, livide, cria: «Il le sent! il le sent! il 10 était là quand je l'ai tué.» Et les deux femmes égarées se mirent, toutes les deux, à hurler avec le chien.

Malgré moi, un grand frisson me courut entre les épaules. Cette vision de l'animal dans ce lieu, à cette heure, au milieu de ces gens éperdus, 15 était effrayante à voir.

Alors, pendant une heure, le chien hurla sans bouger; il hurla comme dans l'angoisse d'un rêve; et la peur, l'épouvantable peur entrait en 20 moi; la peur de quoi? Le sais-je? C'était la peur, voilà tout.

Nous restions immobiles, livides, dans l'attente d'un événement affreux, l'oreille tendue, le coeur battant, bouleversés au moindre bruit. 25 Et le chien se mit à tourner autour de la pièce, en sentant les murs et gémissant toujours. Cette bête nous rendait fous! Alors, le paysan qui m'avait amené se jeta sur elle, dans une sorte de paroxysme de terreur furieuse, et, ouvrant une 30 porte donnant sur une petite cour, jeta l'animal dehors.

Il se tut aussitôt; et nous restâmes plongés dans un silence plus terrifiant encore. Et soudain tous ensemble, nous eûmes une sorte de sursaut; 35 un être glissait contre le mur du dehors vers la forêt; puis il passa contre la porte, qu'il sembla tâter, d'une main hésitante ; puis on n'entendit plus rien pendant deux minutes qui firent de nous des insensés ; puis il revint, frôlant toujours la muraille ; et il gratta légèrement, comme ferait un enfant avec son ongle ; puis soudain une tête 5 apparut contre la vitre du judas, une tête blanche avec des yeux lumineux comme ceux des fauves. Et un son sortit de sa bouche, un son indistinct, un murmure plaintif.

Alors un bruit formidable éclata dans la 10 cuisine. Le vieux garde avait tiré. Et aussitôt les fils se précipitèrent, bouchèrent le judas en dressant la grande table qu'ils assujettirent avec le buffet.

Et je vous jure qu'au fracas du coup de fusil 15 que je n'attendais point, j'eus une telle angoisse du coeur, de l'âme et du corps, que je me sentis défaillir, prêt à mourir de peur.

Nous restâmes là jusqu'à l'aurore, incapables de bouger, de dire un mot, crispés dans un affole- 20 ment indicible.

On n'osa débarricader la sortie qu'en aperce- vant, par la fente d'un auvent, un mince rayon de jour.

Au pied du mur, contre la porte, le vieux chien 25 gisait, la gueule brisée d'une balle.

Il était sorti de la cour en creusant un trou sous une palissade.

RÉFLEXION ET DISCUSSION

1. En quoi consiste l'action dans cette histoire?

2. Comment Maupassant tente-t-il de faire croire à l'existence d'un être surnaturel? Quels sont les détails qui évoquent sa présence?

3. Comment se manifeste la peur des habitants?

4. Leur tentative de défense est-elle rationnelle?

5. Au début du passage, l'auteur a-t-il peur? A partir de quel moment partage-t-il l'angoisse de ses hôtes? Pourquoi?

6. De quelle façon les termes décrivant les réactions des gens contribuent-ils à l'angoisse croissante contenue dans cette histoire?

7. Avez-vous eu peur à la lecture de ce passage? Pourquoi?

ANTOINE DE SAINT-EXUPÉRY

Vol de Nuit

EXTRAIT

Dans Vol de Nuit *Saint-Exupéry raconte l'histoire des premiers courriers aériens en Amérique du Sud. Les courageux pilotes volent souvent dans des conditions précaires et ne sont jamais sûrs, en partant, d'arriver à bon port. Au début de ce passage, l'un d'eux, Fabien, est en difficulté au dessus de l'Argentine et on l'attend avec anxiété.*

Commodoro Rivadavia n'entend plus rien, mais à mille kilomètres de là, vingt minutes plus tard, Bahia Blanca capte un second message:

«Descendons. Entrons dans les nuages...»

Puis ces deux mots d'un texte obscur apparu- 5
rent dans le poste de Trelew:

«... rien voir...»

Les ondes courtes sont ainsi. On les capte là,
mais ici on demeure sourd. Puis, sans raison,
tout change. Cet équipage, dont la position est 10
inconnue, se manifeste déjà aux vivants, hors
de l'espace, hors du temps, et sur les feuilles
blanches des postes radio ce sont déjà des fan-
tômes qui écrivent.

L'essence est-elle épuisée, ou le pilote joue- 15
t-il, avec la panne, sa dernière carte: retrouver le
sol sans l'emboutir?

Commodoro Rivadavia *ville étape de la ligne aérienne*

ondes courtes *utilisées pour les transmissions radiophoniques à grande distance*

capte *reçoit*

sourd ICI: *sans pouvoir entendre*

un équipage *les hommes qui font fonctionnner l'avion*

épuisée *entièrement consumée*

sans l'emboutir *en évitant la collision (emboutir = heurter)*

La voix de Buenos Aires ordonne à Trelew :
«Demandez-le-lui.»

Le poste d'écoute T.S.F. ressemble à un laboratoire : nickels, cuivres et manomètres, réseau de conducteurs. Les opérateurs de veille, en blouse blanche, silencieux, semblent courbés sur une simple expérience.

De leurs doigts délicats ils touchent les instruments, explorent le ciel magnétique, sourciers qui cherchent la veine d'or.

«On ne répond pas ?

— On ne répond pas.»

Ils vont peut-être accrocher cette note qui serait un signe de vie. Si l'avion et ses feux de bord remontent parmi les étoiles, ils vont peut-être entendre chanter cette étoile...

Les secondes s'écoulent. Elles s'écoulent vraiment comme du sang. Le vol dure-t-il encore ? Chaque seconde emporte une chance. Et voilà que le temps qui s'écoule semble détruire. Comme, en vingt siècles, il touche un temple, fait son chemin dans le granit et répand le temple en poussière, voilà que des siècles d'usure se ramassent dans chaque seconde et menacent un équipage.

Chaque seconde emporte quelque chose.

Cette voix de Fabien, ce rire de Fabien, ce sourire. Le silence gagne du terrain. Un silence de plus en plus lourd, qui s'établit sur cet équipage comme le poids d'une mer.

Alors quelqu'un remarque :

«Une heure quarante. Dernière limite de l'essence : il est impossible qu'ils volent encore.»

Et la paix se fait.

Quelque chose d'amer et de fade remonte aux lèvres comme aux fins de voyage. Quelque chose s'est accompli dont on ne sait rien, quelque chose

---

cuivres (*nm*) *parties métalliques faites de cuivre (métal rouge)*

manomètres (*nm*) *appareils servant à mesurer la pression*

réseau de conducteurs (*nm*) *ensemble des fils électriques et des pièces de la radio*

sourciers (*nm*) *hommes qui cherchent de l'eau à l'aide d'une baguette de bois en forme de fourche*

accrocher ICI : *capter, recevoir*

feux de bord (*nm*) *lumières de signalisation de l'avion*

s'écoulent *passent*

répand ICI : *détruit et dissémine*

usure (*nf*) ICI : *érosion*

Fabien *le pilote de l'avion*

amer *le café très fort a un goût amer*

fade *sans goût, insipide*

écoeurant *qui donne*
la nausée
usines *(nf)* *les autos*
sont fabriquées dans une
usine
pesant *lourd*
désaffecté *qui n'a plus*
de fonction
une grève ICI: *bord de*
mer
le filet *on pêche le*
poisson avec des filets
faits de cordes

d'un peu écoeurant. Et parmi tous ces nickels et ces artères de cuivre, on ressent la tristesse même qui règne sur les usines ruinées. Tout ce matériel semble pesant, inutile, désaffecté: un poids de branches mortes. 5

Il n'y a plus qu'à attendre le jour.

Dans quelques heures émergera au jour l'Argentine entière, et ces hommes demeurent là, comme sur une grève, en face du filet que l'on tire lentement, et dont on ne sait pas ce qu'il va 10 contenir.

RÉFLEXION ET DISCUSSION

1. Par quoi le sentiment d'angoisse est-il créé et augmenté?

2. Pourquoi le contact que les techniciens recherchent est-il si précieux?

3. Pourquoi le temps est-il comparé à du sang (page 157, lignes 17–18)?

4. De quelle façon l'auteur transforme-t-il le temps en un ennemi formidable?

5. Pourquoi est-ce que «la paix se fait» après ces minutes angoissantes? Que recouvre-t-elle?

6. Quel nouvel aspect l'appareillage prend-il après la «défaite» (page 158, lignes 1–5)? Comparez cela à la description qui en est faite page 157, lignes 3–10.

7. En quoi le silence à la page 157, lignes 28–30 est-il différent du silence de la fin (page 157, ligne 34 à page 158, ligne 11)?

8. Les images à la page 157, ligne 34 à page 158, ligne 11 vous paraissent-elles appropriées? Pourquoi? Quelles impressions vous laissent-elles?

VICTOR HUGO

LES MISÉRABLES

EXTRAIT

*Jean Valjean, un des héros des Misérables,
1862, est un ancien prisonnier. Il s'est évadé
du pénitentier et l'inspecteur de police Javert,
qui le poursuit constamment, a mis en prison
à sa place un homme qui lui ressemble:
Champmathieu. Jean Valjean a alors un cas de
conscience: doit-il se livrer pour sauver un innocent ou au contraire ne rien dire pour
pouvoir continuer à faire le bien dans la
petite ville où il s'est réfugié et dont il est
devenu maire.*

Tempête sous un crane

Il dîna avec assez d'appétit.

Rentré dans sa chambre, il se recueillit.

Il examina la situation et la trouva inouïe;
tellement inouïe qu'au milieu de sa rêverie, par
je ne sais quelle impulsion d'anxiété presque 5
inexplicable, il se leva de sa chaise et ferma
sa porte au verrou. Il craignait qu'il n'entrât encore quelque chose. Il se barricadait contre le
possible.

Un moment après il souffla sa lumière. Elle 10
le gênait.

se recueillit *de se re-
cueillir: méditer*
inouïe *incroyable*
au verrou *en employant
la fermeture de sûreté*
entrât *(subjonctif im-
parfait d'entrer) =
entre*
souffla *de souffler:* ICI:
éteindre
gênait *embarrassait*

Il lui semblait qu'on pouvait le voir.

Qui, on ?

Hélas ! ce qu'il voulait mettre à la porte était entré ; ce qu'il voulait aveugler, le regardait. Sa conscience. 5

Sa conscience, c'est-à-dire Dieu.

Pourtant, dans le premier moment, il se fit illusion ; il eut un sentiment de sûreté et de solitude ; le verrou tiré, il se crut imprenable ; la chandelle éteinte, il se sentit invisible. Alors il prit pos- 10 session de lui-même ; il posa ses coudes sur la table, appuya la tête sur sa main, et se mit à songer dans les ténèbres.

— Où en suis-je ? — Est-ce que je ne rêve pas ? — Que m'a-t-on dit ? — Est-il bien vrai 15 que j'aie vu ce Javert et qu'il m'ait parlé ainsi ? — Que peut être ce Champmathieu ? — Il me ressemble donc ? — Est-ce possible ? — Quand je pense qu'hier j'étais si tranquille et si loin de me douter de rien ! — Qu'est-ce que je faisais 20 donc hier à pareille heure ? — Qu'y a-t-il dans cet incident ? — Comment se dénouera-t-il ? — Que faire ?

Voilà dans quelle tourmente il était. Son cerveau avait perdu la force de retenir ses idées, 25

ondes (*nf*) *une pierre*
qui tombe dans l'eau
produit des ondes; un
émetteur de radio en
produit dans l'air.
(le) front *partie de la*
tête au-dessus des yeux
bouleversait *agitait*
violemment
rien ne se dégageait
aucune idée ne sortait
brûlante *très chaude*
revint *passé simple de*
revenir

elles passaient comme des ondes, et il prenait son
front dans ses deux mains pour les arrêter.

De ce tumulte qui bouleversait sa volonté et sa
raison, et dont il cherchait à tirer une évidence
et une résolution, rien ne se dégageait que 5
l'angoisse.

Sa tête était brûlante. Il alla à la fenêtre et
l'ouvrit toute grande. Il n'y avait pas d'étoiles au
ciel. Il revint s'asseoir près de la table.

La première heure s'écoula ainsi. 10

[*La tourmente de Jean Valjean se prolonge*
toute la nuit. Le lendemain il se rend au
tribunal pour révéler son identité et sauver la
vie à l'innocent Champmathieu. Jean Valjean
est emprisonné, mais il s'évadera de nouveau.]

RÉFLEXION ET DISCUSSION

1. Quelle est la source de l'angoisse qui tourmente Jean Valjean?

2. Pourquoi ici, pour Jean Valjean comme pour les personnages de *La Peur*, est-il inutile de se barricader?

3. Qu'est-ce qui le rassure momentanément (page 160, lignes 7–10)?

4. Par quels gestes physiques se traduisent ses efforts pour dominer ses inquiétudes morales (page 160)?

5. Qu'est-ce qui fait de la fin de cet extrait une «tourmente» (page 160, ligne 24 à page 161, ligne 9)?

6. Quel effet l'absence d'étoiles produit-elle (page 161, lignes 8–9)?

7. Comment la dernière phrase dramatise-t-elle ce que les réflexions de Jean Valjean ont d'obsédant?

PROJETS

1. En vous basant sur l'extrait de *Vol de nuit* qui vous est donné, imaginez les réflexions du pilote pendant la période durant laquelle ses amis et les techniciens l'attendent. (Devoir écrit)

2. Ecrivez la deuxième moitié de la conversation qui constitue le thème de *La Voix humaine*. Vous confronterez ensuite votre version de ce que dit l'homme à ce que vos camarades en ont deviné. (Devoir collectif écrit et discussion de classe)

3. Vous vous êtes trouvé(e) dans une situation qui vous a posé un cas de conscience. Racontez-en les circonstances et dites comment vous êtes parvenu(e) à une décision satisfaisante. (Devoir écrit)

4. La peur que vous éprouvez devant des événements irrationnels est-elle toujours plus grande que la peur d'événements plus compréhensibles? Comparez deux de ces situations entre elles et discutez leur aspects particuliers. (Discussion de Classe)

5. Quels sont les moyens techniques qui vous paraissent les meilleurs (les plus sûrs) pour faire naître la peur ou l'angoisse dans un film, un livre, une pièce, une narration orale? Vous donnerez des exemples et vous essaierez de parvenir aux mêmes résultats en écrivant une histoire «à suspense», ou en racontant à la classe un événement effrayant. (Exposé personnel)

6. Aimez-vous les films et les livres d'épouvante? Pourquoi? Racontez-en un qui vous a particulièrement frappé. (Exposé)

7. Les enfants éprouvent souvent des angoisses qui semblent injustifiées aux adultes (peur de l'obscurité, crainte d'être seul, etc.). Avez-vous des souvenirs d'enfance illustrant ceci? Racontez-les. (Devoir écrit)

8. Souffrez-vous d'une phobie quelconque? (claustrophobie, vertige, peur des animaux, timidité extrême, etc.). Si oui, expliquez vos sentiments et vos réactions. Sinon, connaissez-vous quelqu'un qui ait ce handicap; décrivez ses attitudes. (Devoir écrit)

9. Vous sentez-vous nerveux avant les examens? Si oui, quelles sont les causes de votre tension? Sinon, expliquez à vos camarades pourquoi vous n'avez pas peur. (Devoir écrit ou exposé personnel)

10. Quand avez-vous été angoissé(e) pour la dernière fois? Quelles étaient les raisons de votre état d'esprit? Racontez votre histoire. (Devoir écrit)

11. L'angoisse et la peur vous paraissent-elles avoir des effets salutaires ou bénéfiques? Dans quels cas? Expliquez. (Discussion de Classe)

V
CONFLITS ET GUERRES

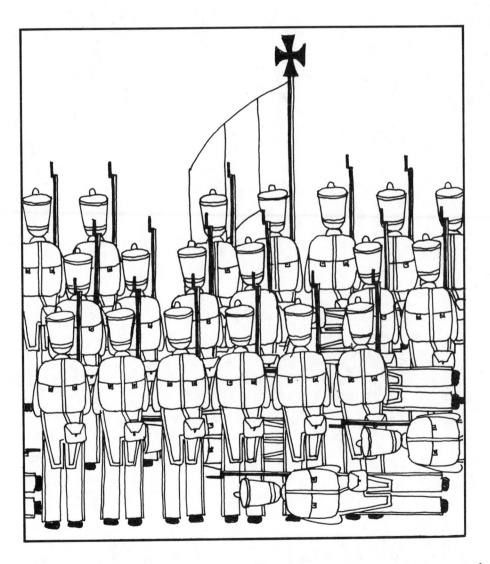

JEAN GIRAUDOUX

La Guerre de Troie n'aura pas lieu

EXTRAIT

*Le nom de Jean Giraudoux évoque plus pour les Français le drama-
turge que le romancier. Cet écrivain aux talents variés combine en
effet au cours de sa carrière ces deux activités et celle de critique. Né
en 1882 dans le Limousin, à Bellac, au centre de la France, il
embrasse une carrière diplomatique à l'âge de 28 ans après des études
littéraires et un séjour prolongé aux États-Unis. Dès lors, ses
activités littéraires, commencées en 1909 par un recueil de nouvelles:*
Provinciales, *alterneront avec ses activités professionnelles. De 1918
à sa mort en 1944, il publiera plus de dix romans, dont les premiers
feront sa réputation. Sous l'influence du grand acteur français Louis
Jouvet, il avait brillamment commencé sa carrière dramatique en
1928 avec* Siegfried. *Il y reprenait le thème de son quatrième
roman,* Siegfried et le Limousin, *où il comparait les mentalités
française et allemande. Le théâtre va maintenant constituer son
activité majeure.* Amphitryon 38 *(1929),* Intermezzo *(1933),*
La Guerre de Troie n'aura pas lieu *(1935),* Ondine *(1939)
sont ses oeuvres dramatiques les plus connues, bien que deux de ses
pièces les plus célèbres (*La Folle de Chaillot *et* L'Apollon de
Bellac) *n'aient été montées qu'après sa mort.*

Gabiers   *matelots, marins, navigateurs*

Les pièces de Giraudoux, très représentatives d'un mode léger et poétique au théâtre, allient la grâce d'un langage clair et stylisé à une ironie exprimant sa vision amusée du monde. Elles continuent d'avoir en France un large succès d'estime par-delà les changements du goût et de la mode. L'esprit et l'humour y sont bien souvent utilisés pour promouvoir ses idées sur l'humanité, vue à travers le prisme de la mythologie ou de la fantaisie. L'extrait de La Guerre de Troie... *que nous présentons ici est tiré de la fin de la pièce et montre l'emploi judicieux que Giraudoux fait de l'humour pour souligner l'ironie du destin, ainsi que sa stylisation des êtres et des événements. Son expérience de diplomate et d'homme politique avant la défaite de 1939 lui ont permis de voir de près le mécanisme des prises de décisions dans les affaires publiques. Le thème de cette pièce, par sa richesse propre et l'habileté consommée avec laquelle son auteur l'exploite, réaffirme le fait que, chez Giraudoux, la légèreté et la poésie apparemment insouciantes qui lui ont donné une réputation d'auteur «mineur», n'excluent aucunement la profondeur et l'intérêt.*

Personnages

Hector, fils aîné de Priam et Hécube

Pâris, fils de Priam et Hécube

Priam, roi de Troie

Demokos, poète troyen

Oiax, capitaine grec

Ulysse, chef des Grecs

Andromaque, femme d'Hector

Cassandre, fille de Priam

Hélène, reine de Grèce

Hécube, femme de Priam

La Petite Polyxène, fille de Priam et Hécube

Iris, messagère des dieux

Abneos

Busiris

Le jeune Troïlus

Le géomètre

Olpidès

Une jeune servante

Un messager

La Paix

Gabiers, Vieillards, Troyens

Un lâche   *personne qui manque de courage*

1. Pourquoi Oiax insulte-t-il Hector?
2. Comment Hector réagit-il aux insultes?

une pute (*de* putain)   *mot grossier* (*vulgaire*) *pour désigner une prostituée*

enlevé   (*d'enlever*) ICI: *emporter de force*
à ce que l'on m'a dit   *d'après la version qu'on m'a racontée*

Parfaitement   ICI: *certainement, oui*
dès ce soir   *ce soir même*

[*Le Troyen Pâris, second fils de Priam, roi de Troie, a enlevé Hélène, femme de Ménélas, roi des Grecs. Les Grecs, se servant de cet incident, débarquent à Troie pour venger l'affront. Mais, Hector, fils aîné de Priam, en offrant de rendre Hélène aux Grecs, tente d'éviter la guerre qui selon lui est « la recette la plus sordide et la plus hypocrite pour égaliser les humains... » Mais il ne réussira pas à fermer les portes de la guerre. D'un côté le capitaine Oiax, guerrier grec plein de colère et de présomption, de l'autre Demokos, poète troyen de nature emportée, cherchent, chacun à leur façon, à provoquer l'hostilité. En fin de compte, la bonne volonté d'Hector et du chef des Grecs, Ulysse, ne triomphera pas du destin.*]

Acte II — Scène IX

Hélène, Andromaque, Oiax, puis Hector

Oiax : Où est-il ? Où se cache-t-il ? Un lâche ! Un Troyen !
Hector : Qui cherchez-vous ?
Oiax : Je cherche Pâris....
Hector : Je suis son frère.
Oiax : Belle famille ! Je suis Oiax ! Qui es-tu ?   5
Hector : On m'appelle Hector.
Oiax : Moi je t'appelle beau-frère de pute !
Hector : Je vois que la Grèce nous a envoyé des négociateurs. Que voulez-vous ?
Oiax : La guerre !   10
Hector : Rien à espérer. Vous la voulez pourquoi ?
Oiax : Ton frère a enlevé Hélène.
Hector : Elle était consentante, à ce que l'on m'a dit.
Oiax : Une Grecque fait ce qu'elle veut. Elle n'a pas à te demander la permission. C'est un cas de guerre.   15
Hector : Nous pouvons vous offrir des excuses.
Oiax : Les Troyens n'offrent pas d'excuses. Nous ne partirons d'ici qu'avec votre déclaration de guerre.
Hector : Déclarez-la vous-mêmes.
Oiax : Parfaitement, nous la déclarerons, et dès ce soir.   20

mentez   *de mentir : ne pas dire la vérité*

manquer   *ne pas avoir*

la bêtise   *stupidité*

je crache   *de cracher : expectorer*

3. Quels sont les traits principaux du caractère
   d'Hector?

giflant   *de gifler : frapper avec la main ouverte*

4. En quoi Oiax diffère-t-il
   d'Hector?

(le) vacarme   *bruit tumultueux*
ivrogne   *personne qui boit trop*

encaisse   *d'encaisser : (fam) accepter des coups
sans se défendre, accepter*

de nature   *par condition naturelle*
Je me porte bien   *je vais bien ; je suis en bonne
santé*
Il a osé porter la main sur toi   *il a eu la témérité de te frapper*

HECTOR : Vous mentez. Vous ne la déclarerez pas. Aucune île de l'archipel ne vous suivra si nous ne sommes pas les responsables...
Nous ne le serons pas.

OIAX : Tu ne la déclareras pas, toi, personnellement, si je te déclare
que tu es un lâche ?   5

HECTOR : C'est un genre de déclaration que j'accepte.

OIAX : Je n'ai jamais vu manquer à ce point de réflexe militaire !...
Si je te dis ce que la Grèce entière pense de Troie, que Troie est
le vice, la bêtise ?...

HECTOR : Troie est l'entêtement. Vous n'aurez pas la guerre.   10

OIAX : Si je crache sur elle ?

HECTOR : Crachez.

OIAX : Si je te frappe, toi son prince ?

HECTOR : Essayez.

OIAX : Si je frappe en plein visage le symbole de sa vanité et de son 15
faux honneur ?

HECTOR : Frappez...

OIAX : (le giflant) Voilà... Si madame est ta femme, madame peut être
fière.

HECTOR : Je la connais... Elle est fière.   20

Scène X

LES MÊMES, DEMOKOS

DEMOKOS : Quel est ce vacarme ! Que veut cet ivrogne, Hector ?

HECTOR : Il ne veut rien. Il a ce qu'il veut.

DEMOKOS : Que se passe-t-il, Andromaque ?   25

ANDROMAQUE : Rien.

OIAX : Deux fois rien. Un Grec gifle Hector, et Hector encaisse.

DEMOKOS : C'est vrai, Hector ?

HECTOR : Complètement faux, n'est-ce pas, Hélène ?

HÉLÈNE : Les Grecs sont très menteurs. Les hommes grecs.   30

OIAX : C'est de nature qu'il a une joue plus rouge que l'autre ?

HECTOR : Oui. Je me porte bien de ce côté-là.

DEMOKOS : Dis la vérité, Hector. Il a osé porter la main sur toi ?

5. Pourquoi Hector dissimule-t-il à Demokos l'affront d'Oiax?

la statue   *le symbole*

au secours   *exclamation qu'on emploie quand on a besoin d'aide*

tais-toi   *de se taire : ne pas parler, être silencieux*

6. Demokos réagit-il aux insultes d'Oiax de la même façon qu'Hector?

j'ameuterai   *d'ameuter : assembler en troupe*

Anchise   *père d'Enée*

7. Pourquoi Oiax s'esclaffe-t-il à la fin de la scène?

s'esclaffe   *éclate de rire, rit très fort*

notables (nm)   *citoyens importants*

8. Pourquoi Demokos semble-t-il fou?

s'agitent   *s'excitent*

9. Comment Pâris se moque-t-il de Demokos?

Il va nous en sortir   *l'hymne national va naître de la transe de Demokos*

HECTOR : C'est mon affaire.

DEMOKOS : C'est affaire de guerre. Tu es la statue même de Troie.

HECTOR : Justement. On ne gifle pas les statues.

DEMOKOS : Qui es-tu, brute ? Moi, je suis Demokos, second fils d'Achichaos ! 5

OIAX : Second fils d'Achichaos ? Enchanté. Dis-moi, cela est-il aussi grave de gifler un second fils d'Achichaos que de gifler Hector ?

DEMOKOS : Tout aussi grave, ivrogne. Je suis chef du Sénat. Si tu veux la guerre, la guerre jusqu'à la mort, tu n'as qu'à essayer.

OIAX : Voilà... J'essaie. (*Il gifle* DEMOKOS) 10

DEMOKOS : Troyens ! Soldats ! Au secours !

HECTOR : Tais-toi, Demokos !

DEMOKOS : Aux armes ! On insulte Troie ! Vengeance !

HECTOR : Je te dis de te taire.

DEMOKOS : Je crierai ! J'ameuterai la ville ! 15

HECTOR : Tais-toi !... Ou je te gifle !

DEMOKOS : Priam ! Anchise ! Venez voir la honte de Troie. Elle a Hector pour visage.

HECTOR : Tiens ! (HECTOR *a giflé* DEMOKOS. OIAX *s'esclaffe.*)

Scène XI 20

LES MÊMES, PRIAM et LES NOTABLES

Pendant la scène, PRIAM *et les notables viennent se grouper en face du passage par où doit entrer* ULYSSE.

PRIAM : Pourquoi ces cris, Demokos ?

DEMOKOS : On m'a giflé. 25

OIAX : Va te plaindre à Achichaos !

PRIAM : Qui t'a giflé ?

DEMOKOS : Hector ! Oiax ! Hector ! Oiax !

PÂRIS : Qu'est-ce qu'il raconte ? Il est fou !

HECTOR : On ne l'a pas giflé du tout, n'est-ce pas, Hélène ? 30

HÉLÈNE : Je regardais pourtant bien, je n'ai rien vu.

OIAX : Ses deux joues sont de la même couleur.

PÂRIS : Les poètes s'agitent souvent sans raison. C'est ce qu'ils appellent leurs transes. Il va nous en sortir notre chant national.

tout   ICI : *très*

(le) cran   *avoir du cran (fam) être audacieux courageux*
de mon mieux   *mon maximum, tout mon possible*
(le) coude   *articulation entre le bras et l'avant-bras*
(le) poignet   *articulation entre la main et le bras*
biaisé   *dans une position oblique*
(le) carpe et (le) métacarpe   *os de la main*
lancer   *jeter*
le javelot   *petite lance mesurant 2 mètres et demi*
(le) radius, (le) cubitus   *os du bras*
révérence   ICI : *félicitations*

10. Pourquoi Oiax fait-il tant de compliments à Hector?

rumine   ICI : *cogite, médite*
arranger l'histoire   *éviter un conflit, apaiser l'affaire*

11. Quelle contradiction contient la dernière phrase de cette scène?

aie   *impératif d'avoir*
l'enjeu (nm)   *objet ou somme d'argent risqué au jeu (comme le poker)*
s'envole   *de s'envoler : partir en volant comme un oiseau*

savoureux   ICI : *amusant*

sous peine de   *sous la menace d'une guerre imminente*

DEMOKOS: Tu me le paieras, Hector...

DES VOIX: Ulysse. Voici Ulysse...

OIAX *s'est avancé tout cordial vers* HECTOR.

OIAX: Bravo! Du cran. Noble adversaire. Belle gifle...

HECTOR: J'ai fait de mon mieux. 5

OIAX: Excellente méthode aussi. Coude fixe. Poignet biaisé. Grande sécurité pour carpe et métacarpe. Ta gifle doit être plus forte que la mienne.

HECTOR: J'en doute.

OIAX: Tu dois admirablement lancer le javelot avec ce radius en fer 10 et ce cubitus à pivot.

HECTOR: Soixante-dix mètres.

OIAX: Révérence! Mon cher Hector, excuse-moi. Je retire mes menaces. Je retire ma gifle. Nous avons des ennemis communs, ce sont les fils d'Achichaos. Je ne me bats pas contre ceux qui ont avec 15 moi pour ennemis les fils d'Achichaos. Ne parlons plus de guerre. Je ne sais ce qu'Ulysse rumine, mais compte sur moi pour arranger l'histoire... (*Il va au-devant d'*ULYSSE *avec lequel il rentrera.*)

ANDROMAQUE: Je t'aime, Hector.

HECTOR: *montrant sa joue*: Oui. Mais ne m'embrasse pas encore tout 20 de suite, veux-tu?

ANDROMAQUE: Tu as gagné encore ce combat. Aie confiance.

HECTOR: Je gagne chaque combat. Mais de chaque victoire l'enjeu s'envole.

Scène XII

> [*Dans cette scène un débat savoureux oppose ceux qui croient que Pâris a déshonoré Hélène et ceux qui croient qu'il l'a respectée. La déesse Iris intervient pour faire connaître la volonté des dieux exprimée sous forme de paradoxe: Hector et Ulysse par le commandement de Zeus devront négocier la paix sous peine de guerre.*
>
> *La scène XIII est entièrement consacrée au duel de mots entre Hector et Ulysse.*]

une pesée *l'action de* peser ; *déterminer le poids d'une chose*

une balance *machine qui sert à peser*

le poids *le poids d'une personne ou d'une chose se mesure en livres, en kilogrammes, etc.*

je pèse un homme jeune ICI : *je représente*

à naître *qui va naître*

l'élan (*nm*) *mouvement spontané, vif du corps ou de l'esprit dans une direction déterminée*

encoches (*nf*) ICI : *marques faites dans le bois pour mesurer*

le chambranle *structure en bois dans le mur qui entoure une porte*

prétend *assure, maintient*

la menuiserie ICI : *parties d'une pièce faites de bois*

la chasse *poursuite des animaux pour les tuer ou les capturer* (chasse *aux lapins, aux lions, etc*)

le chêne phrygien *variété d'arbre*

feuillus *avec beaucoup de feuilles*

trapus *gros*

épars *distribués un peu partout, disséminés*

boeufs frisés *au poil bouclé*

l'olivier (*nm*) *arbre sur lequel poussent les olives*

le faucon *oiseau de proie employé pour la chasse*

la chouette *oiseau nocturne (qui a la réputation d'être très sage)*

débonnaires *très braves (brave dans le sens de bon)*

laborieux *qui travaille beaucoup*

charrues (*nf*) *instruments agricoles qui servent à labourer le sol (ils sont tirés par un cheval ou des boeufs)*

métiers à tisser (*nm*) *machines servant à la fabrication du tissu (coton, laine, etc)*

enclume (*nf*) *bloc de métal qu'on utilise pour forger le fer, l'acier, en se servant d'un marteau et de pinces*

impitoyable *sans pitié*

12. Que signifient les mots «poids», «pesée»?

13. Quelles qualités représentent le chêne, l'olivier, le faucon et la chouette?

14. Quels sont les avantages d'Hector?

15. Quels avantages attribuez-vous à Ulysse?

Scène XIII

ULYSSE, HECTOR

HECTOR : Et voilà le vrai combat, Ulysse.

ULYSSE : Le combat d'où sortira ou ne sortira pas la guerre, oui.

HECTOR : Elle en sortira ?   5

ULYSSE : Nous allons le savoir dans cinq minutes.

HECTOR : Si c'est un combat de paroles, mes chances sont faibles.

ULYSSE : Je crois que cela sera plutôt une pesée. Nous avons vraiment
l'air d'être chacun sur le plateau d'une balance. Le poids parlera...

HECTOR : Mon poids ? Ce que je pèse, Ulysse ? Je pèse un homme jeune, 10
une femme jeune, un enfant à naître. Je pèse la joie de vivre, la
confiance de vivre, l'élan vers ce qui est juste et naturel.

ULYSSE : Je pèse l'homme adulte, la femme de trente ans, le fils que
je mesure chaque mois avec des encoches, contre le chambranle
du palais... Mon beau-père prétend que j'abîme la menuiserie... 15
Je pèse la volupté de vivre et la méfiance de la vie.

HECTOR : Je pèse la chasse, le courage, la fidélité, l'amour.

ULYSSE : Je pèse la circonspection devant les dieux, les hommes, et les
choses.

HECTOR : Je pèse le chêne phrygien, tous les chênes phrygiens feuillus 20
et trapus, épars sur nos collines avec nos boeufs frisés.

ULYSSE : Je pèse l'olivier.

HECTOR : Je pèse le faucon, je regarde le soleil en face.

ULYSSE : Je pèse la chouette.

HECTOR : Je pèse tout un peuple de paysans débonnaires, d'artisans 25
laborieux, de milliers de charrues, de métiers à tisser, de forges et
d'enclumes... Oh! pourquoi, devant vous, tous ces poids me
paraissent-ils tout à coup si légers !

ULYSSE : Je pèse ce que pèse cet air incorruptible et impitoyable sur
la côte et sur l'archipel.   30

HECTOR : Pourquoi continuer ? la balance s'incline.

ULYSSE : De mon côté ?... Oui, je le crois.

HECTOR : Et vous voulez la guerre ?

ULYSSE : Je ne la veux pas. Mais je suis moins sûr de ses intentions à
elle.   35

l'angle (*nm*) *le coin*

ils conviennent *de convenir: ils admettent, ils sont d'accord*

le pire *le plus mauvais*

le fléau *catastrophe, calamité (comme la famine)*

à suivre du regard..., à recevoir... ICI: *suivant..., recevant...*

rides (*nf*) *petites lignes (sur la main, sur le front) causées par la fatigue ou la vieillesse*

tiédis *rendus tièdes (entre le chaud et le froid)*

16. Quelles contradictions les conférences entre chefs d'états contiennent-elles?

attendris *rendus sensibles au sentiment, émus*

(le) clairet *(vin) rouge léger*

le trait *caractéristique*

se gratter *se frotter avec les ongles*

la haine *le contraire de l'amour*

comblés *saturés, pleinement satisfaits*

(la) calèche *voiture tirée par des chevaux*

éclate la guerre INVERSION: *la guerre éclate*

entretien *conversation*

s'écartent *s'éloignent, laissent la place libre*

attendent de ICI: *espèrent*

17. Quelle critique Giraudoux fait-il des relations internationales?

inéluctable *inévitable*

Savourons-la *de savourer: manger en appréciant le goût*

le duo *morceau de musique pour deux instruments ou deux voix*

récitants *ceux qui racontent l'action d'une pièce de théâtre, d'un oratorio, etc*

courtois *polis*

la lutte *bataille, combat*

c'est toujours cela *il faut sous-entendre après cela: «de gagné, de positif»*

18. Pourquoi vaut-il mieux ne pas se réconcilier avant la lutte?

la visière *partie du casque qui couvre le visage*

(le) casque *partie de l'armure qui couvre la tête*

donnât (*subjonctif imparfait de* donner) = *donne*

HECTOR: Nos peuples nous ont délégués tous deux ici pour la conjurer. Notre seule réunion signifie que rien n'est perdu...

ULYSSE: Vous êtes jeune, Hector!... A la veille de toute guerre, il est courant que deux chefs des peuples en conflit se rencontrent seuls dans quelque innocent village, sur la terrasse au bord d'un lac, dans l'angle d'un jardin. Et ils conviennent que la guerre est le pire fléau du monde, et tous deux, à suivre du regard ces reflets et ces rides sur les eaux, à recevoir sur l'épaule ces pétales de magnolias, ils sont pacifiques, modestes, loyaux. Et ils s'étudient. Ils se regardent. Et, tiédis par le soleil, attendris par un vin clairet, ils ne trouvent dans le visage d'en face aucun trait qui justifie la haine, aucun trait qui n'appelle l'amour humain, et rien d'incompatible non plus dans leurs langages, dans leur façon de se gratter le nez ou de boire. Et ils sont vraiment comblés de paix, de désirs de paix. Et ils se quittent en se serrant les mains, en se sentant des frères. Et ils se retournent de leur calèche pour se sourire... Et le lendemain pourtant éclate la guerre... Ainsi nous sommes tous deux maintenant... Nos peuples autour de l'entretien se taisent et s'écartent, mais ce n'est pas qu'ils attendent de nous une victoire sur l'inéluctable. C'est seulement qu'ils nous ont donné pleins pouvoirs, qu'ils nous ont isolés, pour que nous goûtions mieux, au-dessus de la catastrophe, notre fraternité d'ennemis. Gôutons-la. C'est un plat de riches. Savourons-la... Mais c'est tout. Le privilège des grands, c'est de voir les catastrophes d'une terrasse.

HECTOR: C'est une conversation d'ennemis que nous avons là?

ULYSSE: C'est un duo avant l'orchestre. C'est le duo des récitants avant la guerre. Parce que nous avons été créés sensés, justes et courtois, nous nous parlons, une heure avant la guerre, comme nous nous parlerons longtemps après, en anciens combattants. Nous nous réconcilions avant la lutte même, c'est toujours cela. Peut-être d'ailleurs avons-nous tort. Si l'un de nous doit un jour tuer l'autre et arracher pour reconnaître sa victime la visière de son casque, il vaudrait peut-être mieux qu'il ne lui donnât pas un visage de frère... Mais l'univers le sait, nous allons nous battre.

HECTOR: L'univers peut se tromper. C'est à cela qu'on reconnaît l'erreur, elle est universelle.

surélevé   ICI: *élevé plus haut qu'à l'origine*

teinturiers (nm)   *ceux dont le métier est d'ajouter des couleurs aux tissus de coton, de soie, de laine; aussi, ceux qui nettoient les vêtements*

le toit en charpente   *toit à structure de bois*

la voûte thébaine   *sorte d'arc en pierre*

il n'entend pas   *il n'a pas l'intention de*

épanouissement (nm)   *développement, floraison*

se ménager   ICI: *il entend se ménager (se préparer)*

le déchaînement   (*nom formé sur le verbe* déchaîner: *enlever les chaînes, donner pleine liberté*)

rassurent   *donnent de l'assurance à*

j'en conviens   (*de convenir*) *je suis d'accord, je reconnais*

couramment   *très souvent*

posé   (*de poser*) *mis, placé*

estacade (nf)   *plate-forme; digue*

désigne   *de désigner: montrer, signaler*

(la) peau   ICI: *la couleur de leur peau*

ils se jalousent   *sont jaloux l'un de l'autre*

ils se haïssent   *ils se détestent*

se sentir   *se supporter. Ils ne peuvent pas se sentir = ils se détestent*

le sort   *le destin*

lustrés   *polis* (lustrer: *polir*)

incroyable   *qu'on ne peut pas croire, qu'on ne peut croire que difficilement*

munit   *de munir: donner le nécessaire.* SYNTAXE: *la nature* munit *les insectes de faiblesses et d'armes*

prévoit   *de prévoir: voir d'avance*

nous nous en doutions   *de s'en douter: soupçonner*

(le) niveau   *hauteur*

roues à pignon (nf)   *roues dentées, engrenage*

le teint   *la couleur de la peau: teint bronzé*

suscitent   *donnent lieu*

angoisse (nf)   *anxiété profonde, inquiétude*

19. Quel rôle le destin joue-t-il dans la préparation de la guerre?

20. A quoi voit-on qu'Ulysse éprouve scepticisme et amertume?

21. Quelle différence Ulysse voit-il entre «ennemis» et «adversaires»?

ULYSSE : Espérons-le. Mais quand le destin, depuis des années, a surélevé deux peuples, quand il leur a ouvert le même avenir d'invention
et d'omnipotence, quand il a fait de chacun, comme nous l'étions
tout à l'heure sur la bascule, un poids précieux et différent pour
peser le plaisir, la conscience et jusqu'à la nature, quand par leurs 5
architectes, leurs poètes, leurs teinturiers, il leur a donné à chacun
un royaume opposé de volumes, de sons et de nuances, quand il
leur a fait inventer le toit en charpente troyen et la voûte thébaine,
le rouge phrygien et l'indigo grec, l'univers sait bien qu'il n'entend
pas préparer ainsi aux hommes deux chemins de couleur et 10
d'épanouissement, mais se ménager son festival, le déchaînement de
cette brutalité et de cette folie humaines qui seules rassurent les
dieux. C'est de la petite politique, j'en conviens. Mais nous sommes
chefs d'État, nous pouvons bien entre nous deux le dire : c'est
couramment celle du Destin. 15
HECTOR : Et c'est Troie et c'est la Grèce qu'il a choisies cette fois ?
ULYSSE : Ce matin j'en doutais encore. J'ai posé le pied sur votre
estacade, et j'en suis sûr.
HECTOR : Vous vous êtes senti sur un sol ennemi ?
ULYSSE : Pourquoi toujours revenir à ce mot ennemi ! Faut-il vous le 20
redire ? Ce ne sont pas les ennemis naturels qui se battent. Il est des
peuples que tout désigne pour une guerre, leur peau, leur langue et
leur odeur, ils se jalousent, ils se haïssent, ils ne peuvent pas se
sentir... Ceux-là ne se battent jamais. Ceux qui se battent, ce sont
ceux que le sort a lustrés et préparés pour une même guerre : ce 25
sont les adversaires.
HECTOR : Et nous sommes prêts pour la guerre grecque ?
ULYSSE : A un point incroyable. Comme la nature munit les insectes
dont elle prévoit la lutte, de faiblesses et d'armes qui se correspondent, à distance, sans que nous nous connaissions, sans que 30
nous nous en doutions, nous nous sommes élevés tous deux au
niveau de notre guerre. Tout correspond de nos armes et de nos
habitudes comme des roues à pignon. Et le regard de vos femmes,
et le teint de vos filles sont les seuls qui ne suscitent en nous ni la
brutalité ni le désir, mais cette angoisse du coeur et de la joie qui 35

22. Troyens et Grecs semblent destinés à se battre. Quelles sont les raisons qui rendent un affrontement inévitable?

23. Quels véritables mobiles Hector attribue-t-il aux Grecs?

24. Quelles sortes de fautes causent la perte des nations?

(le) fronton *partie d'un édifice qui est au-dessus de l'entrée principale*

soutaches (nf) *décorations sculptées sur le fronton*

hennissements (nm) *bruit que font les chevaux*

péplums (nm) *manteaux sans manches que portaient les Grecs, sortes de toges*

a tout passé... à cette couleur *a tout peint de cette couleur*

le relief *la configuration*

entrepôts (nm) *dépôts pour les marchandises*

la banlieue *municipalité ou région qui entoure une grande ville*

sont à l'étroit *n'ont pas assez de place*

blés (nm) *plantes à graines dont on fabrique le pain, les céréales*

(le) colza *plante voisine du chou, à fleurs jaunes, cultivée pour ses graines dont on fait de l'huile*

navires (nm) *bateaux*

franche *de franc:* honnête

une proie *une victime*

bondir *sauter. Le chat bondit sur la souris*

sans coup férir *sans frapper un seul coup*

Il est *Il y a*

une espèce *une sorte (de)*

dément *fou*

entreprendre ICI: *commencer*

du fait que *parce que*

méchamment *adv formé sur* méchant; ICI: *avec de mauvaises intentions*

vilainement *d'une manière malhonnête ou infâme*

meurent *présent de* mourir

est l'horizon de la guerre. Frontons et leurs soutaches d'ombre et de feu, hennissements des chevaux, péplums disparaissant à l'angle d'une colonnade, le sort a tout passé chez vous à cette couleur d'orage qui m'impose pour la première fois le relief de l'avenir.* Il n'y a rien à faire. Vous êtes dans la lumière de la guerre grecque. 5

HECTOR : Et c'est ce que pensent aussi les autres Grecs ?

ULYSSE : Ce qu'ils pensent n'est pas plus rassurant. Les autres Grecs pensent que Troie est riche, ses entrepôts magnifiques, sa banlieue fertile. Ils pensent qu'ils sont à l'étroit sur du roc. L'or de vos temples, celui de vos blés et de votre colza, ont fait à chacun de nos 10 navires, de nos promontoires, un signe qu'il n'oublie pas. Il n'est pas très prudent d'avoir des dieux et des légumes trop dorés.

HECTOR : Voilà enfin une parole franche... La Grèce en nous s'est choisi une proie. Pourquoi alors une déclaration de guerre ? Il était plus simple de profiter de mon absence pour bondir sur Troie. 15 Vous l'auriez eue sans coup férir.

ULYSSE : Il est une espèce de consentement à la guerre que donnent seulement l'atmosphère, l'acoustique et l'humeur du monde.† Il serait dément d'entreprendre une guerre sans l'avoir. Nous ne l'avions pas.

20

HECTOR : Vous l'avez maintenant !

ULYSSE : Je crois que nous l'avons.

HECTOR : Qui vous l'a donnée contre nous ? Troie est réputée pour son humanité, sa justice, ses arts !

ULYSSE : Ce n'est pas par des crimes qu'un peuple se met en situation 25 fausse avec son destin, mais par des fautes. Son armée est forte, sa caisse abondante, ses poètes en plein fonctionnement. Mais un jour, on ne sait pourquoi, du fait que ses citoyens coupent méchamment les arbres, que son prince enlève vilainement une femme, que ses enfants adoptent une mauvaise turbulence, il est perdu. Les 30 nations, comme les hommes, meurent d'imperceptibles impolitesses.

---

* *Syntaxe :* frontons, soutaches, hennissements, péplums, sont tous objets directs de *a passé.*
† *Syntaxe :* l'atmosphère, l'acoustique, et l'humeur sont les sujets de *donner.*

éternuer *Quand on est enrhumé, on éternue, on fait «atchoum»*

éculer un talon *user un talon*

talons (nm) *Le talon est la partie postérieure et inférieure d'une chaussure*

le rapt *l'enlèvement*

périra *de périr: mourir*

Elles n'ont l'air de rien *semblent sans importance, sans conséquence*

une bourgade *petit bourg, village (un bourg est un gros village)*

la reine *féminin de roi*

prenez garde *faites attention*

otage (nm) *prisonnier*

impunément *sans risque de* puniton, *sans danger*

25. Quelle est l'importance réelle d'Hélène dans cette guerre?

se laisser aller... à vingt généreuses étreintes *se permettre de séduire vingt femmes différentes (étreintes: nom formé sur* étreindre: *serrer dans ses bras)*

le cerveau *centre nerveux situé dans la tête*

étroit *contraire de* large

comporte *de comporter: inclure*

avouez-le *d'avouer: confesser, reconnaître*

honteuse *la* honte: *sentiment d'embarras causé par une mauvaise action*

ne s'accordent guère *sont à peine (presque pas) compatibles*

la bonne foi ICI: *conviction sincère*

le sort en est jeté ICI: *la décision est prise*

Va pour la guerre *je suis d'accord pour la guerre*

d'ailleurs *de plus*

incoercible *qu'on ne peut pas contrôler*

26. A quoi est dû ce changement dans l'attitude d'Hector?

Mon aide vous est acquise *mon aide vous est promise*

Ne m'en veuillez pas *ne soyez pas fâché contre moi*

le sort *le destin*

C'est à leur façon d'éternuer ou d'éculer leurs talons que se re-connaissent les peuples condamnés... Vous avez sans doute mal enlevé Hélène...

HECTOR : Vous voyez la proportion entre le rapt d'une femme et la guerre où l'un de nos peuples périra ? 5

ULYSSE : Nous parlons d'Hélène. Vous vous êtes trompés sur Hélène. Pâris et vous. Depuis quinze ans je la connais, je l'observe. Il n'y a aucun doute. Elle est une des rares créatures que le destin met en circulation sur la terre pour son usage personnel. Elles n'ont l'air de rien. Elles sont parfois une bourgade, presque un village, une 10 petite reine, presque une petite fille, mais si vous les touchez, prenez garde ! C'est là la difficulté de la vie, de distinguer, entre les êtres et les objets, celui qui est l'otage du destin. Vous ne l'avez pas distingué. Vous pouviez toucher impunément à nos grands amiraux, à nos rois. Pâris pouvait se laisser aller sans danger dans 15 les lits de Sparte ou de Thèbes, à vingt généreuses étreintes. Il a choisi le cerveau le plus étroit, le coeur le plus rigide, le sexe le plus étroit... Vous êtes perdus.

HECTOR : Nous vous rendons Hélène.

ULYSSE : L'insulte au destin ne comporte pas la restitution. 20

HECTOR : Pourquoi discuter alors ! Sous vos paroles, je vois enfin la vérité. Avouez-le. Vous voulez nos richesses ! Vous avez fait enlever Hélène pour avoir à la guerre un prétexte honorable ! J'en rougis pour la Grèce. Elle en sera éternellement responsable et honteuse.

ULYSSE : Responsable et honteuse ? Croyez-vous ! Les deux mots ne 25 s'accordent guère. Si nous nous savions vraiment responsables de la guerre, il suffirait à notre génération actuelle de nier et de mentir pour assurer la bonne foi et la bonne conscience de toutes nos générations futures. Nous mentirons. Nous nous sacrifierons.

HECTOR : Eh bien, le sort en est jeté, Ulysse ! Va pour la guerre ! A 30 mesure que j'ai plus de haine pour elle, il me vient d'ailleurs un désir plus incoercible de tuer... Partez, puisque vous me refusez votre aide...

ULYSSE : Comprenez-moi, Hector !... Mon aide vous est acquise. Ne m'en veuillez pas d'interpréter le sort. J'ai voulu seulement lire 35

voies (*nf*)   *chemins*
grues (*nf*)   *espèce d'oiseau à longues pattes*

rides (*nf*)   ICI : *lignes de la main*

fleuves (*nm*)   *grandes rivières*
sillages (*nm*)   *traces laissées dans l'eau par le passage des bateaux*
amener à   ICI : *persuader de*
éviter   *agir de façon à ne pas rencontrer quelqu'un ou quelque chose*
risquons-nous   ICI : *y a-t-il des chances*
déjouer   *faire échouer*

27. Ulysse choisit enfin de ruser contre le destin. Qu'est-ce que cela nous révèle de son caractère ?

l'attentat (*nm*)   *acte d'agression (d'hostilité)*
conjurés   *personnes qui participent à un complot*

28. Pourquoi le chemin qui va au navire semble-t-il long et périlleux à Ulysse ?

29. Quels accidents pourraient arriver ? Seraient-ce vraiment des accidents ?

glisser   *On risque de glisser si on marche sur une peau de banane*
une corniche   *partie haute d'un bâtiment qui déborde du reste*
s'effondrer   *Pendant un tremblement de terre les bâtiments peuvent s'effondrer*
maçonnerie   *un composé de briques, de pierres et de ciment pour la fabrication d'un bâtiment*
croulante   *qui se désagrège et tombe en morceaux*

dans ces grandes lignes que sont, sur l'univers, les voies des cara-
vanes, les chemins des navires, le tracé des grues volantes et des
races.* Donnez-moi votre main. Elle aussi a ses lignes. Mais ne
cherchons pas si leur leçon est la même. Admettons que les trois
petites rides au fond de la main d'Hector disent le contraire de ce 5
qu'assurent les fleuves, les sillages.† Je suis curieux de nature, et je
n'ai pas peur. Je veux bien aller contre le sort. J'accepte Hélène. Je
la rendrai à Ménélas. Je possède beaucoup plus d'éloquence qu'il
n'en faut pour faire croire un mari à la vertu de sa femme. J'amène-
rai même Hélène à y croire elle-même. Et je pars à l'instant, pour 10
éviter toute surprise. Une fois au navire, peut-être risquons-nous
de déjouer la guerre.

HECTOR : Est-ce là la ruse d'Ulysse, ou sa grandeur ?

ULYSSE : Je ruse en ce moment contre le destin, non contre vous.
C'est mon premier essai et j'y ai plus de mérite. Je suis sincère, 15
Hector... Si je voulais la guerre, je ne vous demanderais pas
Hélène, mais une rançon qui vous est plus chère... Je pars... Mais
je ne peux me défendre de l'impression qu'il est bien long, le
chemin qui va de cette place à mon navire.

HECTOR : Ma garde vous escorte.   20

ULYSSE : Il est long comme le parcours officiel des rois en visite quand
l'attentat menace... Où se cachent les conjurés ? Heureux nous
sommes, si ce n'est pas dans le ciel même... Et le chemin d'ici à
ce coin du palais est long... Et long mon premier pas... Comment
va-t-il se faire, mon premier pas... entre tous ces périls ?... Vais-je 25
glisser et me tuer ?... Une corniche va-t-elle s'effondrer sur moi de
cet angle ? Tout est maçonnerie neuve ici, et j'attends la pierre
croulante... Du courage... Allons-y. (Il fait un premier pas.)

HECTOR : Merci, Ulysse.

ULYSSE : Le premier pas va... Il en reste combien ?   30

HECTOR : Quatre cent soixante.

---

* *Syntaxe :* voies, chemins, tracé sont sujets du verbe *sont*.
† *Syntaxe :* ce que les fleuves et les sillages assurent.

30. Comment interprétez-vous la raison du départ d'Ulysse?

battement de cils (nm) *mouvement rapide et répété de la paupière*

Soutiens-moi *empêche-moi de tomber*
Je n'en puis plus ! *de n'en pouvoir plus: être à bout de forces*
brisée *épuisée, très fatiguée*

effroyable *terrible à faire peur*
à son bord *sur son navire*
le cortège *procession*

Je me bouche les oreilles *je me mets les mains sur les oreilles pour ne pas entendre*
enlèverai *d'enlever: retirer*
fixé *décidé*

de dos *de derrière*

ULYSSE : Au second ! Vous savez ce qui me décide à partir, Hector...
HECTOR : Je le sais. La noblesse.
ULYSSE : Pas précisément... Andromaque a le même battement de cils
  que Pénélope.

Scène XIV

ANDROMAQUE, CASSANDRE, HECTOR,
ABNEOS, puis OIAX, puis DEMOKOS

HECTOR : Tu étais là, Andromaque ?
ANDROMAQUE : Soutiens-moi. Je n'en puis plus !
HECTOR : Tu nous écoutais ?   10
ANDROMAQUE : Oui. Je suis brisée.
HECTOR : Tu vois qu'il ne nous faut pas désespérer...
ANDROMAQUE : De nous peut-être. Du monde, oui... Cet homme
  est effroyable. La misère du monde est sur moi.
HECTOR : Une minute encore, et Ulysse est à son bord... Il marche 15
  vite. D'ici l'on suit son cortège. Le voilà déjà en face des fontaines.
  Que fais-tu ?
ANDROMAQUE : Je n'ai plus la force d'entendre. Je me bouche les
  oreilles. Je n'enlèverai pas mes mains avant que notre sort soit
  fixé...   20
HECTOR : Cherche Hélène, Cassandre !

OIAX *entre sur la scène, de plus en plus ivre. Il voit* ANDROMAQUE *de dos.*

CASSANDRE : Ulysse vous attend au port, Oiax. On vous y conduit
  Hélène.
OIAX : Hélène ! Je me moque d'Hélène ! C'est celle-là que je veux 25
  tenir dans mes bras.
CASSANDRE : Partez, Oiax. C'est la femme d'Hector.

rien de moins grave   *il n'y a rien de moins grave*

éloigner   *séparer, mettre de la distance entre*
autant la toucher   *pourquoi ne pas la toucher?*

31. Qu'est-ce que Oiax cherche
à faire?

(le) javelot   *lance*
fait irruption   *entre brusquement*

32. Pourquoi Demokos est-il
furieux?

trahit   *de* trahir = *tromper: Benedict Arnold a*
trahi *sa patrie*

se relève   ICI: *remonte*

33. Pourquoi Demokos ment-
il?

OIAX : La femme d'Hector ! Bravo ! J'ai toujours préféré les femmes de mes amis, de mes vrais amis !

CASSANDRE : Ulysse est déjà à mi-chemin... Partez.

OIAX : Ne te fâche pas. Elle se bouche les oreilles. Je peux donc tout lui dire, puisqu'elle n'entendra pas. Si je la touchais, si je l'em- 5 brassais, évidemment ! Mais des paroles qu'on n'entend pas, rien de moins grave.

CASSANDRE : Rien de plus grave. Allez, Oiax !

OIAX : *pendant que* CASSANDRE *essaie par la force de l'éloigner d'*ANDRO- MAQUE *et que* HECTOR *lève peu à peu son javelot :* Tu crois ? Alors 10 autant la toucher. Autant l'embrasser. Mais chastement !... Toujours chastement, les femmes des vrais amis ! Qu'est-ce qu'elle a de plus chaste, ta femme, Hector, le cou ? Voilà pour le cou... L'oreille aussi m'a un gentil petit air tout à fait chaste ! Voilà pour l'oreille... Je vais te dire, moi, ce que j'ai toujours trouvé de plus chaste dans la 15 femme... Laisse-moi !... Laisse-moi !... Elle n'entend pas les baisers non plus... Ce que tu es forte !... Je viens... Je viens... Adieu. (*Il sort.*)

HECTOR *baisse imperceptiblement son javelot. A ce moment* DEMOKOS *fait irruption.*

DEMOKOS : Quelle est cette lâcheté ? Tu rends Hélène ? Troyens, aux armes ! On nous trahit... Rassemblez-vous... Et votre chant de guerre est prêt ! Écoutez votre chant de guerre !

HECTOR : Voilà pour ton chant de guerre !

DEMOKOS, *tombant :* Il m'a tué. 25

HECTOR : La guerre n'aura pas lieu, Andromaque ! (*Il essaie de détacher les mains d'*ANDROMAQUE *qui résiste, les yeux fixés sur* DEMOKOS. *Le rideau qui avait commencé à tomber se relève peu à peu.*)

ABNEOS : On a tué Demokos ! Qui a tué Demokos ?

DEMOKOS : Qui m'a tué ?... Oiax !... Oiax !... Tuez-le ! 30

ABNEOS : Tuez Oiax !

HECTOR : Il ment. C'est moi qui l'ai frappé.

DEMOKOS : Non. C'est Oiax...

Rattrapez-le ! *courez et saisissez-le !*
Châtiez-le ! *punissez-le !*
Avoue-le *d'avouer :* admettre
je t'achève *je te tue*

en coassant *en faisant le bruit que font les grenouilles*

34. Que veut dire Cassandre par « la parole est au poète grec » ?

ABNEOS : Oiax a tué Demokos... Rattrapez-le !... Châtiez-le !

HECTOR : C'est moi, Demokos, avoue-le ! Avoue-le, ou je t'achève !

DEMOKOS : Non, mon cher Hector, mon bien cher Hector. C'est Oiax ! Tuez Oiax !

CASSANDRE : Il meurt, comme il a vécu, en coassant.   5

ABNEOS : Voilà... Ils tiennent Oiax... Voilà. Ils l'ont tué !

HECTOR : *détachant les mains d'Andromaque* : Elle aura lieu.

Les portes de la guerre s'ouvrent lentement. Elles découvrent HÉLÈNE *qui embrasse* TROÏLUS.

CASSANDRE : Le poète troyen est mort... La parole est au poète grec. 10

LE RIDEAU TOMBE DÉFINITIVEMENT

RÉFLEXION ET DISCUSSION

1. Giraudoux passe dans cette pièce de l'Histoire à l'histoire.
   (a) Dites en quelques mots quand, où, pourquoi, et comment «La Guerre de Troie» «a eu lieu».
   (b) Dans quelles directions Giraudoux exploite-t-il les différences essentielles entre les deux récits?
   (c) A quelles fins (humoristiques, satiriques, critiques) utilise-t-il cette «histoire»?

2. La nature de la guerre: causes et déclenchement.
   (a) Dégagez les différentes causes de la guerre exposées dans cette pièce.
   (b) Quelle est l'importance respective du destin et de la volonté des hommes dans le déclenchement de la guerre?
   (c) Analysez les différentes interprétations que font les personnages du rôle d'Hélène dans la pièce et comparez-les à l'idée traditionnelle qu'on se fait de ce rôle.

3. Expliquez le sens et la valeur du paradoxe «fraternité d'ennemis» (page 181).

VOLTAIRE

Candide

EXTRAIT

leste *vivant, agile (pour*
une personne)
ordonné *rangé, en*
ordre, organisé
fifres (nm) *sortes de*
petites flûtes
hautbois (nm) *instru-*
ments de musique à vent
tambours (nm) *instru-*
ments de musique sur
lesquels on frappe avec
des baguettes pour mar-
quer le pas
la mousqueterie *en-*
semble des mousquets
et de ceux qui les
utilisent; mousquet:
sorte de fusil
ôta (*passé simple*
*d'*ôter)
coquins (nm) *personnes*
sans scrupules
fut *passé simple d'*être
put *passé simple de*
pouvoir
(la) boucherie *massacre*

Rien n'était si beau, si leste, si brillant, si bien
ordonné que les deux armées. Les trompettes,
les fifres, les hautbois, les tambours, formaient
une harmonie telle qu'il n'y eut jamais en enfer.
Les canons renversèrent d'abord à peu près six 5
mille hommes de chaque côté; ensuite la mousqueterie ôta du meilleur des mondes environ
neuf à dix mille coquins qui en infectaient la
surface. La baïonnette fut aussi la raison suffisante de la mort de quelques milliers d'hommes. 10
Le tout pouvait bien se monter à une trentaine
de mille âmes. Candide, qui tremblait comme
un philosophe, se cacha du mieux qu'il put
pendant cette boucherie héroïque.

RÉFLEXION ET DISCUSSION

L'humour, l'ironie et la satire sont mêlés dans cet extrait de *Candide*. A l'aide des questions suivantes, dégagez-les-en et étudiez-en les procédés.

1. Voltaire utilise parfois certains «mots-surprises» dans ses descriptions. Par exemple, le mot *boucherie* voisinant avec le mot *héroïque*. Trouvez-les, et expliquez leur effet.

2. Quel est l'effet des suites de mots et des énumérations suivantes: «fifres... canons»; «plus beau... si leste... armées»?

3. Découvrez les mots et expressions qui traduisent le cynisme dans ce passage Quels autres auteurs emploient ce procédé?

4. Expliquez l'effet de mots tels que «renversés», «raison suffisante», «se monter à», etc.

5. L'expression française normale est «trembler comme une feuille». Expliquez l'effet humoristique de l'expression «trembler comme un philosophe»?

6. C'est le sentiment de l'absurdité de la guerre qui ressort du texte de Giraudoux. Quel aspect de la guerre le passage de Voltaire met-il en évidence? Quel est le ton général du passage?

CLAUDINE LA HAYE

Bombarder trois pays pour en évacuer un*

Embuscades

la piste ICI : *route*
(le) ravitaillement *en-*
semble de ce qui est
nécessaire à une per-
sonne ou à un groupe
pour survivre (nourri-
ture, vêtements, muni-
tions, etc)
(le) réseau *ensemble de*
moyens de communica-
tions
l'étau (nm) *outil qui*
sert à maintenir en
place un morceau de
bois ou de métal sur
lequel on travaille;
ICI : *sens figuré de*
«pince»
resserré *de se resser-*
rer : se fermer davan-
tage

Désormais 400 avions allaient, chaque jour,
déverser 4.000 à 5.000 tonnes d'explosifs sur la
piste. «En janvier, affirment les pilotes, nous
avons pulvérisé deux mille des cinq mille
camions de transport nord-vietnamiens, détruit 5
de 10 à 30% du ravitaillement.» Cependant, les
Américains ont dû «évacuer» deux camps avan-
cés au débouché du réseau; les embuscades
meurtrières se multiplient au Sud-Vietnam;
l'étau ennemi s'est resserré au Cambodge; au 10
Laos, enfin, sur le plateau des Bolovens, tous les

* L'Express, 8–14 février, 1971.

sauf *excepté*

sectionner *fragmenter,*
    couper (en morceaux)

l'assaut (*nm*) *l'attaque*
redéployer *de déplo-*
    yer : placer selon une
    distribution topogra-
    phique
délaissées *abandonnées*

postes gouvernementaux secrets sauf un, P 22, sont tombés ces dernières semaines aux mains de l'ennemi. «Il faudrait cinq ou six divisions, au sol, pour sectionner la piste sur toute sa largeur,» admettent les experts américains. Mal- 5 gré cet avis, Washington et Saigon ont lancé l'assaut — qui oblige les G.I., au Sud-Vietnam, à se redéployer dans les zones temporairement délaissées par leurs alliés.

REFLEXION ET DISCUSSION

1. Quel est le rôle des chiffres dans ce court passage?

2. Le mot «pulvérisé», les expressions «s'est resserré» et «sectionner» décrivent des actions mécaniques. L'étau est un outil. Commentez l'effet de ces images.

3. Pour quelles raisons ce passage semble-t-il «objectif»?

4. Combien de mots dans ce passage remplacent le mot «homme»?

JEAN DE LA FONTAINE

Le Loup et l'agneau

Nous l'allons montrer
AUJOURD'HUI : *nous
allons le montrer*
tout à l'heure *main-
tenant (sens ancien)*
se désaltérait *buvait*
une onde *eau courante
(poétique)*
à jeun *qui n'avait pas
mangé*
en ces lieux *à cet en-
droit*
hardi *courageux*
le breuvage *boisson*
châtié *puni ;* châti-
ment: *punition*
je me vas désaltérant
*forme archaïque de je
vais me désaltérant*
au-dessous d'elle *plus
loin dans le sens
du courant*
troubler ICI : *salir,
polluer*
médis *de médire : dire
du mal de quelqu'un*

La raison du plus fort est toujours la meilleure,
Nous l'allons montrer tout à l'heure.
Un agneau se désaltérait
Dans le courant d'une onde pure.
Un loup survient à jeun, qui cherchait aventure,   5
Et que la faim en ces lieux attirait.
«Que te rend si hardi de troubler mon breuvage?»
Dit cet animal plein de rage.
Tu seras châtié de ta témérité.
— Sire, répond l'agneau, que votre Majesté   10
Ne se mette pas en colère ;
Mais plutôt qu'elle considère
Que je me vas désaltérant dans le courant
Plus de vingt pas au-dessous d'elle,
Et que, par conséquent, en aucune façon   15
Je ne puis troubler sa boisson.
— Tu la troubles, reprit cette bête cruelle,
Et je sais que de moi tu médis l'an passé.
— Comment l'aurais-je fait, si je n'étais pas né ?

tette   *de* téter : *se*
nourrir aux mamelles
de sa mère
encor   *orthographe poé-*
tique d'encore
ne... point   *ne... pas*
épargnez   *d'épargner :*
traiter avec indulgence
bergers (*nm*)   *hommes*
qui   surveillent   un
troupeau de moutons
(le) procès / *jugement*

Reprit l'agneau, je tette encor ma mère.
— Si ce n'est toi, c'est donc ton frère.
— Je n'en ai point. — C'est donc quelqu'un des
    tiens :
Car vous ne m'épargnez guère,   5
Vous, vos bergers et vos chiens.
On me l'a dit : Il faut que je me venge.
Là-dessus, au fond des forêts,
Le loup l'emporte et puis le mange
Sans autre forme de procès.   10

RÉFLEXION ET DISCUSSION

1. De quoi le loup accuse-t-il d'abord l'agneau ?

2. Quelles qualités humaines se manifestent dans la réponse de l'agneau ?

3. Comparez la bonne foi et l'innocence de l'agneau avec la mauvaise foi du loup.

4. Quelles leçons peut-on tirer de cette fable ?

5. Peut-on transposer la fable dans des situations de notre vie quotidienne ?

PROJETS

1. Discutez les idées suivantes:
   (a) «Les nations comme les hommes meurent d'imperceptibles politesses» (*Guerre de Troie*, page 185).
   (b) «C'est là la difficulté de la vie, de distinguer, entre les êtres et les objets, celui qui est l'otage du destin,» (*Guerre de Troie*, page 187). (DEVOIRS ÉCRITS).

2. Ulysse dit, «Le privilège des grands c'est de voir les catastrophes d'une terrasse.» Connaissez-vous des gens qui jouissent de ce privilège? (DEVOIR ÉCRIT).

3. Dites quelles causes vous paraissent essentielles dans le déclenchement d'une guerre. (DISCUSSION DE CLASSE)

4. Après avoir observé le texte de l'article de journal, et découvert combien l'émotion en est absente, combien il est «déshumanisé», racontez, dans un style analogue, un événement qui vous a causé une émotion profonde. (EXPOSÉ PERSONNEL)

5. Lorsqu'on juge du mérite d'une personne, de quels traits doit-on tenir compte? (DISCUSSION DE CLASSE)

6. Avez-vous déjà dû subir «la raison du plus fort» comme l'agneau dans la Fable de la Fontaine? Racontez les circonstances de cet incident. (EXPOSÉ PERSONNEL)

7. Cherchez un exemple de bataille du temps passé (Antiquité, Moyen Age, 17e siècle par exemple) et comparez-le à des batailles des temps modernes. (PROJET DE RECHERCHE)

8. Décrivez un match de football américain à la manière de Voltaire. (DEVOIR ÉCRIT)

VI

L'HOMME POLITIQUE

JEAN-JACQUES ROUSSEAU

Du Contrat social

EXTRAITS

Tous les Américains connaissent Jean-Jacques Rousseau, au moins indirectement. Dans son ouvrage de philosophie politique, Du Contrat Social ou Principes du droit politique, *il expose en effet pour la première fois un principe devenu courant sinon banal, celui de la souveraineté du peuple, fondement essentiel de tout État démocratique. Écrit en 1762, cet ouvrage n'allait pas cesser d'inspirer de multiples réactions. Nous nous sommes efforcés d'en condenser l'essentiel en un «collage» qui reprend les idées-forces du* Contrat. *Les différents extraits choisis pour illustrer ces idées ont fait leur part aux conséquences directes (Déclaration des Droits de l'Homme et du Citoyen), à l'esprit qu'elles ont fait naître (Discours de Saint-Just), aux révoltes qu'elles ont justifiées (La Diligence) et aux prolongements modernes qu'on peut leur trouver (Liberté).*

Mais l'influence du «Citoyen de Genève» — comme il aimait à être appelé — ne s'arrête pas aux frontières de la France. Les vérités proclamées par les Pères Fondateurs comme «self-evident», la conviction de Thomas Paine selon laquelle «a government of our own is a natural right» (Common Sense), les désirs de liberté exprimés par tous les mouvements mondiaux d'émancipation, tout cela montre que la pensée de Rousseau n'a rien perdu de son actualité ni de l'universalité qu'il préconisait :

«Quand il est question de raisonner sur la nature humaine, le vrai Philosophe n'est ni Indien, ni Tartare, ni de Genève, ni de Paris, mais il est homme.»

1. Être «maître» signifie-t-il être libre?

fers (nm)   *chaînes*
Tel... qui   *celui*
ne laisse pas d'être   *est en fait*

2. Sur quoi est d'abord fondée la famille?

se conserver   *survivre*
se dissout   *Un morceau de sucre se dissout dans l'eau, deux morceaux se dissolvent*

3. Par quoi les liens naturels sont-ils remplacés? Pourquoi?

soins (nm)   *obligations*

4. Dans quel cas l'homme accepte-t-il d'abandonner sa liberté?

aliènent   *abandonnent*

le paye   *le récompense*

5. En quoi le chef d'état est-il différent d'un père?

supplée à   *remplace*

mener   *conduire*
l'esclavage (nm)   *Aux États-Unis, le 13ᵉ Amendement à la Constitution abolit l'esclavage*

Nécessité du « Contrat social »

L'homme est né libre, et partout il est dans les fers. Tel se croit le maître des autres, qui ne laisse pas d'être plus esclave qu'eux. Comment ce changement s'est-il fait ? je l'ignore. Qu'est-ce qui peut le rendre légitime ? Je crois pouvoir résoudre cette question.[...] L'ordre 5 social est un droit sacré qui sert de base à tous les autres. Cependant, ce droit ne vient point de la nature ; il est donc fondé sur des conventions.[...]

La plus ancienne de toutes les sociétés, et la seule naturelle, est celle de la famille : encore les enfants ne restent-ils liés au père 10 qu'aussi longtemps qu'ils ont besoin de lui pour se conserver. Sitôt que ce besoin cesse, le lien naturel se dissout. Les enfants exempts de l'obéissance qu'ils devaient au père ; le père, exempt des soins qu'il devait aux enfants, rentrent tous dans l'indépendance. S'ils continuent de rester unis, ce n'est plus naturellement, c'est volontaire- 15 ment ; et la famille elle-même ne se maintient que par convention.

La famille est donc, si l'on veut, le premier modèle des sociétés politiques : Le chef est l'image du père ; le peuple est l'image des enfants ; et tous, étant nés égaux et libres, n'aliènent leur liberté que pour leur utilité. Toute la différence est que, dans la famille, l'amour 20 du père pour ses enfants le paye des soins qu'il leur rend ; et que, dans l'État, le plaisir de commander supplée à cet amour que le chef n'a pas pour ses peuples.

Les Termes du « Contrat social »

> *Rousseau, après avoir expliqué que le «droit du plus fort» peut mener à l'esclavage, montre qu'il faut toujours revenir à une «première convention», qui considère qu'une société est composée «d'une peuple et son chef». Le fondement de cette société devra être un pacte social.*

''Trouver une forme d'association qui défende et protège de toute 30 la force commune la personne et les biens de chaque associé, et par

6. Que doit garantir le pacte
   qui est à la base du Contrat
   social?

savoir, l'aliénation   *c'est-à-dire l'aliénation*

écarte   *retire*
de son essence   *caractéristique, essentiel*

7. Quels sont les termes de
   base du contrat?

recevons   *acceptons*

8. Quel est l'avantage de la
   liberté civile par rapport à
   la liberté naturelle?

9. Quelle est la différence
   entre la «possession» et la
   «propriété»?

un titre positif   *raison légale et reconnue*

l'acquis (*nm*)   ICI: *avantage*

10. Quelle est d'après Rousseau
    la base de la liberté morale?

laquelle chacun, s'unissant à tous, n'obéisse pourtant qu'à lui-même, et reste aussi libre qu'auparavant.'' Tel est le problème fondamental dont le Contrat social donne la solution.

Les clauses de ce contrat [...] se réduisent toutes à une seule : savoir, l'aliénation totale de chaque associé avec tous ses droits à toute 5
la communauté : [...]

Si donc on écarte du pacte social ce qui n'est pas de son essence, on trouvera qu'il se réduit aux termes suivants : ''Chacun de nous met en commun sa personne et toute sa puissance sous la suprême direction de la volonté générale ; et nous recevons encore chaque membre 10
comme partie indivisible du tout''. [...]

Afin donc que ce pacte social ne soit pas un vain formulaire, il renferme tacitement cet engagement, qui seul peut donner de la force aux autres, que quiconque refusera d'obéir à la volonté générale, y sera contraint par tout le corps : ce qui ne signifie autre chose sinon 15
qu'on le forcera à être libre ; [...]

Conséquences du « Contrat social »

Ce que l'homme perd par le contrat social, c'est sa liberté naturelle et un droit illimité à tout ce qui le tente et qu'il peut atteindre ; ce qu'il gagne, c'est la liberté civile et la propriété de tout ce qu'il 20
possède. Pour ne pas se tromper dans ces compensations, il faut bien distinguer la liberté naturelle, qui n'a pour bornes que les forces de l'individu, de la liberté civile, qui est limitée par la volonté générale ; et la possession, qui n'est que l'effet de la force ou le droit du premier occupant, de la propriété, qui ne peut être fondée que sur un titre 25
positif.

On pourrait, sur ce qui précède, ajouter à l'acquis de l'état civil la liberté morale, qui seule rend l'homme vraiment maître de lui ; car l'impulsion du seul appétit est esclavage, et l'obéissance à la loi qu'on s'est prescrite est liberté.[...]   30

Je terminerai ce chapitre et ce livre par une remarque qui doit servir de base à tout système social ; c'est qu'au lieu de détruire l'égalité naturelle, le pacte fondamental substitue, au contraire, une

11. Dans quelle circonstances les décisions du peuple peuvent-elles être mauvaises?

12. Quelles circonstances peuvent affecter la qualité de la volonté générale? Comment?

brigues (*nf*) *groupes, ligues*
aux dépens *au détriment*
la grande *sous-entendu :* «*association*»
votants (*nm*) *électeurs*

l'emporter sur ICI: *dominer*

13. Dans quel cas la volonté générale peut-elle disparaître complètement?

élever ICI: *construire*
sonde *mesure la profondeur et la solidité du terrain*
s'il en peut AUJOURD'HUI: *s'il peut en*
un instituteur ICI: *celui qui fait les institutions*

14. Quelles précautions doit-on prendre avant de proposer des institutions à un pays?

souffrir *supporter*

égalité morale et légitime à ce que la nature avait pu mettre d'inégalité physique entre les hommes, et que, pouvant être inégaux en force ou en génie, ils deviennent tous égaux par convention et de droit.

La Volonté générale

[...] La volonté générale est toujours droite, et tend toujours à 5
l'utilité publique : mais il ne s'ensuit pas que les délibérations du
peuple aient toujours la même rectitude. On veut toujours son bien,
mais on ne le voit pas toujours : jamais on ne corrompt le peuple, mais
souvent on le trompe, et c'est alors seulement qu'il paraît vouloir ce
qui est mal.   10
   Si quand le peuple suffisamment informé délibère, les citoyens
n'avaient aucune communication entre eux, du grand nombre de
petites différences [individuelles] résulterait toujours la volonté
générale.[...] Mais quand il se fait des brigues, des associations par-
tielles aux dépens de la grande, [...] on peut dire alors qu'il n'y a plus 15
autant de votants que d'hommes, mais seulement autant [de votants]
que d'associations.[...] Enfin quand une de ces associations est si grande
qu'elle l'emporte sur toutes les autres, vous n'avez plus pour résultat
une somme de petites différences, mais une différence unique ; alors il
n'y a plus de volonté générale, et l'avis qui l'emporte n'est qu'un avis 20
particulier.

Nécessité d'un «Contrat social» approprié au peuple

   Comme, avant d'élever un grand édifice, l'architecte observe et
sonde le sol pour voir s'il en peut soutenir le poids, le sage instituteur
ne commence pas par rédiger de bonnes lois elles-mêmes, mais il 25
examine auparavant si le peuple auquel il les destine est propre à les
supporter.
   Mille nations ont brillé sur la terre, qui n'auraient jamais pu
souffrir de bonnes lois : et celles même qui l'auraient pu n'ont eu, dans

15. Toutes les nations peuvent-elles avoir de bonnes lois? Qu'est-ce qui peut les en empêcher?

16. Quel est le meilleur moment, dans la vie d'une nation, pour lui donner des lois et des institutions? Pourquoi?

ainsi que des hommes   *comme les hommes*
dociles   *obéissants*
Quand une fois   *quand*
enracinés   *solidement attachés*

maux (nm)   *malheurs, ennuis, souffrances*
frémissent   *tremblent*
à l'aspect   *à la vue*

17. Quel effet salutaire ces crises violentes peuvent-elles avoir sur les sociétés?

embrasé   *brûlé, consumé*
(la) cendre   *ce qui reste de quelque chose qui est consumé par le feu*
sauraient   ICI : *pourraient*

18. Quelle est la condition indispensable à la libération d'un peuple?

tombe épars   ICI : *se désintègre*

19. A quel moment est-il impossible à un peuple de «recouvrer» la liberté perdue?

recouvre   *retrouve, récupère*

20. Peut-on appliquer des règles semblables à tous les peuples? Pourquoi?

la fin   ICI : *le but*

à l'égard de   *en ce qui concerne*
il ne faut pas entendre... soient absolument les mêmes   *ceci ne veut pas dire... doivent être absolument les mêmes*

toute leur durée, qu'un temps fort court pour cela. La plupart des peuples, ainsi que des hommes, ne sont dociles que dans leur jeunesse; ils deviennent incorrigibles en vieillissant. Quand une fois les coutumes sont établies et les préjugés enracinés, c'est une entreprise dangereuse et vaine de vouloir les réformer; le peuple ne peut pas même souffrir   5 qu'on touche à ses maux pour les détruire, semblable à ces malades stupides et sans courage qui frémissent à l'aspect du médecin.[...]

Le Moment propice d'acquérir la liberté

Il se trouve quelquefois [...] des époques violentes [...] où l'État, embrasé par les guerres civiles, renaît pour ainsi dire de sa cendre, et 10 reprend la vigueur de la jeunesse en sortant des bras de la mort.

Mais ces événements sont rares; [... Ils] ne sauraient même avoir lieu deux fois pour le même peuple: car il peut se rendre libre tant qu'il n'est que barbare, mais il ne le peut plus quand le ressort civil est usé. Alors les troubles peuvent le détruire sans que les révolutions 15 puissent le rétablir; et, sitôt que ses fers sont brisés, il tombe épars et n'existe plus: il lui faut désormais un maître et non pas un libérateur. Peuples libres, souvenez-vous de cette maxime: «On peut acquérir la liberté, mais on ne la recouvre jamais.»

La jeunesse n'est pas l'enfance. Il est pour les nations comme pour 20 les hommes un temps de jeunesse, ou, si l'on veut, de maturité, qu'il faut attendre avant de les soumettre à des lois: [...] Tel peuple est disciplinable en naissant, tel autre ne l'est qu'au bout de dix siècles.

Principaux buts du système legislatif

Si l'on recherche en quoi consiste précisément le plus grand bien de 25 tous, qui doit être la fin de tout système de législation, on trouvera qu'il se réduit à deux objets principaux, la liberté et l'égalité: [...]

J'ai dit ce que c'est que la liberté civile: à l'égard de l'égalité, il ne faut pas entendre par ce mot que les degrés de puissance et de richesse soient absolument les mêmes; mais que, quant à la puissance, elle 30

21. Sur quels principes l'égalité se base-t-elle ?

opulent *riche*
contraint *obligé*

détourne son attention de   *s'occupe d'autre chose*
que de

22. Que faut-il éviter à tout
prix pour que les institutions fonctionnent bien ?

23. Comment Rousseau définit-
il ici le peuple idéal ?

abuserait de *d'abuser de: faire un usage*
excessif de

A prendre le terme dans la rigueur de l'acception   *si on comprend le mot dans son sens le plus*
précis

incessamment *toujours*

24. Quelles difficultés pratiques
s'opposent à une démocra-
tie véritable ?

vaquer à *s'occuper de*
commissions (*nf*)   ICI : *assemblées de personnes*
déléguées; comités

tribunaux (*nm*) ICI : *institutions, assemblées*

25. Quelles sont, d'après Rousseau, les institutions les plus
efficaces ?

ne fût-ce *ne serait-ce, si ce n'était*

26. Pourquoi est-il préférable
que le peuple ait des
«moeurs simples»?

27. Quels effets le luxe a-t-il
sur les gens, sur les institutions, et sur la liberté (page
217, ligne 32 à page 219,
ligne 3)?

moeurs (*nf, pl*) *coutumes*
prévienne ICI : *empêche*
épineuses *Une rose a des épines; un problème*
épineux est un problème auquel on n'ose pas
toucher; épineux = plein de difficulté, délicat,
embarrassant

[...] ne s'exerce jamais qu'en vertu du rang et des lois ; et, quant à la richesse, que nul citoyen ne soit assez opulent pour en pouvoir acheter un autre, et nul assez pauvre pour être contraint de se vendre.

Réflexions sur la démocratie

Il n'est pas bon que celui qui fait les lois les exécute, ni que le corps 5 du peuple détourne son attention des vues générales pour les donner aux objets particuliers. Rien n'est plus dangereux que l'influence des intérêts privés dans les affaires publiques, et l'abus des lois par le gouvernement est un mal moindre que la corruption du législateur.[...] Un peuple qui n'abuserait jamais du gouvernement n'abu- 10 serait pas non plus de l'indépendance ; un peuple qui gouvernerait toujours bien n'aurait pas besoin d'être gouverné.

A prendre le terme dans la rigueur de l'acception, il n'a jamais existé de véritable démocratie, et il n'en existera jamais. Il est contre l'ordre naturel que le grand nombre gouverne et que le petit soit 15 gouverné. On ne peut imaginer que le peuple reste incessamment assemblé pour vaquer aux affaires publiques, et l'on voit aisément qu'il ne saurait établir pour cela des commissions, sans que la forme de l'administration change.

En effet, je crois pouvoir poser en principe que quand les fonc- 20 tions du gouvernement sont partagées entre plusieurs tribunaux, les moins nombreux acquièrent tôt ou tard la plus grande autorité, ne fût-ce qu'à cause de la facilité d'expédier les affaires, qui les y amène naturellement.

D'ailleurs, que de choses difficiles à réunir ne suppose pas ce gou- 25 vernement ! Premièrement, un État très petit, où le peuple soit facile à rassembler, et où chaque citoyen puisse aisément connaître tous les autres ; secondement, une grande simplicité de moeurs qui prévienne la multitude d'affaires et de discussions épineuses ; ensuite beaucoup d'égalité dans les rangs et dans les fortunes, sans quoi l'égalité ne 30 saurait subsister longtemps dans les droits et l'autorité ; enfin, peu ou point de luxe, car [... le luxe ...] corrompt à la fois le riche et le

28. A quelles conditions un gouvernement pourrait-il être parfait (page 217, ligne 25 à page 219, ligne 3)?

29. Pourquoi la démocratie est-elle un mode dangereux de gouvernement?

30. Rousseau semble-t-il recommander la démocratie?

la convoitise *envie, jalousie*
la mollesse *inertie, paresse*

intestines *intérieures, domestiques*
les démocratique ou populaire   ICI: *deux singuliers = un pluriel*
tende *de* tendre à: *avoir* tendance *à*
la sienne *sa forme*

pauvre, l'un par la possession, l'autre par la convoitise ; il vend la patrie à la mollesse, à la vanité ; il ôte à l'État tous ses citoyens pour les asservir les uns aux autres, et tous à l'opinion.

Ajoutons qu'il n'y a pas de gouvernement si sujet aux guerres civiles et aux agitations intestines que les démocratique ou populaire, parce 5 qu'il n'y en a aucun qui tende si fortement et si continuellement à changer de forme, ni qui demande plus de vigilance et de courage pour être maintenu dans la sienne.

S'il y avait un peuple de dieux, il se gouvernerait démocratiquement. Un gouvernement si parfait ne convient pas à des hommes.   10

RÉFLEXION ET DISCUSSION

1. Pour le bien des gens, Rousseau propose un «Contrat social» —
   (a) Qu'est-ce qu'un contrat?
   (b) Quels sont les termes essentiels de celui-ci?
   (c) Selon Rousseau, quelles difficultés, dues à l'état naturel, peuvent être résolues grâce au contrat social?
   (d) Rousseau propose que le contrat varie selon les peuples: quelles différences entre les peuples peuvent rendre cette variété nécessaire?

2. Rousseau voit les avantages mais aussi les dangers d'un régime démocratique —
   (a) Quels avantages principaux la démocratie offre-t-elle?
   (b) Quels sont ses inconvénients les plus évidents?
   (c) Sur quels critères la liberté et l'égalité sont-elles basées dans une démocratie?
   (d) Quels dangers la richesse présente-t-elle pour la démocratie?
   (e) Au début de ses réflexions sur la démocratie (page 217), Rousseau adopte le principe de la séparations des pouvoirs. Ce principe vous semble-t-il toujours valable? Expliquez votre opinion!

3. Rousseau et la révolution —
   (a) Quels effets salutaires une révolution peut-elle, selon ce texte, avoir sur un pays et son peuple?
   (b) L'Histoire semble-t-elle avoir donné raison à Rousseau?
   (c) Pourquoi, selon lui, ces révolutions ne peuvent-elles pas se répéter?

4. Pendant les révolutions du 19e siècle en France, une chanson populaire avait pour refrain:

   «Il est tombé par terre
   C'est la faute à Voltaire
   Le nez dans le ruisseau
   C'est la faute à Rousseau»

   L'importance et les effets de la pensée politique de Rousseau sont d'ailleurs reconnus universellement —
   (a) En vous mettant à la place d'un monarque absolu, de quelle «faute» accuseriez-vous Rousseau?
   (b) Quelles sont, dans ce texte écrit en 1762, les idées qui vous semblent avoir pu influencer les révolutionnaires américains (1776) et français (1789)?
   (c) Quels sont les principes énoncés par Rousseau qui vous semblent avoir encore de l'importance dans la vie moderne?

5. Le Contrat social aujourd'hui —
   (a) On a dit que la démocratie était «le pire des gouvernements excepté les autres». Qu'en pensez-vous?
   (b) Pour quelles raisons la démocratie parfaite est-elle impossible?
   (c) Quelles conditions vous semblent indispensables à un fonctionnement acceptable de la démocratie?
   (d) Quels sont les principes énoncés par Rousseau qui vous semblent avoir encore de l'importance dans la vie moderne?
   (e) Que vous a apporté ce texte? A-t-il eu une influence sur vos opinions?

Declaration des droits de l'homme et du citoyen

Préambule

representans (nm) AU-
JOURD'HUI: *repré-
sentants*

gouvernemens (nm)
AUJOURD'HUI: *gou-
vernements*

Les représentans du Peuple Français, con-
stitués en Assemblée Nationale, considérant que
l'ignorance, l'oubli ou le mépris des Droits de
l'Homme sont les seules causes des malheurs
publics et de la corruption des gouvernemens, 5
ont résolu d'exposer dans une déclaration solen-
nelle les droits naturels, inaliénables et sacrés
de l'homme, afin que cette Déclaration, constamment présente à tous les membres du corps
social, leur rappelle sans cesse leurs droits et 10
leurs devoirs ; afin que les actes du Pouvoir légis-
latif et ceux du Pouvoir exécutif, pouvant être
à chaque instant comparés avec le but de toute
institution politique, en soient plus respectés ;
afin que les réclamations des citoyens, fondées 15
désormais sur des principes simples et incon-
testables, tournent toujours au maintien de la
Constitution et au bonheur de tous.

En conséquence, l'Assemblée Nationale reconnaît et déclare, en présence et sous les
auspices de l'Être suprême, les Droits suivants
de l'Homme et du Citoyen:

ARTICLE PREMIER

demeurent *restent*

Les hommes naissent et demeurent libres et
égaux en droits; les distinctions sociales ne peuvent être fondées que sur l'utilité commune.

II

Le but de toute association politique est la 10
conservation des droits naturels et imprescrip-
tibles de l'homme; ces droits sont la liberté, la
propriété, la sûreté et la résistance à l'oppression.

III

Le principe de toute souveraineté réside essen- 15
tiellement dans la nation; nul corps, nul individu
émane *provienne*   ne peut exercer d'autorité qui n'en émane
expressément.

IV

ne nuit pas à (*de*
nuire) *ne fait pas de*   La liberté consiste à pouvoir faire tout ce qui 20
mal à   ne nuit pas à autrui; ainsi, l'exercice des droits
n'a de bornes que *a*   naturels de chaque homme n'a de bornes que
pour seules bornes   celles qui assurent aux autres membres de la
bornes (*nf*) *limites*   société la jouissance de ces mêmes droits; ces
la jouissance *bénéfice*   bornes ne peuvent être déterminées que par la loi. 25

V

La loi n'a le droit de défendre que les actions nuisibles à la société. Tout ce qui n'est pas défendu par la loi ne peut être empêché, et nul ne peut être contraint à faire ce qu'elle n'or- 5 donne pas.

nuisibles (adj) de nuire, voir page 222 ligne 21
contraint obligé

VI

La loi est l'expression de la volonté générale ; tous les citoyens ont droit de concourir per- sonnellement ou par leurs représentans à sa 10 formation ; elle doit être la même pour tous, soit qu'elle protège, soit qu'elle punisse. Tous les citoyens étant égaux à ses yeux sont égale- ment admissibles à toutes les dignités, places et emplois publics, selon leur capacité, et sans 15 autres distinctions que celles de leurs vertus et de leurs talents.

concourir participer
représentans (nm) AU- JOURD'HUI représen- tants

VII

Nul homme ne peut être accusé, arrêté, ni détenu que dans les cas déterminés par la loi, et 20 selon les formes qu'elle a prescrites. Ceux qui sollicitent, expédient, exécutent ou font exécu- ter des ordres arbitraires, doivent être punis : mais tout citoyen appelé ou saisi en vertu de la loi doit obéir à l'instant ; il se rend coupable 25 par la résistance.

détenu gardé prison- nier
expédient s'occupent de faire accomplir
en vertu de en consé- quence de

VIII

La loi ne doit établir que des peines stricte- ment et évidemment nécessaires, et nul ne peut être puni qu'en vertu d'une loi établie et promul- 30 guée antérieurement au délit, et légalement appliquée.

IX

Tout homme étant présumé innocent jusqu'à
ce qu'il ait été déclaré coupable, s'il est jugé indispensable de l'arrêter, toute rigueur qui ne
serait pas nécessaire pour s'assurer de sa personne 5
doit être sévèrement réprimée par la loi.

(la) rigueur *sévérité,*
dureté
s'assurer de sa personne
l'arrêter

X

Nul ne doit être inquiété pour ses opinions,
même religieuses, pourvu que leur manifestation
ne trouble pas l'ordre public établi par la loi. 10

inquiété *poursuivi, per-*
sécuté

XI

La libre communication des pensées et des
opinions est un des droits les plus précieux de
l'homme. Tout citoyen peut donc parler, écrire,
imprimer librement, sauf à répondre de l'abus 15
de cette liberté, dans les cas déterminés par la
loi.

sauf à répondre de l'abus
de cette liberté =
mais en étant respon-
sable de l'abus de cette
liberté

XII

La garantie des droits de l'homme et du
citoyen nécessite une force publique : cette force 20
est donc instituée pour l'avantage de tous, et
non pour l'utilité particulière de ceux à qui elle
est confiée.

l'utilité (*nf*) ICI : *usage*
et bénéfice

XIII

Pour l'entretien de la force publique, et pour 25
les dépenses d'administration, une contribution
commune est indispensable ; elle doit être
également répartie entre tous les citoyens, en
raison de leurs facultés.

l'entretien (*nm*) *con-*
servation en bon état
répartie *distribuée,*
partagée
facultés (*nf*) *moyens,*
possibilités

XIV

la quotité *proportion*
l'assiette (*nf*) ICI :
*quantité ou propriété
taxable*
le recouvrement *action
de collecter les impôts*

Les citoyens ont le droit de constater par eux-mêmes ou par leurs représentans la nécessité de la contribution publique, de la consentir librement, d'en suivre l'emploi, et d'en déter- 5 miner la quotité, l'assiette, le recouvrement et la durée.

XV

demander compte à
*exiger des justifications
de*

La Société a le droit de demander compte à tout agent public de son administration. 10

XVI

Toute Société dans laquelle la garantie des droits n'est pas assurée, ni la séparation des pouvoirs déterminée, n'a point de constitution.

XVII

La propriété étant un droit inviolable et sacré, nul ne peut en être privé, si ce n'est lorsque la nécessité publique, légalement constatée, l'exige évidemment, et sous la condition

préalable *donnée avant* d'une juste et préalable indemnité. 20

RÉFLEXION ET DISCUSSION

1. Dans cette déclaration, quels sont les droits qui appartiennent à l'homme et quels sont ceux qui sont relatifs au citoyen?

2. Quels articles se rapportent au bon fonctionnement du gouvernement?

3. Cette Déclaration des Droits est aussi une «Déclaration des Devoirs». Quels sont les devoirs soulignés par ce texte?

4. Quels éléments vous paraissent venir aujourd'hui compliquer la définition de la liberté donnée par les articles I à IV?

5. Quel est votre sentiment à l'égard des impôts? Voyez-vous une alternative quelconque à leur collecte?

6. A la lumière d'événements contemporains (défense de l'environnement, monopoles, etc...), quelles vous semblent être les limites raisonnables à mettre au droit «inviolable et sacré» de la propriété?

7. D'après l'article XII, quel est le rôle de la force publique? Qu'en pensez-vous? Quelles mesures pourraient assurer que la police protège les droits de l'homme et du citoyen avant ceux de l'ordre établi?

8. Quels facteurs peuvent nuire à la stricte application de l'article IX?

9. Dans quelle mesure ces «droits» sont-ils respectés dans la société que vous connaissez?

Louis de Saint-Just

Rapport a la Convention

(10 octobre 1793)

*Député à la Convention et chef révolution-
naire, Saint-Just est l'homme qui fit accu-
ser Louis XVI après la Révolution française
de 1789. Cherchant à garder le pays sur le
chemin de la Révolution, dans une situation
difficile, il met ici en évidence ses qualités
d'orateur. Il sera guillotiné moins d'un
an après.*

deniers (*nm, pl*)   *argent*

maux (*nm*)   *pluriel de
mal*

des uns   *de certains*

...Le gouvernement ne doit pas être seulement révolutionnaire contre l'aristocratie ; il
doit l'être contre ceux qui volent le soldat, qui
dépravent l'armée par leur insolence, et qui, par
la dissipation des deniers publics, ramèneraient 5
le peuple à l'esclavage et l'empire à sa dissolu-
tion par le malheur. Tant de maux ont leur source
dans la corruption des uns et dans la légèreté des
autres.

la paresse ICI : *manque de désir*

entre ICI : *arrive, vient*

vaincre *triompher de*
énerver ICI : *retirer toute énergie à*

lâches (nm) *qui manquent de courage*
(la) plaie *blessure, lésion*
épouvantable *horrible*

nuire *faire du mal*
gens de bien *honnêtes gens*
on n'en veut qu'à lui *ils veulent seulement faire couler notre sang*
le tombeau *la tombe*

Il est certain que, dans les révolutions, comme il faut combattre la résistance des uns, la paresse des autres pour le changement, la superstition de ceux-ci pour l'autorité détruite, l'ambition et l'hypocrisie de ceux-là, le gouvernement 5 nouveau s'établit avec difficulté, et ce n'est qu'avec peine qu'il forme son plan et ses maximes ; il demeure longtemps sans résolutions bien décidées : la liberté a son enfance ; on n'ose gouverner ni avec vigueur, ni avec fai- 10 blesse, parce que la liberté vient par une salutaire anarchie, et que l'esclavage entre souvent avec l'ordre absolu.

Cependant, l'ennemi redouble d'efforts et d'activité ; il ne nous fait point la guerre dans 15 l'espérance de nous vaincre par les armes, mais il nous la fait pour énerver le gouvernement et empêcher qu'il ne s'établisse ; il nous la fait pour verser le sang des défenseurs de la liberté et en diminuer le nombre, afin qu'après la mort de 20 tous les hommes ardents, ils capitulent avec les lâches qui les attendent. Il a péri cent mille patriotes depuis un an : plaie épouvantable pour la liberté ! Notre ennemi n'a perdu que des esclaves ; les épidémies et les guerres fortifient 25 l'autorité des rois.

Il faut donc que notre gouvernement regagne d'un côté ce qu'il a perdu de l'autre ; il doit mettre tous les ennemis de la liberté dans l'impossibilité de lui nuire à mesure que les gens 30 de bien périssent. Il faut faire la guerre avec prudence, et ménager notre sang, car on n'en veut qu'à lui ; l'Europe en a soif : vous avez cent mille hommes dans le tombeau qui ne défendent plus la liberté ! Le gouvernement est leur assassin ; 35 c'est le crime des uns, c'est l'impuissance des autres et leur incapacité.

sots *imbéciles*

(le) laconisme *écono-
mie de mots*

le démon d'écrire
*l'envie diabolique
d'écrire*
vues (nf) *idées, projets*

(le) métier *carrière*

la disette *famine*

Tous ceux qu'emploie le gouvernement sont
paresseux; tout homme en place ne fait rien
lui-même et prend des agents secondaires; le
premier agent secondaire a les siens, et la République est en proie à vingt mille sots qui la 5
corrompent, qui la combattent, qui la saignent.
Vous devez diminuer partout le nombre des
agents, afin que les chefs travaillent et pensent.

Le ministère est un monde de papier. Je ne
sais point comment Rome et l'Egypte se gouver- 10
naient sans cette ressource; on pensait beaucoup;
on écrivait peu. La prolixité de la correspondance et des ordres du gouvernement est une
marque de son inertie; il est impossible que l'on
gouverne sans laconisme. Les représentants du 15
peuple, les généraux, les administrateurs, sont
environnés de bureaux comme les anciens
hommes de palais; il ne se fait rien, et la dépense
est pourtant énorme. Les bureaux ont rem-
placé le monarchisme; le démon d'écrire nous 20
fait la guerre, et l'on ne gouverne point.

Il est peu d'hommes à la tête de nos établisse-
ments dont les vues soient grandes et de bonne
foi: le service public, tel qu'on le fait, n'est pas
vertu; il est métier.   25

Tout enfin a concouru au malheur du peuple
et à la disette; l'aristocratie, l'avarice, l'inertie,
les voleurs, la mauvaise méthode. Il faut donc
rectifier le gouvernement tout entier, pour arrêter l'impulsion que nos ennemis s'efforcent de 30
lui donner vers la tyrannie. Quand tous les abus
seront corrigés, la compression de tout mal
amènera le bien; on verra renaître l'abondance
d'elle-même.

RÉFLEXION ET DISCUSSION

1. Pourquoi le gouvernement révolutionnaire a-t-il des difficultés? Quelle en est la nature?

2. Quelle est la politique suivie par les pays voisins de la France (et qui sont toujours des monarchies)?

3. Quelle différence y a-t-il selon Saint-Just entre les soldats de l'ennemi et les soldats de la Révolution?

4. Pourquoi faut-il se défendre avec prudence militairement?

5. Quels sont les dangers de la bureaucratie?

6. De quelle façon le pays pourrait-il être la cause de sa propre destruction?

7. Quelles sont les deux manières dont le pays peut être sauvé?

8. Sur quel ton Saint-Just s'adresse-t-il à la Convention? Dans quel but?

VICTOR HUGO

La Diligence

Victor Hugo, dans un pamphlet célèbre, attaque Napoléon-le-Petit. *Il s'agit, bien sûr, de Louis-Bonaparte. Celui-ci prit le pouvoir par le coup d'état du 2 décembre 1851. L'année suivante, le « Prince-Président » obtint 7.500.000 voix au plébiscite qui allait faire, bientôt, de lui Napoléon III.*

un brigand *voleur et assassin*
une diligence *voiture tirée par des chevaux et transportant des voyageurs ; coche*
à l'improviste *par surprise*

jeter un cri *crier*
ne pas souffler mot *ne rien dire*
brûle la cervelle *tire une balle de pistolet dans la tête*

Un brigand arrête une diligence au coin d'un bois.

Il est à la tête d'une bande déterminée.

Les voyageurs sont plus nombreux, mais ils sont séparés, désunis, parqués dans des com- 5 partiments, à moitié endormis, surpris au milieu de la nuit, saisis à l'improviste et sans armes.

Le brigand leur ordonne de descendre, de ne pas jeter un cri, de ne pas souffler mot et de se 10 coucher la face contre terre.

Quelques-uns résistent, il leur brûle la cervelle.

Les autres obéissent et se couchent sur le pavé, muets, immobiles, terrifiés, pêle-mêle 15 avec les morts et pareils aux morts.

leur tiennent le pied
sur les reins *mettent*
le pied sur leur dos
la tempe *partie latérale*
du visage à hauteur des
yeux
malles (*nf*) *bagages*
pillées *dont on a volé le*
contenu

de votre plein gré
volontairement
J'entends que ICI : *je*
veux que

étendrez *allongerez*

la gueule *l'orifice par*
où sort la balle au
bout du canon
du reste ICI : *pour le*
reste

Le brigand, pendant que ses complices leur tiennent le pied sur les reins et le pistolet sur la tempe, fouille leurs poches, force leurs malles et leur prend tout ce qu'ils ont de précieux.

Les poches vidées, les malles pillées, le coup 5 d'État fini, il leur dit :

«— Maintenant, afin de me mettre en règle avec la justice, j'ai écrit sur un papier que vous reconnaissez que tout ce que je vous ai pris m'appartenait et que vous me le concédez de votre 10 plein gré. J'entends que ceci soit votre avis. On va vous mettre à chacun une plume dans la main, et, sans dire un mot, sans faire un geste, sans quitter l'attitude où vous êtes...»

Le ventre contre terre, la face dans la boue... 15

«... Vous étendrez le bras droit et vous signerez tous ce papier. Si quelqu'un bouge ou parle, voici la gueule de mon pistolet. Du reste, vous êtes libres.»

Les voyageurs étendent le bras et signent. 20

Cela fait, le brigand relève la tête et dit :

— J'ai sept millions cinq cent mille voix.

RÉFLEXION ET DISCUSSION

I. A partir de quel moment voit-on qu'il s'agit d'autre chose que d'une anecdote?

2. Ayant relu ce passage, précisez les images qu'il contient:
   (a) Qu'est-ce que la diligence?
   (b) Qui sont les voyageurs?
   (c) A quoi correspondent les adjectifs qui les qualifient (page 231, lignes 4–8)?
   (d) Quels sont les mots et expressions qui traduisent le caractère tyrannique du «brigand» et la violence de la situation?
   (e) Que vole-t-on aux citoyens en plus de leur fortune?

3. En quoi les mesures prises page 232, lignes 7–19 aggravent-elles les forfaits de la bande?

4. Quelle semble être, d'après ce passage, l'opinion de Victor Hugo sur le coup d'état du 2 décembre et son auteur?

5. Connaissez-vous d'autres exemples d'oeuvres à sens double décrivant des événements semblables?

PAUL ÉLUARD

LIBERTÉ

Après avoir largement participé au mouvement surréaliste et chanté d'abord l'amour et l'univers intérieur, Eluard, pendant la deuxième guerre mondiale, s'engage dans la Résistance. Il adhère au Parti Communiste et sa poésie devient très engagée : les thèmes politiques et héroïques se joignent aux thèmes personnels. L'hymne à la liberté (de Poésie et Vérité, 1942) est un chef-d'oeuvre de cette période; son influence fut tellement crainte des nazis qu'ils détruisirent tous les exemplaires qu'ils en purent trouver.

Sur mes cahiers d'écolier
Sur mon pupitre et les arbres
Sur le sable sur la neige
J'écris ton nom

Sur toutes les pages lues   5
Sur toutes les pages blanches
Pierre sang papier ou cendre
J'écris ton nom

Sur les images dorées
Sur les armes des guerriers   10
Sur la couronne des rois
J'écris ton nom

(la) cendre *ce qui reste d'un objet complètement détruit par le feu*

genêts (*nm, pl*) *petits*
arbres à fleurs jaunes

Sur la jungle et le désert
Sur les nids sur les genêts
Sur l'écho de mon enfance
J'écris ton nom

Sur les merveilles des nuits 5
Sur le pain blanc des journées
Sur les saisons fiancées
J'écris ton nom

chiffons (*nm*) *vieux*
morceaux d'étoffe
(coton, rayonne, etc)
l'étang (*nm*) *petit lac*
moisi ICI : *de la couleur*
du moisi (vert-gris),
effet de l'humidité sur
le cuir, la nourriture,
les vêtements, etc
le moulin *édifice con-*
tenant une machine qui
sert à broyer le blé ;
moulin à vent, moulin
à eau
(la) bouffée *souffle ra-*
pide et passager: une
bouffée de vent, de
fumée
démente *folle, insensée*
la mousse *La bière*
forme une mousse
blanche.
fade *insipide*

Sur tous mes chiffons d'azur
Sur l'étang soleil moisi 10
Sur le lac lune vivante
J'écris ton nom

Sur les champs sur l'horizon
Sur les ailes des oiseaux
Et sur le moulin des ombres 15
J'écris ton nom

Sur chaque bouffée d'aurore
Sur la mer sur les bateaux
Sur la montagne démente
J'écris ton nom 20

Sur la mousse des nuages
Sur les sueurs de l'orage
Sur la pluie épaisse et fade
J'écris ton nom

Sur les formes scintillantes 25
Sur les cloches des couleurs
Sur la vérité physique
J'écris ton nom

sentiers (nm) *chemins*
  étroits
déployées *développées,*
  étalées, étendues
débordent *dépassent,*
  vont plus loin que leur
  limite

Sur les sentiers éveillés
Sur les routes déployées
Sur les places qui débordent
J'écris ton nom

Sur la lampe qui s'allume   5
Sur la lampe qui s'éteint
Sur mes maisons réunies
J'écris ton nom

Sur le fruit coupé en deux
Du miroir et de ma chambre   10

(la) coquille *l'extérieur,*
  l'enveloppe de l'oeuf

Sur mon lit coquille vide
J'écris ton nom

gourmand *glouton*

Sur mon chien gourmand et tendre
Sur ses oreilles dressées

maladroite *qui manque*
  de dextérité

Sur sa patte maladroite   15
J'écris ton nom

le tremplin *planche de*
  bois de laquelle les
  plongeurs sautent dans
  une piscine
béni *consacré*

Sur le tremplin de ma porte
Sur les objets familiers
Sur le flot du feu béni
J'écris ton nom   20

Sur toute chair accordée
  = *sur tout corps qui se*
  donne
se tend *de tendre la*
  main : offrir la main
  pour saluer quelqu'un
la vitre *panneau de*
  verre, fenêtre

Sur toute chair accordée
Sur le front de mes amis
Sur chaque main qui se tend
J'écris ton nom

Sur la vitre des surprises   25
Sur les lèvres attentives
Bien au-dessus du silence
J'écris ton nom

phares (nm) *tours*
élevées contenant une
lumière puissante pour
guider les bateaux

Sur mes refuges détruits
Sur mes phares écroulés
Sur les murs de mon ennui
J'écris ton nom

Sur l'absence sans désirs   5
Sur la solitude nue
Sur les marches de la mort
J'écris ton nom

Sur la santé revenue
Sur le risque disparu   10
Sur l'espoir sans souvenirs
J'écris ton nom

Et par le pouvoir d'un mot
Je recommence ma vie
Je suis né pour te connaître   15
Pour te nommer

Liberté

RÉFLEXION ET DISCUSSION

1. Comment la forme de ce poème contribue-t-elle à sa force?

2. Quel est le mot qui revient le plus fréquemment? Quel en est l'effet?

3. Quel effet produit la répétition à la fin de chaque strophe de «J'écris ton nom»?

4. Le verbe *écrire* implique une surface d'une certaine solidité. Est-ce que le poète écrit sur d'autres éléments? Pour quelles raisons?

5. Quelle image de la liberté est donnée ici? Les images qui l'illustrent sont-elles toutes positives ou optimistes? Que signifie ce choix d'images?

6. Quelles sont les images qui vous ont le plus frappé?

PROJETS

1. Dans le passage de Rousseau que vous avez lu, essayez de trouver quelques-unes des idées qui semblent être à l'origine de la Révolution Américaine. (Discussion de classe)

2. Comparez la *Déclaration des droits de l'homme* à la *Bill of Rights* américaine et dégagez-en les éléments communs et les différences. (Projet de recherche)

3. En vous basant sur la parabole de la *Diligence*, quels ont été les événements historiques réels qui ont mené à la prise du pouvoir par Napoléon III ? (Projet de recherche)

4. Comparez la rhétorique de Saint-Just au célèbre discours de Patrick Henry. Par quels moyens les deux orateurs essaient-ils de persuader leurs auditeurs ? (Devoir écrit)

5. Pouvez-vous trouver dans la société américaine ou française des exemples prouvant la validité des idées de Rousseau concernant le pouvoir des groupes organisés, et leur influence (bonne ou mauvaise) sur la vie publique ? (Discussion de classe)

6. Dans quel mesure la presse et la télévision américaine vous paraissent-elles contribuer à la formation de l'opinion publique? Donnez des exemples précis et dites si les moyens de communications vous semblent suffire à des jugements lucides. (Discussion de classe)

7. Appartenez-vous à un groupe ou un club? Décrivez ses activités, son influence, et expliquez pourquoi vous y appartenez. (Exposé personnel)

8. Faites en français un discours par lequel vous essaierez de décider vos camarades pour ou contre une cause que vous estimez importante. (Exposé personnel)

9. Écrivez un «contrat social» concernant l'organisation de votre dortoir de votre classe, de votre fraternité, sororité, etc. (Devoir écrit)

10. Vous intéressez-vous à la politique? Pourquoi? (Discussion de classe)

11. Organisez un «panel» sur un sujet de votre choix. (Exposé collectif)

VII
L'HOMME ET DIEU

triptyques (nm)   *tableaux à trois panneaux*
éparse   ICI: *désorganisée*
confondue   *mêlée*

ANDRÉ GIDE

Le Retour de l'enfant prodigue

PARABOLE

C'est après un séjour en Afrique du Nord qui lui inspira L'Im-
moraliste, qu'André Gide (1869–1951) commence véritablement sa
carrière littéraire. Après une éducation assez puritaine, ce voyage lui
révèle son amour de la liberté morale, spirituelle et intellectuelle. Son
enthousiasme se changera bientôt en une inquiétude qui ne disparaîtra
qu'avec la vieillesse pour laisser la place à la paix de l'esprit, née de
la connaissance de soi. Huit romans principaux et un extraordinaire
Journal constituent les sommets de son oeuvre immense. Les Nourri-
tures Terrestres, Les Caves du Vatican, et Les Faux-Monnayeurs
ont, en particulier, fait sa réputation.

C'est, bien sûr, à cause du morceau que nous présentons ici que
Gide a été surnommé «l'enfant prodigue du roman contemporain»
pour l'originalité de ses thèmes et de son style. Écrite en 1907, cette
«parabole» reflète les préoccupations de Gide à une époque de sa vie
où il éprouve avec acuité les contradictions de l'expérience: la
turbulence de l'aventure et la paix de la sagesse, la poursuite du
plaisir et le sens du sacrifice.

J'ai peint ici, pour ma secrète joie, comme on faisait dans les anciens triptyques, la parabole que Notre-Seigneur Jésus-Christ nous
conta. Laissant éparse et confondue la double inspiration qui m'anime
je ne cherche à prouver la victoire sur moi d'aucun dieu — ni la

un donateur *celui qui donne*
faisant pendant au fils prodigue *occupant une
    position semblable à celle du fils prodigue*
trempé *très mouillé*

désépris *désenchanté*
(le) dénûment *absence du nécessaire; selon Gide,
    pour atteindre le dénûment, il faut arracher de
    sa propre personne tout ce qui n'en fait pas une
    partie essentielle, et ceci autant sur le plan physique
    que sur le plan moral. Ce qui en résulte est un état
    austère mais authentique.*
point *pas*
abreuvé *imprégné*
clos *fermé*
détient dans l'attente... *garde dans l'espoir du
    retour*
dilapider *dépenser déraisonnablement*
ivresse (nf) ICI : *joie qui fait tourner la tête*
qu'à défaut de *en l'absence du*
péché *de pécher : commettre un acte contre la
    volonté de Dieu*
s'achemine *se dirige le long de la route*
au défaut de la colline ICI : *grâce à un change-
    ment de niveau du terrain*
fumants *la fumée sort de la cheminée*
voiler ICI : *cacher*
fléchissent *plient, cèdent, ne soutiennent pas son
    poids*
(la) honte *sentiment de regret qu'on a après avoir
    fait une mauvaise action*
un pli *Les ondulations du vêtement qu'il porte
    forment des plis; ICI : poche faite dans un pli.*
crevé *déchiré, très abîmé*
une poignée *quantité que peut contenir une main
    lorsqu'elle est fermée,* comme dans : *ramasser
    une poignée de sable*
glands (nm) *fruits de l'arbre appelé chêne*

1. Pourquoi l'enfant prodigue
   se décide-t-il à rentrer
   chez lui ?

2. D'apres l'enfant prodigue
   que sera la réaction de son
   père ?

3. Quels sentiments animent
   l'enfant prodigue lorsqu'il
   revoit la maison de son
   père ?

mienne. Peut-être cependant, si le lecteur exige de moi quelque piété, ne la chercherait-il pas* en vain dans ma peinture, où, comme un donateur dans le coin du tableau, je me suis mis à genoux, faisant pendant au fils prodigue, à la fois comme lui souriant et le visage trempé de larmes.   5

L'enfant prodigue

Lorsqu'après une longue absence, fatigué de sa fantaisie et comme désépris de lui-même, l'enfant prodigue, du fond de ce dénûment qu'il cherchait, songe au visage de son père, à cette chambre point étroite où sa mère au-dessus de son lit se penchait,† à ce jardin 10 abreuvé d'eau courante, mais clos et d'où toujours il désirait s'evader, à l'économe frère aîné qu'il n'a jamais aimé, mais qui détient encore dans l'attente cette part de ses biens que, prodigue, il n'a pu dilapider — l'enfant s'avoue qu'il n'a pas trouvé le bonheur, ni même su prolonger bien longtemps cette ivresse qu'à défaut de bonheur il cherchait. — Ah! pense-t-il, si mon père, d'abord irrité contre moi, m'a cru mort, peut-être, malgré mon péché, se réjouirait-il* de me revoir; ah! revenant à lui bien humblement, le front bas et couvert de cendre, si, m'inclinant devant lui, lui disant: «Mon père, j'ai péché contre le ciel et contre toi,» que ferai-je si,‡ de sa main me relevant, 20 il me dit: «Entre dans la maison, mon fils»!... Et l'enfant déjà pieusement s'achemine.

Lorsqu'au défaut de la colline il aperçoit enfin les toits fumants de la maison, c'est le soir; mais il attend les ombres de la nuit pour voiler un peu sa misère. Il entend au loin la voix de son père; ses genoux 25 fléchissent; il tombe et couvre de ses mains son visage, car il a honte de sa honte, sachant qu'il est le fils légitime pourtant. Il a faim; il n'a plus, dans un pli de son manteau crevé, qu'une poignée de ces glands

---

* INVERSION *après peut-être au commencement d'une phrase ou d'une proposition.*
† INVERSION : *se penchait au-dessus de son lit.*
‡ SYNTAXE : revenant à lui... que ferai-je si *(lignes 18–20)* LIRE *que ferai-je, si, revenant à lui...*

pourceaux (*nm*) *cochons*

apprêts (*nm*) *préparatifs*

le perron *escalier et petite terrasse qui peut se trouver devant l'entrée principale d'une maison*

Il distingue s'avancer sur le perron sa mère *Il distingue sa mère qui s'avance sur le perron.*

il n'y tient plus *il ne peut plus se retenir*

aboyé *Les chiens* aboient, *c'est leur cri.*

méfiants *circonspects, qui n'ont pas confiance*

4. Quels gestes dramatisent l'arrivée du fils prodigue?

s'agenouille *se met à genoux (le genou est l'articulation principale de la jambe)*

5. A quoi l'enfant prodigue est-il prêt à consentir pour rester?

presse ICI: *serre dans ses bras*

béni *de bénir: donner une bénédiction*

déborde *Une tasse trop pleine deborde.*

baisait *embrassait*

un anneau *cercle de métal*

le veau *jeune vache*

un festin *banquet*

se répand *se dissémine*

que nous pleurions *pour lequel nous nous lamentions*

fait *rend*

soucieux *inquiet (plein d'inquiétude)*

un cantique *chanson (ode) religieuse*

S'assied-il... c'est que *S'il s'assied... c'est parce que*

pressant ICI: *forçant, poussant*

contraint *oblige*

convives (*nm*) *invités*

convié *invité*

courroucé *irrité*

6. Quelle réception le père fait-il à son fils?

7. Quelle réaction le fils aîné a-t-il? Pourquoi?

doux, dont il faisait, pareil aux pourceaux qu'il gardait, sa nourriture. Il voit les apprêts du souper. Il distingue s'avancer sur le perron sa mère... il n'y tient plus, descend en courant la colline, s'avance dans la cour, aboyé par son chien qui ne le reconnaît pas. Il veut parler aux serviteurs, mais ceux-ci méfiants s'écartent, vont prévenir le maître; 5 le voici.

Sans doute il attendait le fils prodigue, car il le reconnaît aussitôt. Ses bras s'ouvrent; l'enfant alors devant lui s'agenouille et, cachant son front d'un bras, crie à lui, levant vers le pardon sa main droite:

— Mon père! mon père, j'ai gravement péché contre le ciel et contre 10 toi; je ne suis plus digne que tu m'appelles; mais du moins, comme un de tes serviteurs, le dernier, dans un coin de notre maison, laisse-moi vivre...

Le père le relève et le presse:

— Mon fils! que le jour où tu reviens à moi soit béni — et sa joie, 15 qui de son coeur déborde,* pleure; il relève la tête de dessus le front de son fils qu'il baisait, se tourne vers les serviteurs:

— Apportez la plus belle robe; mettez des souliers à ses pieds, un anneau précieux à son doigt. Cherchez dans nos étables le veau le plus gras, tuez-le; préparez un festin de joie, car le fils que je disais mort est 20 vivant.

Et comme la nouvelle déjà se répand, il court; il ne veut pas laisser un autre dire:

— Mère, le fils que nous pleurions nous est rendu.

La joie de tous montant comme un cantique fait le fils aîné soucieux. 25 S'assied-il à la table commune, c'est que le père en l'y invitant et en le pressant l'y contraint. Seul entre tous les convives, car jusqu'au moindre serviteur est convié, il montre un front courroucé: Au pêcheur repenti, pourquoi plus d'honneur qu'à lui-même, qu'à lui qui n'a jamais péché†? Il préfère à l'amour le bon ordre. S'il consent à 30 paraître au festin, c'est que, faisant crédit à son frère, il peut lui prêter joie pour un soir; c'est aussi que son père et sa mère lui ont promis de

---

* INVERSION: *qui déborde de son coeur.*

† SYNTAXE: Au pêcheur repenti... jamais péché (*lignes 28–30*) LIRE *Pourquoi* (*fait-on*) *plus honneur au pêcheur repenti qu'à celui qui n'a jamais péché?*

8. Pour quelles raisons et à quelles conditions le fils aîné veut-il bien s'asseoir à table avec la famille ?

morigéner *réprimander, sermonner*

s'apprête *se prépare*

ont desservi *de desservir : enlever les plats, assiettes, verres etc, de la table*

âme après âme ICI : *une personne après l'autre*

je sais *je connais*

aube (*nf*) *moment du jour qui précède le lever du soleil*

je me remémore *je me rappelle*

pressante *ardente*

du fond de *du point le plus bas*

mercenaires (*nm*) *domestiques, serviteurs*

étreinte (*nf*) *action de serrer quelqu'un dans ses bras*

fond *de fondre : La neige* fond *au soleil (devient liquide) ;* ICI : *s'attendrit*

même *lui-même*

9. Dans le passage page 249, lignes 8–26, quelles attitudes successives le narrateur adopte-t-il? Dites à quels endroits il se compare au fils et à quels endroits il s'y substitue ?

m'élancer vers la demeure *me diriger avec enthousiasme dans la direction de la maison*

ne dressez pas *de dresser : préparer*

souffle ICI : *suggère les paroles à dire (Au théâtre, on souffle aux acteurs leur rôle quand ils l'oublient.)*

puissé-je *je souhaite pouvoir*

N'ergotons pas *d'ergoter : discuter de petits détails sans importance*

un abri *un endroit protégé*

10. Quelle raison l'enfant prodigue donne-t-il de son départ?

11. Quel double sens prennent les mots Maison, Vous (ligne 34), et Père (ligne 35)?

pourquoi t'être évadé *pourquoi t'es-tu évadé*

morigéner le prodigue, demain, et que lui-même il s'apprête à le sermonner gravement.

Les torches fument vers le ciel. Le repas est fini. Les serviteurs ont desservi. A présent, dans la nuit où pas un souffle ne s'élève, la maison fatiguée, âme après âme, va s'endormir. Mais pourtant, dans la chambre ⁵ à côté de celle du prodigue je sais un enfant, son frère cadet, qui toute la nuit jusqu'à l'aube va chercher en vain le sommeil.

Mon Dieu, comme un enfant je m'agenouille devant vous aujourd'hui, le visage trempé de larmes. Si je me remémore et transcris ici votre pressante parabole, c'est que je sais quel était votre enfant ₁₀ prodigue; c'est qu'en lui je me vois; c'est que j'entends en moi, parfois et répète en secret ces paroles que, du fond de sa grande détresse, vous lui faites crier :

— Combien de mercenaires de mon père ont chez lui le pain en abondance; et moi je meurs de faim! ₁₅

J'imagine l'étreinte du Père; à la chaleur d'un tel amour mon coeur fond. J'imagine une précédente détresse, même; ah! j'imagine tout ce qu'on veut. Je crois cela; je suis celui-là même dont le coeur bat quand, au défaut de la colline, il revoit les toits bleus de la maison qu'il a quittée. Qu'est-ce donc que j'attends pour m'élancer vers la ₂₀ demeure; pour entrer? — On m'attend. Je vois déjà le veau gras qu'on apprête... Arrêtez! ne dressez pas trop vite le festin! — Fils prodigue, je songe à toi; dis-moi d'abord ce que t'a dit le Père, le lendemain, après le festin du revoir. Ah! malgré que le fils aîné vous souffle, Père, puissé-je entendre votre voix, parfois, à travers ses ₂₅ paroles!

— Mon fils, pourquoi m'as-tu quitté?

— Vous ai-je vraiment quitté? Père! n'êtes-vous pas partout? Jamais je n'ai cessé de vous aimer.

— N'ergotons pas. J'avais une maison qui t'enfermait. Elle était ₃₀ élevée pour toi. Pour que ton âme y puisse trouver un abri, un luxe digne d'elle, du confort, un emploi, des générations travaillèrent. Toi, l'héritier, le fils, pourquoi t'être évadé de la Maison?

— Parce que la Maison m'enfermait. La Maison, ce n'est pas Vous, mon Père. ₃₅

— C'est moi qui l'ai construite, et pour toi.

en plein vent *exposé aux rigueurs de la nature*

12. Quel sens attribuez-vous
    aux expressions: dormir
    en plein vent (ligne 6)
    abdiquer sa richesse (lignes
    8–9), et biens qu'on ne peut
    emporter (lignes 11–12)?

nul *aucune personne*

Que m'importe les biens que *quelle importance ont pour moi les biens que*

s'employèrent à *s'appliquèrent à*

13. Quel est le défaut principal
    que le père trouve aux
    divertissements du fils?

Moïse *Voir la Bible (Exode 3,2) où Dieu
apparaît à Moïse dans un buisson ardent (de
flammes) qui ne se consume pas, pour lui dire de
sauver le peuple d'Israël. (Un buisson est un
petit arbre ou arbuste qu'on plante en bordure
d'une propriété, d'une route, d'un chemin, etc.)*

14. Quel est l'aspect positif de
    la dissipation du fils?

(le) dénûment ICI: *désolation, désillusionnement, absence totale de biens matériels ou spiri-
tuels*

15. Pourquoi le fils n'était-il
    pas misérable dans sa
    «misère»?

ne m'entendez-vous pas *ne me comprenez-vous
pas*
vidé *de vider: enlever le contenu de*
s'emplit *de s'emplir: devenir plein de (contraire
de se vider)*
la ferveur *exaltation, zèle*

— Ah ! Vous n'avez pas dit cela, mais mon frère. Vous, vous avez construit toute la terre, et la Maison et ce qui n'est pas la Maison. La Maison, d'autres que vous l'ont construite ; en votre nom, je sais, mais d'autres que vous.

— L'homme a besoin d'un toit sous lequel reposer sa tête. Orgueilleux ! Penses-tu pouvoir dormir en plein vent ?

— Y faut-il tant d'orgueil ? de plus pauvres que moi l'ont bien fait.

— Ce sont les pauvres. Pauvre, tu ne l'es pas. Nul ne peut abdiquer sa richesse. Je t'avais fait riche entre tous.

— Mon père, vous savez bien qu'en partant j'avais emporté tout ce que j'avais pu de mes richesses. Que m'importent les biens qu'on ne peut emporter avec soi ?

— Toute cette fortune emportée, tu l'as dépensée follement.

— J'ai changé votre or en plaisirs, vos préceptes en fantaisie, ma chasteté en poésie, et mon austérité en désirs.

— Était-ce pour cela que tes parents économes s'employèrent à distiller en toi tant de vertu ?

— Pour que je brûle d'une flamme plus belle, peut-être, une nouvelle ferveur m'allumant.

— Songe à cette pure flamme que vit Moïse, sur le buisson sacré : elle brillait mais sans consumer.

— J'ai connu l'amour qui consume.

— L'amour que je veux t'enseigner rafraîchit. Au bout de peu de temps, que t'est-il resté, fils prodigue ?

— Le souvenir de ces plaisirs.

— Et le dénûment qui les suit.

— Dans ce dénûment, je me suis senti près de vous, Père.

— Fallait-il la misère pour te pousser à revenir à moi.

— Je ne sais ; je ne sais. C'est dans l'aridité du désert que j'ai le mieux aimé ma soif.

— Ta misère te fit mieux sentir le prix des richesses.

— Non, pas cela ! Ne m'entendez vous pas, mon père ? Mon coeur, vidé de tout, s'emplit d'amour. Au prix de tous mes biens, j'avais acheté la ferveur.

— Étais-tu donc heureux loin de moi ?

— Je ne me sentais pas loin de vous.

la paresse *désir de ne pas travailler, de ne pas faire d'effort, de ne pas se fatiguer*

las *très fatigué*

du moins ICI : *tout au moins (si rien d'autre)*

16. Quelles différences y a-t-il entre le point de vue du père et celui du fils ?

pourvoient *de pourvoir : fournir ce qui est nécessaire*

la lâcheté *la couardise, le manque de courage*

hasardeuse ICI : *trouvé au hasard, sans certitude d'en découvrir*

m'affaiblit *d'affaiblir : rendre faible (sans force)*

sauterelles (nf) *locustes*

17. Qu'est-ce qui affaiblit la volonté du fils ?

(le) miel *substance dorée et sucrée que les abeilles fabriquent avec le nectar des fleurs et d'autres plantes*

attisait *allumait, excitait*

bordé *fait (avec la couverture et les draps bien en place)*

18. En quoi consiste maintenant son dilemme ?

je jeûnais *de jeûner : ne pas manger, s'abstenir de manger*

mets (nm) *nourriture, plat*

outrepassait *allait au-delà de*

j'ai fléchi *j'ai faibli*

19. Qui dirige la maison du Père ?

lutter *se battre*

en sanglotant *de sangloter : pleurer très fort, avec des spasmes*

saurait *pourrait*

20. Pourquoi le Père peut-il dire «Tu m'aurais appelé, j'étais là ?»

m'a sommé *m'a ordonné (commandé)*

(le) salut *rédemption*

21. Comment le retour à la maison est-il un remède à la faiblesse du fils ?

le prendre de haut *adopter une attitude supérieure*

— Alors qu'est-ce qui t'a fait revenir ? Parle.

— Je ne sais. Peut-être la paresse.

— La paresse, mon fils ! Eh quoi ! Ce ne fut pas l'amour ?

— Père, je vous l'ai dit, je ne vous aimai jamais plus qu'au désert. Mais j'étais las, chaque matin, de poursuivre ma subsistance. Dans la maison, du moins, on mange bien.

— Oui, des serviteurs y pourvoient. Ainsi, ce qui t'a ramené, c'est la faim.

— Peut-être aussi la lâcheté, la maladie... A la longue cette hasardeuse nourriture m'affaiblit ; car je me nourrissais de fruits sauvages, de sauterelles et de miel. Je supportais de plus en plus mal l'inconfort qui d'abord attisait ma ferveur. La nuit, quand j'avais froid, je songeais que mon lit était bien bordé chez mon père ; quand je jeûnais, je songeais que, chez mon père, l'abondance des mets servis outrepassait toujours ma faim. J'ai fléchi ; pour lutter plus longtemps, je ne me sentais plus assez courageux, assez fort, et cependant...

— Donc le veau gras d'hier t'a paru bon ?

Le fils prodigue se jette en sanglotant le visage contre terre :

— Mon père ! mon père ! Le goût sauvage des glands doux demeure malgré tout dans ma bouche. Rien n'en saurait couvrir la saveur.

— Pauvre enfant ! — reprend le père qui le relève, — je t'ai parlé peut-être durement. Ton frère l'a voulu ; ici c'est lui qui fait la loi. C'est lui qui m'a sommé de te dire : «Hors la Maison, point de salut pour toi.» Mais écoute : C'est moi qui t'ai formé ; ce qui est en toi, je le sais. Je sais ce qui te poussait sur les routes ; je t'attendais au bout. Tu m'aurais appelé... j'étais là.

— Mon père ! j'aurais donc pu vous retrouver sans revenir ?...

— Si tu t'es senti faible, tu as bien fait de revenir. Va maintenant ; rentre dans la chambre que j'ai fait préparer pour toi. Assez pour aujourd'hui ; repose-toi ; demain tu pourras parler à ton frère.

La Réprimande du frère aîné

L'enfant prodigue tâche d'abord de le prendre de haut.

— Mon grand frère, commence-t-il, nous ne nous ressemblons guère. Mon frère, nous ne nous ressemblons pas.

22. Quelle est l'attitude du fils aîné?

23. Qu'est-ce qui oppose principalement le fils aîné au fils prodigue?

(la) semence *graine qu'on met dans la terre et qui produit la plante*

ne puis-je avoir... défauts *est-ce que je ne me distinguerai que par des défauts*

réduis-le ICI: *subjugue-le, supprime-le; (réduire = diminuer)*

j'avais réduit ICI: *j'avais diminué, rendu plus petites*

24. Comment le fils aîné aurait-il terminé sa phrase?

concourir *se rassembler et agir ensemble*

25. En quoi la réflexion du fils aîné est-elle critique et irrespectueuse?

de sorte qu'on lui fait dire ce que l'on veut *il en résulte qu'on interprète ses paroles comme on le désire*

j'en reste l'unique interprète *je reste l'unique interprète de sa pensée*

26. Vu l'attitude du fils aîné, comment conçoit-il son rôle?

qui veut comprendre *celui qui veut comprendre*

Je l'entendais *je le comprenais*

Cela te semblait *c'était ton impression*

Le frère aîné :

— C'est ta faute.

— Pourquoi la mienne ?

— Parce que moi je suis dans l'ordre ; tout ce qui s'en distingue est fruit ou semence d'orgueil.

— Ne puis-je avoir de distinctif que des défauts ?

— N'appelle qualité que ce qui te ramène à l'ordre, et tout le reste, réduis-le.

— C'est cette mutilation que je crains. Ceci aussi, que tu vas supprimer, vient du Père.

— Eh ! non pas supprimer : réduire, t'ai-je dit.

— Je t'entends bien. C'est tout de même ainsi que j'avais réduit mes vertus.

— Et c'est aussi pourquoi maintenant je les retrouve. Il te les faut exagérer. Comprends-moi bien : ce n'est pas une diminution, c'est une exaltation de toi que je propose, où les plus divers, les plus insubordonnés éléments de ta chair et de ton esprit doivent symphoniquement concourir, où le pire de toi doit alimenter le meilleur, où le meilleur doit se soumettre à...

— C'est une exaltation aussi que je cherchais, que je trouvais dans le désert — et peut-être pas très différente de celle que tu me proposes.

— A vrai dire, c'est te l'imposer que je voudrais.

— Notre Père ne parlait pas si durement.

— Je sais ce que t'a dit le Père. C'est vague. Il ne s'explique plus très clairement ; de sorte qu'on lui fait dire ce qu'on veut. Mais moi je connais bien sa pensée. Auprès des serviteurs j'en reste l'unique interprète et qui veut comprendre le Père doit m'écouter.

— Je l'entendais très aisément sans toi.

— Cela te semblait ; mais tu comprenais mal. Il n'y a pas plusieurs façons de comprendre le Père ; il n'y a pas plusieurs façons de l'écouter. Il n'y a pas plusieurs façons de l'aimer ; afin que nous soyons unis dans son amour.

— Dans sa Maison.

— Cet amour y ramène ; tu le vois bien, puisque te voici de retour. Dis-moi, maintenant : qu'est-ce qui te poussait à partir ?

que je fusse   (*subjonctif imparfait d'*être) = *que je sois*

27. Quelles raisons supplémentaires le fils prodigue donne-t-il de son «évasion»?

s'y élancer   *se précipiter sur la route*

advenu   *arrivé*

délaissé   *abandonné, déserté*

pillé   *volé*

alors   ICI: *à ce moment-là*

j'entrevoyais   *d'*entrevoir: *apercevoir indistinctement, faiblement*

a été   ICI: *n'est plus, est finie*

tu l'apprendras   l' = *de quel chaos l'homme est sorti*

(le) poids   *ce que pèse un homme (175 livres par exemple) ou un objet; ici, le mot est employé au sens figuré.*

il y retombe   y = *dans le chaos*

à tes dépens   *à ton détriment*

de ta part   *dont tu es responsable*

tenons-nous-y   *agrippons-nous à ce modèle, observons ce modèle*

28. En quoi consiste la philosophie du frère aîné?

guette   *de* guetter: *épier, surveiller* (ICI: *dans le but de la prendre*)

rôde   *de* rôder: *marcher avec une intention hostile ou malveillante; un voleur* rôde *autour d'une maison avant d'y pénétrer.*

lâché prise   *de* lâcher prise: *cesser de tenir*

J'ai veillé sur   *j'ai surveillé; j'ai fait attention à, je me suis occupé de*

citais   *de* citer: *dire ou écrire exactement les paroles d'un autre*

29. Qu'est-ce qui fait peur au fils prodigue?

vaincra   *de* vaincre: *gagner, triompher, avoir la victoire*

— Je sentais trop que la Maison n'est pas tout l'univers. Moi-même je ne suis pas tout entier dans celui que vous vouliez que je fusse. J'imaginais malgré moi d'autres cultures, d'autres terres, et des routes pour y courir, des routes non tracées ; j'imaginais en moi l'être neuf que je sentais s'y élancer. Je m'évadai.   5

—Songe à ce qui serait advenu si j'avais comme toi délaissé la Maison du Père. Les serviteurs et les bandits auraient pillé tout notre bien.

— Peu m'importait alors, puisque j'entrevoyais d'autres biens…

— Que s'exagérait ton orgueil.* Mon frère, l'indiscipline a été. De   10
quel chaos l'homme est sorti, tu l'apprendras si tu ne le sais pas encore. Il en est mal sorti ; de tout son poids naïf il y retombe dès que l'Esprit ne le soulève plus au-dessus. Ne l'apprends pas à tes dépens : les éléments bien ordonnés qui te composent n'attendent qu'un acquiescement, qu'un affaiblissement de ta part pour retourner à l'anarchie…   15
Mais ce que tu ne sauras jamais, c'est la longueur de temps qu'il a fallu à l'homme pour élaborer l'homme. A présent que le modèle est obtenu, tenons-nous-y. «Tiens ferme ce que tu as,» dit l'Esprit à l'Ange de l'Église, et il ajoute : «afin que personne ne prenne ta couronne.» *Ce que tu as*, c'est ta couronne, c'est cette royauté sur les   20
autres et sur toi-même. Ta couronne, l'usurpateur la guette ; il est partout ; il rôde autour de toi, en toi. *Tiens ferme*, mon frère ! Tiens ferme.

— J'ai depuis trop longtemps lâché prise ; je ne peux plus refermer ma main sur mon bien.   25

— Si, si ; je t'aiderai. J'ai veillé sur ce bien durant ton absence.

— Et puis, cette parole de l'Esprit, je la connais ; tu ne la citais pas tout entière.

— Il continue ainsi, en effet : «Celui qui vaincra, j'en ferai une co-lonne dans le temple de mon Dieu, et il n'en sortira plus.''   30

— «Il n'en sortira plus.» C'est là précisément ce qui me fait peur.

— Si c'est pour son bonheur.

— Oh ! j'entends bien. Mais dans ce temple, j'y étais…

---

* INVERSION : d'autres biens… — Que s'exagérait ton orgueil LIRE *d'autres biens…* — *Que tu surestimais à cause de ton orgueil.*

Tu t'es mal trouvé d'en sortir *en sortir t'a causé des ennuis (difficultés); c'était un désavantage pour toi d'en sortir*
j'en conviens *je suis d'accord*

biens fonciers (nm) *terres qu'on possède*
Ne possédé-je *est-ce que je ne possède*

chanceuse *incertaine, hasardeuse*

aussitôt *immédiatement*

Aussi vas-tu *«aussi» dans le sens de «en conséquence» est suivi de l'inversion*

30. Quels sont les détails qui soulignent l'attitude moralisante du frère aîné?

31. Comment les mots et la syntaxe du premier paragraphe caractérisent-ils la tendresse maternelle?

propos (nm) *paroles*
regimbe *résiste*
Qu'il t'est doux *comme il est doux pour toi*
incliner *courber ou faire pencher (plier) vers l'avant. Incliner la tête*

— Tu t'es mal trouvé d'en sortir, puisque tu as voulu y rentrer.

— Je sais ; je sais. Me voici de retour ; j'en conviens.

— Quel bien peux-tu chercher ailleurs, qu'ici tu ne trouves* en abondance ? ou mieux : c'est ici seulement que sont tes biens.

— Je sais que tu m'as gardé des richesses. 5

— Ceux de tes biens que tu n'as pas dilapidés, c'est-à-dire cette part qui nous est commune, à nous tous : les biens fonciers.

— Ne possédé-je donc plus rien en propre ?

— Si ; cette part spéciale de dons que notre Père consentira peut-être encore à t'accorder. 10

— C'est à cela seul que je tiens ; je consens à ne posséder que cela.

— Orgueilleux ! Tu ne seras pas consulté. Entre nous, cette part est chanceuse ; je te conseille plutôt d'y renoncer. Cette part de dons personnels, c'est elle déjà qui fit ta perte ; ce sont ces biens que tu dilapidas aussitôt. 15

— Les autres je ne les pouvais pas emporter.

— Aussi vas-tu les retrouver intacts. Assez pour aujourd'hui. Entre dans le repos de la Maison.

— Cela va bien parce que je suis fatigué.

— Bénie soit ta fatigue, alors ! A présent dors. Demain ta mère te 20 parlera.

La Mère

Prodigue enfant, dont l'esprit, aux propos de ton frère, regimbe encore,† laisse à présent ton coeur parler. Qu'il t'est doux, à demi couché aux pieds de ta mère assise, le front caché dans ses genoux, de 25 sentir sa caressante main incliner ta nuque rebelle !

— Pourquoi m'as-tu laissée si longtemps ?

Et comme tu ne réponds que par des larmes :

— Pourquoi pleurer à présent, mon fils ? Tu m'es rendu. Dans l'attente de toi j'ai versé toutes mes larmes. 30

---

* INVERSION : *que tu ne trouves ici.*
† SYNTAXE : *dont l'esprit regimbe encore au propos de ton frère.*

t'espérer   *espérer que tu reviennes*

32. Que pensait la mère en l'absence de son enfant?

Est-ce pas   ICI: *n'est-ce pas*
je priais   *de prier: s'adresser à Dieu*
qu'il te fallait bien revenir   *qu'il fallait bien que tu reviennes*
Ne souris pas de moi   ICI: *ne te moque pas de moi (de sourire: prendre une expression rieuse; on sourit quand on est heureux, mais on peut aussi sourire par ironie)*
Il n'est plus   *il n'y a plus*
A peine si je comprends   *c'est à peine si je comprends, je comprends mal*
attirait   *d'attirer: exercer une attraction sur; entraîner*

33. Quel était l'objet réel de la quête du fils?

34. Pourquoi la mère dit-elle au fils prodigue que ses frères sont semblables à lui?

désormais   *à partir de maintenant*

lassé   *fatigué*

gâtés   *abîmés, mauvais*

— M'attendiez-vous encore ?

— Jamais je n'ai cessé de t'espérer. Avant de m'endormir, chaque soir, je pensais : s'il revient cette nuit, saura-t-il bien ouvrir la porte ? et j'étais longue à m'endormir. Chaque matin, avant de m'éveiller tout à fait, je pensais : Est-ce pas aujourd'hui qu'il revient ? Puis je 5 priais. J'ai tant prié, qu'il te fallait bien revenir.

— Vos prières ont forcé mon retour.

— Ne souris pas de moi, mon enfant.

— O mère ! je reviens à vous très humble. Voyez comme je mets mon front plus bas que votre coeur ! Il n'est plus une de mes pensées 10 d'hier qui ne devienne vaine aujourd'hui. A peine si je comprends, près de vous, pourquoi j'étais parti de la maison.

— Tu ne partiras plus ?

— Je ne puis plus partir.

— Qu'est-ce qui t'attirait donc au dehors ? 15

— Je ne veux plus y songer : Rien... Moi-même.

— Pensais-tu donc être heureux loin de nous ?

— Je ne cherchais pas le bonheur.

— Que cherchais-tu ?

— Je cherchais... qui j'étais. 20

— Oh ! fils de tes parents, et frère entre tes frères.

— Je ne ressemblais pas à mes frères. N'en parlons plus ; me voici de retour.

— Si ; parlons-en encore : Ne crois pas si différents de toi, tes frères. 25

— Mon seul soin désormais c'est de ressembler à vous tous.

— Tu dis cela comme avec résignation.

— Rien n'est plus fatigant que de réaliser sa dissemblance. Ce voyage à la fin m'a lassé.

— Te voici tout vieilli, c'est vrai. 30

— J'ai souffert.

— Mon pauvre enfant ! Sans doute ton lit n'était pas fait tous les soirs, ni pour tous tes repas la table mise ?

— Je mangeais ce que je trouvais et souvent ce n'était que fruits verts ou gâtés dont ma faim faisait nourriture. 35

— N'as-tu souffert du moins que de la faim ?

35. Pourquoi le fils prodigue a-t-il caché les aspects déplaisants de son voyage à son frère?

chancelant ICI: *instable*
broussailles (*nf*) *herbes, végétation inculte*
s'ensanglantaient *se couvraient de sang*

36. Quelle est «l'indignité» qui a vaincu la volonté du fils prodigue?

malmenaient *de* malmener: *maltraiter*
exaspéraient *irritaient*

régir *diriger, administrer*

j'eusse voulu (*subjonctif plus-que-parfait de* vouloir) = *j'aurais voulu*
Qu'importe! *quelle importance (cela a-t-il)?*

37. A quoi voit-on qu'il est résigné?

(la) tentative ICI: *entreprise, effort qu'on fait pour accomplir une action*

il est... un enfant *il y a... un enfant*

de quoi vous inquiéter *de quoi vous inquiétez-vous*

(le) déboire *déception, désillusion*

— Le soleil du milieu du jour, le vent froid du cœur de la nuit, le sable chancelant du désert, les broussailles où mes pieds s'ensanglantaient, rien de tout cela ne m'arrêta, mais — je ne l'ai pas dit à mon frère — j'ai dû servir...

— Pourquoi l'avoir caché ?

— De mauvais maîtres qui malmenaient mon corps, exaspéraient mon orgueil, et me donnaient à peine de quoi manger. C'est alors que j'ai pensé : Ah ! servir pour servir !... En rêve j'ai revu la maison ; je suis rentré.

Le fils prodigue baisse à nouveau le front que tendrement sa mère caresse.

— Qu'est-ce que tu vas faire à présent ?

— Je vous l'ai dit : m'occuper de ressembler à mon grand frère ; régir nos biens ; comme lui prendre femme...

— Sans doute tu penses à quelqu'un, en disant cela.

— Oh ! n'importe laquelle sera la préférée, du moment que vous l'aurez choisie. Faites comme vous avez fait pour mon frère.

— J'eusse voulu la choisir selon ton cœur.

— Qu'importe ! mon cœur avait choisi. Je résigne un orgueil qui m'avait emporté loin de vous. Guidez mon choix. Je me soumets, vous dis-je. Je soumettrai de même mes enfants ; et ma tentative ainsi ne me paraîtra plus si vaine.

— Ecoute ; il est à présent un enfant dont tu pourrais déjà t'occuper.

— Que voulez-vous dire, et de qui parlez-vous ?

— De ton frère cadet, qui n'avait pas dix ans quand tu partis, que tu n'as reconnu qu'à peine, et qui pourtant...

— Achevez, mère ; de quoi vous inquiéter, à présent ?

— En qui pourtant tu aurais pu te reconnaître, car il est tout pareil à ce que tu étais en partant.

— Pareil à moi ?

— A celui que tu étais, te dis-je, non pas encore hélas ! à celui que tu es devenu.

— Qu'il deviendra.

— Qu'il faut le faire aussitôt devenir. Parle-lui ; sans doute il t'écoutera, toi, prodigue. Dis-lui bien quel déboire était sur la route ; épargne-lui...

38. De quoi s'inquiète maintenant la mère?

juché   *perché*

goujats (*nm*)   Un goujat *est un homme grossier et brutal, sans politesse.*

39. A quels symptômes a-t-elle reconnu le malaise de son fils cadet?

se raidit   *devient* raide (*rigide*) *pour résister; se tend*

le porcher   *homme qui s'occupe des cochons*

haillons (*nm*)   *vêtements en très mauvaise condition (qui tombent en morceaux)*

(la) pourpre   *étoffe rouge;* robe de pourpre = *symbole de dignité chez les anciens*

40. Pourquoi la mère compte-t-elle sur le fils prodigue pour dissuader le cadet de partir? Quels arguments convaincants suggère-t-elle?

ne mêle   LISEZ: *mêle (le ne est explétif après* j'ai craint, *ligne 29)* mêle = *mélange, confond*

ce ne soit   LISEZ: *ce soit (le ne est explétif après* j'ai craint (*ligne 29*))

— Mais qu'est-ce qui vous fait vous alarmer ainsi sur mon frère ? Peut-être simplement un rapport de traits...

— Non, non ; la ressemblance entre vous deux est plus profonde. Je m'inquiète à présent pour lui de ce qui ne m'inquiétait d'abord pas assez pour toi-même. Il lit trop, et ne préfère pas toujours les bons livres.

— N'est-ce donc que cela ?

— Il est souvent juché sur le plus haut point du jardin, d'où l'on peut voir le pays, tu sais, par-dessus les murs.

— Je m'en souviens. Est-ce là tout ?

— Il est bien moins souvent auprès de nous que dans la ferme.

— Ah ! qu'y fait-il ?

— Rien de mal. Mais ce n'est pas les fermiers, c'est les goujats les plus distants de nous qu'il fréquente, et ceux qui ne sont pas du pays. Il en est un surtout, qui vient de loin, qui lui raconte des histoires.

— Ah ! le porcher.

— Oui. Tu le connaissais ?... Pour l'écouter, ton frère chaque soir le suit dans l'étable des porcs ; et il ne revient que pour dîner, sans appétit, et les vêtements pleins d'odeur. Les remontrances n'y font rien ; il se raidit sous la contrainte. Certains matins, à l'aube, avant qu'aucun de nous ne soit levé, il court accompagner jusqu'à la porte ce porcher quand il sort paître son troupeau.

— Lui, sait qu'il ne doit pas sortir.

— Tu le savais aussi ! Un jour il m'échappera, j'en suis sûre. Un jour il partira...

— Non, je lui parlerai, mère. Ne vous alarmez pas.

— De toi, je sais qu'il écoutera bien des choses. As-tu vu comme il te regardait le premier soir ? De quel prestige tes haillons étaient couverts ! puis la robe de pourpre dont le père t'a revêtu. J'ai craint qu'en son esprit il ne mêle un peu l'un à l'autre, et que ce qui l'attire ici, ce ne soit d'abord le haillon. Mais cette pensée à présent me paraît folle ; car enfin, si toi, mon enfant, tu avais pu prévoir tant de misère, tu ne nous aurais pas quittés, n'est-ce pas ?

— Je ne sais plus comment j'ai pu vous quitter, vous, ma mère.

— Eh bien ! tout cela, dis-le-lui.

— Tout cela je le lui dirai demain soir. Embrassez-moi maintenant

puîné   ICI : = *le plus jeune*

nus   *sans aucune décoration*

41. Quelles précautions le
fils prodigue prend-il en
entrant dans la chambre?

42. Comment le frère puîné
reçoit-il le fils prodigue?

43. Comment le fils prodigue
réagit-il?

rétif *récalcitrant*
s'est redressé *de* se redresser: *se lever*
partiellement

sur le front comme lorsque j'étais petit enfant et que vous me re-
gardiez m'endormir. J'ai sommeil.

— Va dormir. Je m'en vais prier pour vous tous.

Dialogue avec le frère puîné

C'est, à côté de celle du prodigue, une chambre point étroite aux 5
murs nus. Le prodigue, une lampe à la main, s'avance près du lit où
son frère puîné repose, le visage tourné vers le mur. Il commence à
voix basse, afin, si l'enfant dort, de ne pas le troubler dans son
sommeil.

— Je voudrais te parler, mon frère. 10

— Qu'est-ce qui t'en empêche ?

— Je croyais que tu dormais.

— On n'a pas besoin de dormir pour rêver.

— Tu rêvais ; à quoi donc ?

— Que t'importe ! Si déjà moi je ne comprends pas mes rêves, ce 15
n'est pas toi, je pense, qui me les expliqueras.

— Ils sont donc bien subtils ? Si tu me les racontais, j'essaierais.

— Tes rêves, est-ce que tu les choisis ? Les miens sont ce qu'ils
veulent, et plus libres que moi... Qu'est-ce que tu viens faire ici ?
Pourquoi me déranger dans mon sommeil ? 20

— Tu ne dors pas, et je viens te parler doucement.

— Qu'as-tu à me dire ?

— Rien, si tu le prends sur ce ton.

— Alors adieu.

Le prodigue va vers la porte, mais pose à terre la lampe qui n'éclaire 25
plus que faiblement la pièce, puis, revenant, s'assied au bord du lit
et, dans l'ombre, caresse longuement le front détourné de l'enfant.

— Tu me réponds plus durement que je ne fis jamais à ton frère.
Pourtant je protestais aussi contre lui.

L'enfant rétif s'est redressé brusquement. 30

— Dis : c'est le frère qui t'envoie ?

des miens *de ma famille*

saurait-il *pourrait-il*

44. Pourquoi le fils puîné est-il brusque avec le prodigue?

tu te méprends *tu fais erreur, tu te trompes*

Je le hais *de haïr: détester*

s'abandonne *se laisse aller, se détend physiquement; devient moins rétif, plus confiant*

45. A quoi le fils puîné a-t-il été particulièrement sensible lors du retour de son frère?

à ton sujet *à propos de toi*

Étais-tu du festin *étais-tu présent au festin*

Achève *finis*

ne fût-ce qu'un mot d'amour tu aurais pu me le dire *tu aurais pu au moins me dire un seul mot d'amour* (ne fût-ce que = si ce n'avait été que)

46. Qu'est-ce qui a accentué la haine du fils puîné pour l'aîné?

causer *parler*

se peut-il *est-ce possible*

— Non, petit ; pas lui, mais notre mère.

— Ah ! Tu ne serais pas venu de toi-même.

— Mais je viens pourtant en ami.

A demi soulevé sur son lit, l'enfant regarde fixement le prodigue.

— Comment quelqu'un des miens saurait-il être mon ami ?

— Tu te méprends sur notre frère…

— Ne me parle pas de lui ! Je le hais… Tout mon coeur, contre lui, s'impatiente. Il est cause que je t'ai répondu durement.

— Comment cela ?

— Tu ne comprendrais pas.

— Dis cependant…

Le prodigue berce son frère contre lui, et déjà l'enfant adolescent s'abandonne :

— Le soir de ton retour, je n'ai pas pu dormir. Toute la nuit je songeais : J'avais un autre frère, et je ne le savais pas… C'est pour cela que mon coeur a battu si fort, quand, dans la cour de la maison, je t'ai vu t'avancer couvert de gloire.

— Hélas ! j'étais couvert alors de haillons.

— Oui, je t'ai vu ; mais déjà glorieux. Et j'ai vu ce qu'a fait notre père : il a mis à ton doigt un anneau, un anneau tel que n'en a pas notre frère. Je ne voulais interroger à ton sujet personne ; je savais seulement que tu revenais de très loin, et ton regard, à table…

— Étais-tu du festin ?

— Oh ! je sais bien que tu ne m'as pas vu ; durant tout le repas tu regardais au loin sans rien voir. Et, que le second soir tu aies été parler au père, c'était bien, mais le troisième…

— Achève.

— Ah !, ne fût-ce qu'un mot d'amour tu aurais pourtant bien pu me le dire !

— Tu m'attendais donc ?

— Tellement ! Penses-tu que je haïrais à ce point notre frère si tu n'avais pas été causer et si longuement avec lui ce soir-là ? Qu'est-ce que vous avez pu vous dire ? Tu sais bien, si tu me ressembles, que tu ne peux rien avoir de commun avec lui.

— J'avais eu de graves torts envers lui.

— Se peut-il ?

à peu près *approximativement*

47. De quelle faiblesse le fils cadet soupçonne-t-il le fils prodigue?

48. Quels sont les arguments utilisés par le fils prodigue pour convaincre son frère qu'il a eu tort de fuir?

s'en laissait imposer *se laissait dominer* (= *être dominé*)

de sorte que *de manière que* (*ce qui explique que...*)

vaincu *ayant subi la défaite* (*de* vaincre: *obtenir la victoire*)

rien que de décevant *seulement des choses qui provoquent le désillusionnement*

je pressens *de* pressentir: *sentir d'avance, anticiper, deviner, prévoir vaguement*

que folie *n'est-ce donc que folie*

Saül... ses ânesses Voir la *Bible:* I Samuel 9 et 10. Anesse (*fém d'*âne): *un animal gris qui ressemble à un cheval; l'âne est réputé pour son obstination*

la poursuite *recherche*

— Du moins envers notre père et notre mère. Tu sais que j'avais fui de la maison.

— Oui, je sais. Il y a longtemps n'est-ce pas ?

— A peu près quand j'avais ton âge.

— Ah !... Et c'est là ce que tu appelles tes torts ?

— Oui, ce fut là mon tort, mon péché.

— Quand tu partis, sentais-tu que tu faisais mal ?

— Non ; je sentais en moi comme une obligation de partir.

— Que s'est-il donc passé depuis ? pour changer ta vérité d'alors en erreur.

— J'ai souffert.

— Et c'est cela qui te fait dire : j'avais tort ?

— Non, pas précisément : c'est cela qui m'a fait réfléchir.

— Auparavant tu n'avais donc pas réfléchi ?

— Si, mais ma débile raison s'en laissait imposer par mes désirs.

— Comme plus tard par la souffrance. De sorte qu'aujourd'hui, tu reviens... vaincu.

— Non, pas précisément ; résigné.

— Enfin, tu as renoncé à être celui que tu voulais être.

— Que mon orgueil me persuadait d'être.

L'enfant reste un instant silencieux, puis brusquement sanglote et crie :

— Mon frère ! je suis celui que tu étais en partant. Oh ! dis : n'as-tu donc rencontré rien que de décevant sur la route ? Tout ce que je pressens au dehors, de différent d'ici, n'est-ce donc que mirage ? tout ce que je sens en moi de neuf, que folie ? Dis : qu'as-tu rencontré de désespérant sur ta route ? Oh ! qu'est-ce qui t'a fait revenir ?

— La liberté que je cherchais, je l'ai perdue ; captif, j'ai dû servir.

— Je suis captif ici.

— Oui, mais servir de mauvais maîtres ; ici, ceux que tu sers sont tes parents.

— Ah ! servir pour servir, n'a-t-on pas cette liberté de choisir du moins son servage ?

— Je l'espérais. Aussi loin que mes pieds m'ont porté, j'ai marché, comme Saül à la poursuite de ses ânesses, à la poursuite de mon désir ;

49. Qu'allait ajouter ici le fils prodigue?

où l'attendait un royaume *où un royaume attendait Saül*

Ne t'es-tu pas trompé de route *n'as tu pas pris la mauvaise route*

50. Qu'est-ce que le puîné oppose aux raisonnements du prodigue?

51. En quoi cette pensée (lignes 14–16) est-elle semblable à celle exprimée par le Père (page 253, lignes 24–26) et par le fils prodigue (page 253, ligne 27)?

Que n'as-tu gardé cet orgueil! *Pourquoi n'as-tu pas gardé cet orgueil!*

t'épargner le retour ICI: *faire de sorte que tu n'aies pas à revenir (à subir le retour)*

52. Quelles nouvelles raisons pour l'échec du fils prodigue viennent ici s'ajouter aux précédentes?

j'ai failli ICI: *le courage (ou la force) m'a manqué*

53. A part le sens «géographique» du mot, quel sens prend ici le mot «désert»?

indomptée *qui n'a pas encore été conquise ou soumise*

mais, où l'attendait un royaume, c'est la misère que j'ai trouvée. Et pourtant...

— Ne t'es-tu pas trompé de route ?

— J'ai marché devant moi.

— En es-tu sûr ? Et pourtant il y a d'autres royaumes, encore, et des terres sans roi, à découvrir.

— Qui te l'a dit ?

— Je le sais. Je le sens. Il me semble déjà que j'y domine.

— Orgueilleux !

— Ah ! ah ! ça c'est ce que t'a dit notre frère. Pourquoi, toi, me le redis-tu maintenant ? Que n'as-tu gardé cet orgueil ! Tu ne serais pas revenu.

— Je n'aurais donc pas pu te connaître.

— Si, si, là-bas, où je t'aurais rejoint, tu m'aurais reconnu pour ton frère ; même il me semble encore que c'est pour te retrouver que je pars.

— Que tu pars ?

— Ne l'as-tu pas compris ? Ne m'encourages-tu pas toi-même à partir ?

— Je voudrais t'épargner le retour ; mais en t'épargnant le départ.

— Non, non, ne me dis pas cela ; non ce n'est pas cela que tu veux dire. Toi aussi, n'est-ce pas, c'est comme un conquérant que tu partis.

— Et c'est ce qui me fit paraître plus dur le servage.

— Alors, pourquoi t'es-tu soumis ? Étais-tu si fatigué déjà ?

— Non, pas encore ; mais j'ai douté.

— Que veux-tu dire ?

— Douté de tout, de moi ; j'ai voulu m'arrêter, m'attacher enfin quelque part ; le confort que me promettait ce maître m'a tenté... oui, je le sens bien à présent ; j'ai failli.

Le prodigue incline la tête et cache son regard dans ses mains.

— Mais d'abord ?

— J'avais marché longtemps à travers la grande terre indomptée.

— Le désert ?

— Ce n'était pas toujours le désert.

— Qu'y cherchais-tu ?

(le) chevet   *partie du lit où repose la tête*

une grenade   *fruit rouge rempli de pépins et dont la pulpe a un goût parfois sucré, parfois âcre*

une âcreté   *d'un goût irritant (âcre)*
affreuse   *atroce, horrible*

désaltère   *ôte la soif: l'eau désaltère*

cueillir   *prendre les fruits d'un arbre*

54. Quelle est l'importance symbolique de la grenade sauvage?

j'ai ceint mes reins   *j'ai mis ma ceinture autour de ma taille (reins: partie inférieure du dos)*

55. Pourquoi le fils prodigue dit-il qu'il doit admirer son frère? (ligne 26)

A moi de t'admirer   *c'est mon rôle de t'admirer*

56. Pourquoi le fils prodigue veut-il que son frère l'oublie? (ligne 26)
57. Pourquoi est-il «mieux» que le fils puîné parte sans argent?

la croisée   *fenêtre*

(le) cou   *le cou sépare la tête du corps*

— Je ne le comprends plus moi-même.

— Lève-toi de mon lit. Regarde, sur la table, à mon chevet, là, près de ce livre déchiré.

— Je vois une grenade ouverte.

— C'est le porcher qui me la rapporta l'autre soir, après n'être pas rentré de trois jours.

— Oui, c'est une grenade sauvage.

— Je le sais ; elle est d'une âcreté presque affreuse ; je sens pourtant que, si j'avais suffisamment soif, j'y mordrais.

— Ah ! je peux donc te le dire à présent : c'est cette soif que dans le désert je cherchais.

— Une soif dont seul ce fruit non sucré désaltère...

— Non ; mais il fait aimer cette soif.

— Tu sais où le cueillir ?

— C'est un petit verger abandonné, où l'on arrive avant le soir. Aucun mur ne le sépare plus du désert. Là coulait un ruisseau ; quelques fruits demi-mûrs pendaient aux branches.

— Quels fruits ?

— Les mêmes que ceux de notre jardin ; mais sauvages. Il avait fait très chaud tout le jour.

— Écoute ; sais-tu pourquoi je t'attendais ce soir ? C'est avant la fin de la nuit que je pars. Cette nuit ; cette nuit, dès qu'elle pâlira... J'ai ceint mes reins, j'ai gardé cette nuit mes sandales.

— Quoi ! ce que je n'ai pas pu faire, tu le feras ?...

— Tu m'as ouvert la route, et de penser à toi me soutiendra.

— A moi de t'admirer ; à toi de m'oublier, au contraire. Qu'emportes-tu ?

— Tu sais bien que, puîné, je n'ai point part à l'héritage. Je pars sans rien.

— C'est mieux.

— Que regardes-tu donc à la croisée ?

— Le jardin où sont couchés nos parents morts.

— Mon frère... (et l'enfant, qui s'est levé du lit, pose, autour du cou du prodigue, son bras qui se fait aussi doux que sa voix) — Pars avec moi.

58. Pourquoi le fils prodigue ne veut-il pas repartir ?

pâlit   *devient* pâle (*clair*)

59. Comment sait-on que le fils prodigue favorise le départ de son frère ?

Puisses-tu ne pas revenir   *je souhaite que tu ne reviennes pas*

60. Quel est l'aspect positif de ce souhait à la forme négative (ligne 4)?

prends garde   *fais attention*

— Laisse-moi ! laisse-moi ! je reste à consoler notre mère. Sans moi tu seras plus vaillant. Il est temps à présent. Le ciel pâlit. Pars sans bruit. Allons ! embrasse-moi, mon jeune frère : tu emportes tous mes espoirs. Sois fort ; oublie-nous ; oublie-moi. Puisses-tu ne pas revenir... Descends doucement. Je tiens la lampe...   5

— Ah ! donne-moi la main jusqu'à la porte.

— Prends garde aux marches du perron...»

RÉFLEXION ET DISCUSSION

1. Les deux paraboles:
   (a) Comparez la parabole biblique (voir pages 279–280) à celle d'André Gide. Quels éléments concrets sont ajoutés? Quels personnages nouveaux apparaissent?
   (b) Quels sens et dimensions supplémentaires résultent de ces additions?

2. D'une parabole à l'autre:
   (a) En quoi les personnages ajoutés par Gide à la parabole se distinguent-ils des 3 personnages originaux? Justifiez votre opinion.
   (b) Montrez en quoi les remarques faites par la Mère sont d'un style tout différent des autres. Quel langage emploie-t-elle? Utilise-t-elle les mêmes arguments? Discute-t-elle les mêmes idées que les autres membres de la famille?
   (c) Faites le même travail qu'en (b) pour le fils puîné.
   (d) Comment ces rôles supplémentaires affectent-ils le personnage central?
   (e) Les symboles des deux paraboles sont à peu près identiques. Quels sont les plus importants?
   (f) Quels stéréotypes sociaux les différents personnages représentent-ils?

3. André Gide et l'enfant prodigue:
   (a) A quels endroits le narrateur apparaît-il nettement? Comment?
   (b) Quelles sont la portée et l'influence sur la parabole de l'intrusion et des réflexions du narrateur?
   (c) Après avoir lu ce texte, comprenez-vous pourquoi Gide prétend, dans l'introduction, être comme le fils prodigue «à la fois comme lui souriant et le visage trempé de larmes?»

La Parabole de l'Enfant Prodigue*

(le) bien *fortune*

Il dit encore : Un homme avait deux fils. Le plus jeune dit à son père : Mon père, donne-moi la part du bien qui doit me revenir. Et le père leur partagea son bien. Peu de jours après, le plus jeune fils, ayant tout ramassé, partit pour un pays éloigné, où il dissipa son bien en vivant dans la débauche.

dissipa *dépensa*

Lorsqu'il eut tout dépensé, une grande famine survint dans ce pays, et il commença à se trouver dans le besoin. Il alla se mettre au service d'un des habitants du pays, qui l'envoya dans ses champs garder les pourceaux. Il aurait bien voulu se rassasier des carouges que mangeaient les porceaux, mais personne ne lui en donnait. Étant rentré en lui-même, il dit : Combien de mercenaires chez mon père ont du pain en abondance, et moi, ici, je meurs de faim ! Je me lèverai, j'irai vers mon père, et je lui dirai : Mon père, j'ai péché contre le ciel et contre toi, je ne suis plus digne d'être appelé ton fils ; traite-moi comme l'un de tes mercenaires. Et il se leva, et alla vers son père.

pourceaux (nm) *cochons*

carouges (nf) *ou caroubes plantes sucrées*

péché *de pécher : commettre une offense envers Dieu*

vit *passé simple de* voir

courut *passé simple de* courir

Comme il était encore loin, son père le vit et fut ému de compassion, il courut se jeter à son cou et le baisa. Le fils lui dit : Mon père, j'ai péché contre le ciel et contre toi, je ne suis plus digne d'être appelé ton fils. Mais le père dit à ses serviteurs : Apportez vite la plus belle robe, et

---

* Bible protestante (version française de Louis Segond), *Luc XV* : 11–32.

l'en revêtez AUJOUR-
D'HUI : *revêtez-l'en*
(*de* revêtir : *recouvrir
d'un vêtement*)

un anneau *cercle de mé-
tal qu'on met au doigt*

que voici *que vous
voyez ici*

Or *conjonction qui mar-
que la transition d'une
idée à une autre*

revint *passé simple de
revenir*

il y a tant d'années *il
y a un grand nombre
d'années*

un chevreau *une petite
chèvre (animal à
cornes qui donne du
lait)*

l'en revêtez; mettez-lui un anneau au doigt, et des souliers aux pieds. Amenez le veau gras, et tuez-le. Mangeons et réjouissons-nous; car mon fils que voici était mort, et il est revenu à la vie; il était perdu, et il est retrouvé. Et ils commen- 5 cèrent à se réjouir.

Or, le fils aîné était dans les champs. Lorsqu'il revint et approcha de la maison, il entendit la musique et les danses. Il appela un des serviteurs, et lui demanda ce que c'était. Ce serviteur lui 10 dit : Ton frère est de retour, et ton père a tué le veau gras, parce qu'il l'a retrouvé en bonne santé. Il se mit en colère, et ne voulut pas entrer. Son père sortit, et le pria d'entrer. Mais il répondit à son père : Voici, il y a tant d'années 15 que je te sers, sans avoir jamais transgressé tes ordres, et jamais tu ne m'as donné un chevreau pour que je me réjouisse avec mes amis. Et quand ton fils est arrivé, celui qui a mangé ton bien avec des prostituées, c'est pour lui que tu as tué le 20 veau gras!

Mon enfant, lui dit le père, tu es toujours avec moi, et tout ce que j'ai est à toi; mais il fallait bien s'égayer et se réjouir, parce que ton frère que voici était mort et qu'il est revenu à 25 la vie, parce qu'il était perdu et qu'il est retrouvé.

RÉFLEXION ET DISCUSSION

I. Quels sont les éléments qui contribuent à la simplicité et à la pureté du style biblique?

2. Que signifie pour vous cette parabole?

CHARLES BAUDELAIRE

Abel et Caïn*

I

Race d'Abel, dors, bois et mange ;
Dieu te sourit complaisamment.

la fange *la boue*

rampe *de ramper : se*
déplacer à plat sur le
sol

Race de Caïn, dans la fange
Rampe et meurs misérablement.

Race d'Abel, ton sacrifice   5
Flatte le nez du Séraphin !

semailles (*nf*) *action de*
semer : mettre les
grains en terre

(le) bétail *les animaux*
d'élevage (vaches,
boeufs, etc)

venir à bien *prospérer*

entrailles (*nf*) *organes*
internes (estomac, in-
testins, foie, etc)

hurlent la faim *crient*
à cause de la faim

antre (*nm*) *grotte,*
caverne

Race de Caïn, ton supplice
Aura-t-il jamais une fin ?

Race d'Abel, vois tes semailles
Et ton bétail venir à bien ;   10

Race de Caïn, tes entrailles
Hurlent la faim comme un vieux chien.

Race d'Abel, chauffe ton ventre
A ton foyer patriarcal ;

Race de Caïn, dans ton antre   15
Tremble de froid, pauvre chacal !

---

* Pour la version biblique d'*Abel et Caïn*, voir l'appendice, page vi.

Race d'Abel, aime et pullule!
Ton or fait aussi des petits.

Race de Caïn, coeur qui brûle,
Prends garde à ces grands appétits.

Race d'Abel, tu croîs et broutes   5
Comme les punaises des bois!

Race de Caïn, sur les routes,
Traîne ta famille aux abois.

II

Ah! race d'Abel, ta charogne
Engraissera le sol fumant!   10

Race de Caïn, ta besogne
N'est pas faite suffisamment;

Race d'Abel, voici ta honte:
Le fer est vaincu par l'épieu!

Race de Caïn, au ciel monte,   15
Et sur la terre jette Dieu!

RÉFLEXION ET DISCUSSION

1. Sur quel ton Baudelaire apostrophe-t-il chacune des deux «races»?

2. Comment les caractérise-t-il?

3. Que représente chacune de ces deux «races»?

4. Comment, dans la première partie du poème, Baudelaire introduit-il une note de sympathie envers la «race de Caïn»?

5. Comment la forme du poème contribue-t-elle à dramatiser l'opposition
   (a) des deux races?
   (b) de la voix de Dieu et de celle de Baudelaire?

6. Examinez les mots qui riment. Discutez l'effet de leur ressemblance ou de leur opposition.

7. Quelle différence y a-t-il entre les «ordres» donnés à la race de Caïn et les «ordres» donnés à la race d'Abel? Quelle différence y a-t-il entre les tons sur lesquels les ordres sont donnés?

8. Que signifie la deuxième strophe de la deuxième partie?

9. Pourquoi Baudelaire exhorte-t-il Caïn à «jeter Dieu sur la Terre»?

10. Comment Baudelaire insère-t-il ses propres commentaires pour les opposer aux ordres divins? Quelle forme, quelle intensité ses commentaires prennent-ils dans les dernières strophes?

11. Quelle est votre interprétation personnelle de ce poème?

VOLTAIRE

Traité de métaphysique

EXTRAIT

Dans ce «Traité» écrit pour une amie en 1734 et qui ne fut pas publié alors, Voltaire essaie de systématiser ses vues sur la métaphysique. Il fait ici un «Sommaire des raisons en faveur de l'existence de Dieu».

parvenir *arriver*

communes *ordinaires*

se rapporter à... *avoir un rapport avec*

l'aiguille (*nf*) *Les aiguilles d'une montre indiquent l'heure.*
ressorts (*nm*) *Le ressort d'une montre produit le mouvement.*
marquât (*subjonctif imparfait de* marquer) = *marque*
la matrice *utérus*

Il y a deux manières de parvenir à la notion d'un être qui préside à l'univers. La plus naturelle et la plus parfaite pour les capacités communes est de considérer non seulement l'ordre qui est dans l'univers, mais la fin à laquelle chaque 5 chose paraît se rapporter. On a composé sur cette seule idée beaucoup de gros livres, et tous ces gros livres ensemble ne contiennent rien de plus que cet argument-ci: Quand je vois une montre dont l'aiguille marque les heures, je conclus 10 qu'un être intelligent a arrangé les ressorts de cette machine, afin que l'aiguille marquât les heures. Ainsi, quand je vois les ressorts du corps humain, je conclus qu'un être intelligent a arrangé ces organes pour être reçus et nourris 15 neuf mois dans la matrice; que les yeux sont donnés pour voir, les mains pour prendre, etc. Mais de ce seul argument je ne peux conclure autre chose, sinon qu'il est probable qu'un être

façonné *créé, modelé*

intelligent et supérieur a préparé et façonné la matière avec habileté ; mais je ne peux conclure de cela seul que cet être ait fait la matière avec rien, et qu'il soit infini en tout sens.[…]

Le second argument est plus métaphysique, 5 […] en voici le précis :

J'existe, donc quelque chose existe. Si quelque chose existe, quelque chose a donc existé de toute éternité ; car ce qui est, ou est par lui-même, ou a reçu son être d'un autre. S'il 10 est par lui-même, il est nécessairement, il a toujours été nécessairement, et c'est Dieu ; s'il a reçu son être d'un autre, et ce second d'un troisième, celui dont ce dernier a reçu son *être*, doit nécessairement être Dieu. Car vous ne 15 pouvez concevoir qu'un être donne l'être à un autre, s'il n'a le pouvoir de créer ; de plus, si vous dites qu'une chose reçoit, je ne dis pas la forme, mais son existence d'une autre chose, et celle-là d'une troisième, cette troisième d'une 20

remontant *de remon-ter : aller vers la source ou l'origine*

autre encore, et ainsi en remontant jusqu'à l'infini, vous dites une absurdité. Car tous ces êtres alors n'auront aucune cause de leur exis-tence. Pris tous ensemble, ils n'ont aucune cause externe de leur existence ; pris chacun en par- 25 ticulier, ils n'en ont aucune interne : c'est-à-dire, pris tous ensemble, ils ne doivent leur exis-tence à rien ; pris chacun en particulier, aucun n'existe par soi-même : donc aucun ne peut exister nécessairement. 30

réduit *de réduire : obliger, forcer*

Je suis donc réduit à avouer qu'il y a un être qui existe nécessairement par lui-même de toute éternité, et qui est l'origine de tous les autres êtres. De là, il suit essentiellement que cet être est infini en durée, en immensité, en puissance ; 35 car qui peut le borner ?

(la) durée *longueur de temps*

borner *limiter*

RÉFLEXION ET DISCUSSION

1. A l'aide de quel type d'analogie Voltaire essaie-t-il d'expliquer l'origine et le fonctionnement de l'univers?

2. Quelles autres analogies, métaphores ou mythes connaissez-vous, qui «expliquent» la création du monde?

3. Relevez les mots et expressions, les tournures qui appartiennent à la logique. Comment nous aident-ils à comprendre la façon dont pense Voltaire?

4. Qu'est-ce que Voltaire essaie de prouver dans cet extrait? Vous paraît-il convaincant? Pourquoi?

JEAN-JACQUES ROUSSEAU

La Profession de foi du vicaire savoyard

EXTRAIT

« La profession de foi du vicaire savoyard »
termine le Quatrième Livre de l'Émile ou de
l'éducation. *Rousseau y expose ses idées sur*
la religion. Dans ce passage, il explique que
« Le Dieu Puissant, Sage et Bon n'est perçu que
par le sentiment ».

être *employé ici comme*
substantif
quel qu'il soit *peu im-*
porte celui qu'il est
meut *indicatif présent*
de mouvoir: *provo-*
quer le mouvement de
quelque chose
(la) puissance *force;*
pouvoir
rassemblées *groupées*
(la) bonté *nom formé*
sur l'adjectif bon
il se dérobe *il échappe,*
se soustrait
l'entendement *(nm)*
compréhension, intelli-
gence

Cet être qui veut et qui peut, cet être actif
par lui-même, cet être enfin, quel qu'il soit, qui
meut l'univers et ordonne toutes choses, je
l'appelle *Dieu.* Je joins à ce nom les idées
d'intelligence, de puissance, de volonté, que   5
j'ai rassemblées, et celle de bonté, qui en est
une suite nécessaire; mais je n'en connais pas
mieux l'être auquel je l'ai donné; il se dérobe
également à mes sens et à mon entendement;

plus je me confonds
moins je comprends
(confondre : *prendre*
une chose pour une
autre, mélanger)

sitôt que *aussitôt que*
il m'échappe ICI : *je*
n'arrive pas à l'attein-
dre, à le saisir
pénétré de *pleinement*
conscient de
que je n'y sois *à moins*
d'y être

plus j'y pense, plus je me confonds; je sais très certainement qu'il existe, et qu'il existe par lui-même; je sais que mon existence est subordonnée à la sienne, et que toutes les choses qui me sont connues sont absolument dans le même 5 cas. J'aperçois Dieu partout dans ses oeuvres; je le sens en moi, je le vois tout autour de moi; mais sitôt que je veux le contempler en lui-même, sitôt que je veux chercher où il est, ce qu'il est, quelle est sa substance, il m'échappe, 10 et mon esprit troublé n'aperçoit plus rien.

Pénétré de mon insuffisance, je ne raisonnerai jamais sur la nature de Dieu que je n'y sois forcé par le sentiment de ses rapports avec moi...

RÉFLEXION ET DISCUSSION

1. Quelle image le vicaire se fait-il de Dieu? Est-ce une image claire? Justifiez votre réponse.

2. Quelles sont les parties de ce passage qui montrent qu'il s'agit du fruit d'une succession de sentiments plutôt que de celui d'un raisonnement logique?

3. Combien de fois Rousseau dit-il «je»? Combien de fois dit-il «moi»? Quelles conclusions en tirez-vous?

4. Comment le vicaire combat-il le point de vue rationnel et logique? Dans le système du vicaire savoyard quel est le danger de l'activité rationaliste?

5. Le vicaire savoyard trouve que la bonté est «une suite nécessaire» de la puissance et de la volonté de Dieu? Êtes-vous d'accord?

6. Quel rôle le vicaire attribue-t-il au sentiment dans ce passage?

JACQUES PRÉVERT

PATER NOSTER

valent *qui ont la même valeur que*
Ourcq *canal reliant la Marne à la Seine*
(la) muraille *mur très étendu*
Morlaix *ville de Bretagne*
bêtises (*nf*) de Cambrai *sorte de bonbons, spécialité de la ville de Cambrai dans le nord de la France*
Tuileries *jardin public à Paris, en face du Louvre*
mauvais sujets (*nm*) *personnes qui commettent des actions répréhensibles*
Eparpillées *disséminées*

Notre Père* qui êtes aux cieux
    Restez-y
Et nous nous resterons sur la terre
Qui est quelquefois si jolie
Avec ses mystères de New York   5
    Et puis ses mystères de Paris
Qui valent bien celui de la Trinité
    Avec son petit canal de l'Ourcq
    Sa grande muraille de Chine
    Sa rivière de Morlaix   10
    Ses bêtises de Cambrai
    Avec son océan Pacifique
Et ses deux bassins aux Tuileries
Avec ses bons enfants et ses mauvais sujets
    Avec toutes les merveilles du monde   15
      Qui sont là
    Simplement sur la terre
    Offertes à tout le monde
    Eparpillées

---

* *Notre Père*— La version française de cette prière qui a inspiré Prévert est : «Notre Père qui êtes aux cieux, que votre nom soit sanctifié, que votre règne arrive, que votre volonté soit faite sur la terre comme au ciel. Donnez-nous aujourd'hui notre pain quotidien. Pardonnez-nous nos offenses comme nous pardonnons à ceux qui nous ont offensés et ne nous laissez pas succomber à la tentation mais délivrez-nous du mal. Ainsi soit-il.»

émerveillées *très éton-
nées*

se l'avouer *le recon-
naître* (l' = *qu'elles
sont de telles merveilles*)

nue *sans vêtement*

épouvantables *horribles*

légion ICI : *en grand
nombre*

légionnaires (*nm*) *sol-
dats de la légion étran-
gère*

tortionnaires (*nm*) *personnes qui torturent*

traîtres (*nm*) *Benedict
Arnold était un traître.*

reîtres (*nm*) *hommes de
guerre brutaux*

cons (*nm*) *terme vul-
gaire et insultant dési-
gnant une personne
qu'on méprise*

la paille *l'herbe sèche*

pourrissant *de pourrir:
subir les effets de la
décomposition*

l'acier (*nm*) *métal très
dur dont on fabrique
les autos, les machines,
etc*

Emerveillées elles-mêmes d'être de telles mer-
veilles
    Et qui n'osent se l'avouer
Comme une jolie fille nue qui n'ose se montrer
    Avec les épouvantables malheurs du monde 5
        Qui sont légion
    Avec leurs légionnaires
    Avec leurs tortionnaires
    Avec les maîtres de ce monde
Les maîtres avec leurs prêtres leurs traîtres et 10
        leurs reîtres
    Avec les saisons
    Avec les années
    Avec les jolies filles et avec les vieux cons
Avec la paille de la misère pourrissant dans l'acier 15
        des canons

RÉFLEXION ET DISCUSSION

1. Ce poème commence comme une prière
   (a) Comment finit-il?
   (b) Comment Prévert nous fait-il passer de l'une à l'autre?

2. Les bêtises de Cambrai sont une espèce de bonbons
   (a) Quel autre sens le mot bêtise a-t-il?
   (b) Trouvez d'autres mots qui ont plusieurs sens dans ce poème et expliquez l'importance de leur ambiguïté.

3. Ce poème est composé presque uniquement d'éléments contrastés.
   (a) Faites la liste des éléments «positifs» et celle des éléments «négatifs».
   (b) Quelle signification ce mélange a-t-il d'après vous?

4. L'auteur parle:
   (a) Sur quels malheurs insiste-t-il?
   (b) A qui semblent s'adresser ses plus sévères critiques?
   (c) Quelle vous semble être sa position par rapport à la religion?
   (d) Pourquoi pensez vous qu'il conseille à Dieu de «rester aux cieux»?
   (e) Prévert vous paraît-il pessimiste ou optimiste dans ce poème? Expliquez votre opinion.

PROJETS

1. Imaginez les conversations possibles qui manquent dans la parabole d'André Gide: Faites discuter la Mère et le fils aîné, ou la Mère et le fils puîné, le Père et la Mère, le Père et le fils puîné, etc. Vous pouvez imaginer que le fils prodigue tente d'expliquer à sa Mère les raisons du départ du plus jeune après que ce dernier est parti. (Devoirs écrits collectifs à lire et à discuter en classe)

2. En vous inspirant des «adaptations» présentées dans cette unité (Prévert, Baudelaire, Gide) imaginez une façon semblable — ou une autre façon d'adapter un texte représentatif d'une institution connue et respectée (hymne national, cérémonie, loi, constitution, discours célèbre, conversation officielle ou politique, etc). (Devoir écrit)

3. A l'aide de caricatures et de dessins trouvés dans des journaux, expliquez comment le parodiste de textes ou le caricaturiste obtiennent leurs effets (exagération, augmentation, déformation, ironie, etc). Vous pouvez choisir d'autres textes parodiques que ceux utilisés ici. (Projet de recherche)

4. Quelles pourraient être aujourd'hui les motivations du fils prodigue? Lesquelles seraient les mêmes, lesquelles viendraient s'y ajouter? Pensez-vous que la vie familiale aux USA de nos jours puisse être la cause d'un tel départ? Où irait le fils prodigue aujourd'hui? Que ferait-il? Reviendrait-il? Pour quelles raisons? (Discussion de classe)

5. (a) Contrastez le point de vue sentimental de Rousseau et le rationalisme de Voltaire.
   (b) Discussion d'un même problème contemporain en termes rationnels et en termes sentimentaux. (EXPOSÉ COLLECTIF)

6. Comparez:
   (a) L'histoire d'Abel et Caïn dans la Bible au poème de Baudelaire.
   (b) L'histoire de l'Enfant Prodigue dans la Bible à la parabole de Gide.
   (c) Ces deux adaptations entre elles.
   Vous expliquerez comment elles sont toutes deux une série de réflexions sur l'original et comment elles incorporent les idées de l'auteur. (EXPOSÉS COLLECTIFS)

7. Trouvez dans des journaux différents (journal local, journal national, journal étranger) le récit d'un même événement et comparez les différentes versions. Discutez ces différences. (PROJET DE RECHERCHE)

8. Quelles sont vos interprétations personnelles des deux paraboles contenues dans cette unité? (DEVOIR ÉCRIT OU DISCUSSION DE CLASSE)

9. A partir d'un événement dont plusieurs étudiants ont été les témoins, comparez les interprétations et les témoignages. (EXPOSÉS ET DISCUSSION DE CLASSE)

VIII
L'UTOPIE

VOLTAIRE

CANDIDE

EXTRAIT

Voltaire, de son vrai nom François-Marie Arouet, est assurément l'un des auteurs français les plus connus. Philosophe, historien, dramaturge, poète, romancier, courtisan, libre penseur, anti-clérical, avocat de causes diverses, satiriste: autant de noms et d'adjectifs qu'on pourrait utiliser pour le définir, sans épuiser les possibilités. Qu'on soit ou non en accord avec le pessimisme (la sagesse?) de Candide, son personnage le plus célèbre, on appréciera son ironie drôle et sarcastique. Rares sont les ennemis de Voltaire qui n'ont jamais succombé au charme ou au venin de son esprit.

Dans Candide, Voltaire fait la critique de la philosophie de l'optimisme représentée par le Docteur Pangloss, le précepteur de Candide. Ce maître de philosophie reprend constamment l'idée principale des optimistes du 18e siècle: tout est pour le mieux dans le meilleur des mondes possibles. Cependant, le pauvre Candide est chassé du château où il avait grandi parce qu'il était amoureux de Cunégonde, la fille du baron. Il passe chez les Bulgares où il est témoin d'une guerre atroce. Puis il arrive à Lisbonne après un naufrage pour assister à un tremblement de terre. Chez les Oreillons, il est presque mangé par des cannibales qui le prennent pour un jésuite. Toutes ces aventures contredisent presque systématiquement

Virent   *passé simple de* voir

Oreillons   *tribu d'Indiens d'Amérique du Sud*

Bulgares   *peuple de race scythe (employés au figuré dans* Candide *pour les Prussiens*)

Abares   *peuple de race scythe (employés au figuré
dans* Candide *pour les Français*)

égorgent   *coupent* la gorge, *tuent*

mis en broche   *on met des morceaux de viande en
broche pour les griller.*

Cunégonde *la jeune fille dont Candide est éperdu-
ment amoureux*

Cayenne   *capitale de la Guyane française*

vont par tout le monde   *voyagent dans le monde
entier*

fleuves (*nm*)   *grandes rivières qui se jettent dans la
mer*

cocotiers (*nm*)   *palmiers d'où proviennent les noix
de coco*

la vieille   *femme italienne qui, après une vie pleine
de mésaventures, était devenue la servante de
Cunégonde*

Nous n'en pouvons plus   *nous sommes extrêmement fatigués*

1. Quel est le dilemme de Candide?

2. Quelles difficultés empê-chent Candide et Cacambo d'aller à Cayenne?

les opinions de Pangloss. Partout Candide ne voit que souffrance, injustice, violence, et hypocrisie. Son passage à Eldorado lui apportera un moment de repos et de bonheur. Après beaucoup d'autres aventures il épouse enfin Cunégonde et achète une petite terre qu'il cultive avec soin, formulant ainsi sa devise de sagesse: «Il faut cultiver notre jardin.»

Chapitre XVII

Arrivée de Candide et de son valet
au pays d'Eldorado, et ce qu'ils y virent

Quand ils furent aux frontières des Oreillons: «Vous voyez, dit Cacambo à Candide, que cet hémisphère-ci ne vaut pas mieux que l'autre; croyez-moi, retournons en Europe par le plus court chemin. 5
— Comment y retourner, dit Candide; et où aller? Si je vais dans mon pays, les Bulgares et les Abares y égorgent tout; si je retourne en Portugal, j'y suis brûlé;* si nous restons dans ce pays-ci, nous risquons à tout moment d'être mis en broche.† Mais comment se résoudre à quitter la partie du monde que mademoiselle Cunégonde habite? 10
— Tournons vers la Cayenne, dit Cacambo, nous y trouverons des Français qui vont par tout le monde; ils pourront nous aider. Dieu aura peut-être pitié de nous.»

Il n'était pas facile d'aller à la Cayenne: ils savaient bien à peu près de quel côté il fallait marcher; mais des montagnes, des fleuves, des 15 précipices, des brigands, des sauvages, étaient partout de terribles obstacles. Leurs chevaux moururent de fatigue; leurs provisions furent consumées, ils se nourrirent un mois entier de fruits sauvages, et se trouvèrent enfin auprès d'une petite rivière bordée de cocotiers qui soutinrent leur vie et leurs espérances. 20

Cacambo, qui donnait toujours d'aussi bons conseils que la vieille, dit à Candide: «Nous n'en pouvons plus, nous avons assez marché,

---

* *dans une précédente aventure, Candide a failli être brûlé vif (comme Jeanne d'Arc) par l'Inquisition.*
† *Candide craint ici les Oreillons qui ont failli le manger croyant qu'il était jésuite.*

le rivage *bord de la rivière*

emplissons-le *d'emplir (remplir) : On remplit
d'eau un verre.*

3. Qu'est-ce que Cacambo
suggère qu'ils fassent ? Pour
quel motif ?

unis *sans aspérités, uniformes*

escarpés *abrupts, d'accès difficile*

(la) voûte *Le plafond d'une cathédrale est formé
de voûtes.*

flots (nm) *courants, eaux*

resserré *devenu plus étroit*

revirent *passé simple de revoir*

se fracassa *se brisa, se cassa*

écueils (nm) *rochers dans l'eau parfois immergés*

se traîner *progresser, avancer avec difficulté*

une lieue *mesure de distance = 4 kilomètres*

4. Quelle sorte de pays les
deux hommes traversent-
ils ?

5. Quelle mésaventure leur arrive-t-il ?

6. Quelles sont les principales
caractéristiques du pays
qu'ils ont découvert ?

traînés *tirés*

Andalousie *région du sud de l'Espagne ; Tétuan
ville du Maroc ; Méquinez (Meknès) ville du
Maroc. Les chevaux espagnoles et marocains
étaient célèbres.*

Westphalie *pays d'origine de Candide*

brocarts (nm) *tissus de soie sur lesquels il y a des
dessins au fil d'or ou d'argent*

jouaient au palet *Dans ce jeu on se sert d'une
petite pierre ronde et plate qu'on jette aussi près
que possible d'un but marqué.*

Mogol *Le grand Mogol était le titre donné au
chef de la dynastie mogole, établie aux Indes au
XVIe siècle.*

le magister *maître d'école*

le précepteur *homme chargé de l'éducation pri-
vée des enfants*

gueux (nm) *pauvres*

7. Pourquoi croient-ils avoir
devant eux des enfants de
roi ?

j'aperçois un canot vide sur le rivage, emplissons-le de cocos, jetons-nous dans cette petite barque, laissons-nous aller au courant; une rivière mène toujours à quelque endroit habité. Si nous ne trouvons pas des choses agréables, nous trouverons du moins des choses nouvelles. — Allons, dit Candide, recommandons-nous à la Providence.» 5

Ils voguèrent quelques lieues entre des bords, tantôt fleuris, tantôt arides, tantôt unis, tantôt escarpés. La rivière s'élargissait toujours; enfin elle se perdait sous une voûte de rochers épouvantables qui s'élevaient jusqu'au ciel. Les deux voyageurs eurent la hardiesse de s'abandonner aux flots sous cette voûte. Le fleuve resserré en cet en- 10 droit les porta avec une rapidité et un bruit horrible. Au bout de vingt-quatre heures ils revirent le jour; mais leur canot se fracassa contre les écueils; il fallut se traîner de rocher en rocher pendant une lieue entière; enfin ils découvrirent un horizon immense bordé de montagnes inaccessibles. Le pays était cultivé pour le plaisir comme 15 pour le besoin; partout l'utile était agréable: les chemins étaient couverts ou plutôt ornés de voitures d'une forme et d'une matière brillantes, portant des hommes et des femmes d'une beauté singulière, traînés rapidement par de gros moutons rouges qui surpassaient en vitesse les plus beaux chevaux d'Andalousie, de Tétuan et de Méquinez. 20

«Voilà pourtant, dit Candide, un pays qui vaut mieux que la Westphalie.» Il mit pied à terre avec Cacambo auprès du premier village qu'il rencontra. Quelques enfants du village, couverts de brocarts d'or tout déchirés, jouaient au palet à l'entrée du bourg; nos deux hommes de l'autre monde s'amusèrent à les regarder: leurs 25 palets étaient d'assez larges pièces rondes, jaunes, rouges, vertes, qui jetaient un éclat singulier. Il prit envie aux voyageurs d'en ramasser quelques-uns; c'était de l'or, c'étaient des émeraudes, des rubis, dont le moindre aurait été le plus grand ornement du trône du Mogol. «Sans doute, dit Cacambo, ces enfants sont les fils du roi du pays qui 30 jouent au petit palet.» Le magister du village parut dans ce moment pour les faire rentrer à l'école. «Voilà, dit Candide, le précepteur de la famille royale.»

Les petits gueux quittèrent aussitôt le jeu, en laissant à terre leurs palets, et tout ce qui avait servi à leurs divertissements. Candide les 35 ramasse, court au précepteur et les lui présente humblement, lui

8. Pourquoi court-il rendre les jouets au magister?

altesses (*nf*)   *titre d'honneur habituellement donné aux princes*

pierreries (*nf*)   *pierres précieuses*

ne manquèrent pas de   *n'ont pas négligé de*

9. En quoi le mépris des richesses est-il un signe de «bonne éducation»?

mépriser   *avoir du dédain pour; dédaigner; ne pas s'intéresser à*

10. Comment voit-on qu'il s'agit d'une maison luxueuse?

s'empressait   *se hâtait, se dépêchait*

Tucuman   *province d'Argentine*

(le) drap d'or   *tissu d'or*
noués   *attachés*

un contour   *un condor (grand oiseau de proie)*
bouilli   *cuit à l'eau*
singes (*nm*)   *animaux (primates)*
colibris (*nm*)   *très petits oiseaux au long bec et de couleurs vives*

11. En quoi le repas est-il exotique?

oiseaux-mouches (*nm*)   *des colibris*
ragoûts (*nm*)   *plats qui consistent en des morceaux de viande préparés dans une sauce; le boeuf bourguignon est un ragoût.*

12. Quelle sorte d'accueil reçoivent-ils?

versaient   ICI: *servaient* (verser = *faire couler*)
convives (*nm*)   *invités*
voituriers (*nm*)   *cochers, hommes qui conduisent une voiture, un coche*
payer son écot   *payer sa part du dîner*

13. Pourquoi les hôtes se mettent-ils à rire?

éclatèrent de rire   *rirent d'une manière soudaine et bruyante*
se tinrent   *passé simple de se tenir*
se remirent   *passé simple de se remettre*

faisant entendre par signes que leurs altesses royales avaient oublié leur or et leurs pierreries. Le magister du village, en souriant, les jeta par terre, regarda un moment la figure de Candide avec beaucoup de surprise, et continua son chemin.

Les voyageurs ne manquèrent pas de ramasser l'or, les rubis et les 5 émeraudes. «Où sommes-nous? s'écria Candide. Il faut que les enfants des rois de ce pays soient bien élevés, puisqu'on leur apprend à mépriser l'or et les pierreries.» Cacambo était aussi surpris que Candide. Ils approchèrent enfin de la première maison du village; elle était bâtie comme un palais d'Europe. Une foule de monde s'empres- 10 sait à la porte, et encore plus dans le logis: une musique très agréable se faisait entendre, et une odeur délicieuse de cuisine se faisait sentir. Cacambo s'approcha de la porte et entendit qu'on parlait péruvien; c'était sa langue maternelle; car tout le monde sait que Cacambo était né au Tucuman, dans un village où l'on ne connaissait que cette langue. 15 «Je vous servirai d'interprète, dit-il à Candide; entrons, c'est ici un cabaret.»

Aussitôt deux garçons et deux filles de l'hôtellerie, vêtus de drap d'or, et les cheveux noués avec des rubans, les invitent à se mettre à la table de l'hôte. On servit quatre potages garnis chacun de deux 20 perroquets, un contour bouilli qui pesait deux cents livres, deux singes rôtis d'un goût excellent, trois cents colibris dans un plat, et six cents oiseaux-mouches dans un autre; des ragoûts exquis, des pâtisseries délicieuses; le tout dans des plats d'une espèce de cristal de roche. Les garçons et les filles de l'hôtellerie versaient plusieurs liqueurs faites de 25 canne de sucre.

Les convives étaient pour la plupart des marchands et des voituriers, tous d'une politesse extrême, qui firent quelques questions à Cacambo avec la discrétion la plus circonspecte, et qui répondirent aux siennes d'une manière à le satisfaire. 30

Quand le repas fut fini, Cacambo crut, ainsi que Candide, bien payer son écot, en jetant sur la table de l'hôte deux de ces larges pièces d'or qu'il avait ramassées; l'hôte et l'hôtesse éclatèrent de rire, et se tinrent longtemps les côtés. Enfin ils se remirent. «Messieurs, dit l'hôte, nous voyons bien que vous êtes des étrangers; nous ne 35 sommes pas accoutumés à en voir. Pardonnez-nous si nous nous sommes

cailloux *(nm)* *petits morceaux de pierre, de roche*

14. Quelle est la politique du gouvernement envers les touristes?

Vous avez fait mauvaise chère *vous avez mal mangé*

égarement *(nm)* ICI: *incompréhension étonnée*

15. En quoi Candide se montre-t-il optimiste?

quoi qu'en dît *en dépit de (malgré) ce que disait*
Pangloss *maître de philosophie de Candide; c'est de lui que Candide a appris les théories de l'optimisme*

16. Pourquoi l'hôte est-il heureux?

témoigna *manifesta*
je m'en trouve bien *je me sens heureux, satisfait à cause de cela*

17. Pourquoi les rôles sont-ils renversés?

lambris *(nm)* ICI: *plâtre doré qui recouvre les murs et les décore*
ne l'effaçaient pas ICI: *ne l'éclipsaient pas*

18. Pourquoi la maison leur paraît-elle d'une «extrême simplicité»?

matelassé de *qui est rempli (rembourré) de*

feu mon père *mon père qui est mort*
écuyer *(nm)* ICI: *homme qui s'occupe des chevaux pour un maître*

mis à rire quand vous nous avez offert en payement les cailloux de nos grands chemins. Vous n'avez pas sans doute de la monnaie du pays, mais il n'est pas nécessaire d'en avoir pour dîner ici. Toutes les hôtelleries établies pour la commodité du commerce sont payées par le gouvernement. Vous avez fait mauvaise chère ici, parce que c'est un 5 pauvre village, mais partout ailleurs vous serez reçus comme vous méritez de l'être.» Cacambo expliquait à Candide tous les discours de l'hôte, et Candide les écoutait avec la même admiration et le même égarement que son ami Cacambo les rendait. «Quel est donc ce pays, disaient-ils l'un à l'autre, inconnu à tout le reste de la terre, et où 10 toute la nature est d'une espèce si différente de la nôtre? C'est probablement le pays où tout va bien: car il faut absolument qu'il y en ait un de cette espèce. Et, quoi qu'en dît maître Pangloss, je me suis souvent aperçu que tout allait assez mal en Westphalie.»

Chapitre XVIII

Ce qu'ils virent dans le pays d'Eldorado

Cacambo témoigna à son hôte toute sa curiosité; l'hôte lui dit: «Je suis fort ignorant, et je m'en trouve bien; mais nous avons ici un vieillard retiré de la cour qui est le plus savant homme du royaume, et le plus communicatif.» Aussitôt il mène Cacambo chez le vieillard. 20 Candide ne jouait plus que le second personnage, et accompagnait son valet. Ils entrèrent dans une maison fort simple, car la porte n'était que d'argent, et les lambris des appartements n'étaient que d'or, mais travaillés avec tant de goût, que les plus riches lambris ne l'effaçaient pas. L'antichambre n'était à la vérité incrustée que de rubis et 25 d'émeraudes, mais l'ordre dans lequel tout était arrangé réparait bien cette extrême simplicité.

Le vieillard reçut les deux étrangers sur un sofa matelassé de plumes de colibri, et leur fit présenter des liqueurs dans des vases de diamant; après quoi il satisfit à leur curiosité en ces termes: 30

«Je suis âgé de cent soixante et douze ans, et j'ai appris de feu mon père, écuyer du roi, les étonnantes révolutions du Pérou dont il avait

19. Quelle est la cause de la disparition des Incas?

il avait été témoin *il avait vu*
(la) patrie *pays d'origine (natal)*

20. En quoi consistent les nouvelles règles? Pourquoi ont-elles été imposées?

du consentement *avec le consentement*

confuse *vague, peu claire*

à l'abris de *protégé de*

21. A quels dangers ont-ils échappé et comment?

la fange *boue*

22. Pourquoi le vieillard est-il confus, embarrassé?

23. Quels principes sont à la base de la religion du vieillard?

24. Pourquoi trouve-t-il ses visiteurs bizarres?

je vous avoue *d'avouer: confesser, reconnaître*
ne se lassait pas *ne se fatiguait pas*

25. A quoi se limitent leurs dévotions?

actions de grâces (*nf*) *remerciements*
moines (*nm*) *membres d'un ordre religieux comme
les Bénédictins*

été témoin. Le royaume où nous sommes est l'ancienne patrie des Incas, qui en sortirent très imprudemment pour aller subjuguer une partie du monde, et qui furent enfin détruits par les Espagnols.

«Les princes de leur famille qui restèrent dans leur pays natal furent plus sages; ils ordonnèrent, du consentement de la nation, qu'aucun habitant ne sortirait jamais de notre petit royaume; et c'est ce qui nous a conservé notre innocence et notre félicité. Les Espagnols ont eu une connaissance confuse de ce pays, ils l'ont appelé *Eldorado*, et un Anglais, nommé le chevalier Raleigh, en a même approché il y a environ cent années; mais, comme nous sommes entourés de rochers inabordables et de précipices, nous avons toujours été jusqu'à présent à l'abri de la rapacité des nations de l'Europe, qui ont une fureur inconcevable pour les cailloux et pour la fange de notre terre, et qui, pour en avoir, nous tueraient tous jusqu'au dernier.»

La conversation fut longue; elle roula sur la forme du gouvernement, sur les moeurs, sur les femmes, sur les spectacles publics, sur les arts. Enfin Candide, qui avait toujours du goût pour la métaphysique, fit demander par Cacambo si dans le pays il y avait une religion.

Le vieillard rougit un peu. «Comment donc! dit-il, en pouvez-vous douter? Est-ce que vous nous prenez pour des ingrats?» Cacambo demanda humblement quelle était la religion d'Eldorado. Le vieillard rougit encore. «Est-ce qu'il peut y avoir deux religions? dit-il. Nous avons, je crois, la religion de tout le monde; nous adorons Dieu du soir jusqu'au matin. — N'adorez-vous qu'un seul Dieu? dit Cacambo, qui servait toujours d'interprète aux doutes de Candide. — Apparemment, dit le vieillard, qu'il n'y en a ni deux, ni trois, ni quatre. Je vous avoue que les gens de votre monde font des questions bien singulières.» Candide ne se lassait pas de faire interroger ce bon vieillard; il voulut savoir comment on priait Dieu dans Eldorado. «Nous ne le prions point, dit le bon et respectable sage; nous n'avons rien à lui demander, il nous a donné tout ce qu'il nous faut; nous le remercions sans cesse.» Candide eut la curiosité de voir des prêtres; il fit demander où ils étaient. Le bon vieillard sourit. «Mes amis, dit-il, nous sommes tous prêtres; le roi et tous les chefs de famille chantent des cantiques d'actions de grâces solennellement tous les matins, et cinq ou six mille musiciens les accompagnent. — Quoi! vous n'avez point de moines

26. Pourquoi Candide est-il étonné? Quelle idée se fait-il de la fonction du clergé? (page 307, ligne 36 à page 309, ligne 2)

cabalent *conspirent, complotent*

fussions (*subjonctif imparfait d'être*) = *que nous soyons*

27. A ce point de ses aventures, quels avantages Candide voit-il à voyager?

monsieur le baron *Candide habitait autrefois chez le baron de Thunder-ten-tronckh.*

atteler *attacher*

un carrosse *voiture*

me prive de *m'enlève*

28. Sur quel ton le vieillard se sépare-t-il de ses hôtes?

nous nommons *nous appelons*
reçurent *passé simple de* recevoir
conduisirent *passé simple de* conduire
le duvet *petites plumes très douces*
la couronne ICI: *la royauté*

29. Quel genre de réception leur réserve-t-on?

s'y prendre ICI: *faire*
(le) ventre *l'abdomen*
léchait *de* lécher: *passer la langue sur*

30. En quoi la cérémonie d'accueil est-elle surprenante?

qui enseignent, qui disputent, qui gouvernent, qui cabalent, et qui font brûler les gens qui ne sont pas de leur avis ? — Il faudrait que nous fussions fous, dit le vieillard ; nous sommes tous ici du même avis, et nous n'entendons pas ce que vous voulez dire avec vos moines.» Candide à tous ces discours demeurait en extase, et disait en lui-même : «Ceci est bien différent de la Westphalie et du château de monsieur le baron : si notre ami Pangloss avait vu Eldorado, il n'aurait plus dit que le château de Thunder-ten-tronckh était ce qu'il y avait de mieux sur la terre ; et il est certain qu'il faut voyager.»

Après cette longue conversation, le bon vieillard fit atteler un carrosse à six moutons, et donna douze de ses domestiques aux deux voyageurs pour les conduire à la cour. — Excusez-moi, leur dit-il, si mon âge me prive de l'honneur de vous accompagner. Le roi vous recevra d'une manière dont vous ne serez pas mécontents, et vous pardonnerez sans doute aux usages du pays, s'il y en a quelques-uns qui vous déplaisent.»

Candide et Cacambo montent en carrosse ; les six moutons volaient, et en moins de quatre heures on arriva au palais du roi, situé à un bout de la capitale. Le portail était de deux cent vingt pieds de haut, et de cent de large ; il est impossible d'exprimer quelle en était la matière. On voit assez quelle supériorité prodigieuse elle devait avoir sur ces cailloux et sur ce sable que nous nommons or et pierreries.

Vingt belles filles de la garde reçurent Candide et Cacambo à la descente du carrosse, les conduisirent aux bains, les vêtirent de robes d'un tissu de duvet de colibri ; après quoi les grands officiers et les grandes officières de la couronne les menèrent à l'appartement de sa majesté au milieu de deux files, chacune de mille musiciens, selon l'usage ordinaire. Quand ils approchèrent de la salle du trône, Cacambo demanda à un grand officier comment il fallait s'y prendre pour saluer sa majesté : si on se jetait à genoux ou ventre à terre ; si on mettait les mains sur la tête ou sur le derrière ; si on léchait la poussière de la salle : en un mot, quelle était la cérémonie. «L'usage, dit le grand officier, est d'embrasser le roi et de le baiser des deux côtés.» Candide et Cacambo sautèrent au cou de sa majesté, qui les reçut avec toute la grâce imaginable, et qui les pria poliment à souper.

nues *(nf)* *nuages*

31. Comment peut-on décrire
l'atmosphère qui règne
dans la ville?

qui répandaient une odeur *dont une odeur*
émanait
(le) girofle *épice aromatique et poivrée dont on*
assaisonne le jambon rôti, par exemple
la cannelle *épice aromatique brune qu'on peut*
mettre sur des crêpes, par exemple
plaidait *Les avocats* plaident *la cause de leur*
client devant le juge. (plaider: *défendre une*
cause devant un juge ou devant l'opinion publique)
parcouru *traversé, visité*
on ne fit meilleure chère *on ne mangea mieux*
à souper *pendant le dîner*

bons mots *(nm)* *paroles spirituelles, pleines*
d'esprit

32. Quelles conclusions peut-
on tirer de la présence de
certains bâtiments et de
l'absence d'autres?

33. Quelles dimensions la ville
a-t-elle?

34. Qu'est-ce qui étonne le
plus Candide?

35. Qu'est-ce qui redonne au
héros envie de partir?

se faire valoir *se donner de l'importance*

36. Comment peut-on voir
qu'il s'agit ici d'un commen-
taire de l'auteur? (ligne
31)

demander leur congé *demander la permission*
de partir
une sottise *idiotie, action pas raisonnable*
passablement *pas trop mal*

37. Pourquoi le roi désap-
prouve-t-il la décision de
ses invités?

En attendant on leur fit voir la ville, les édifices publics élevés jusqu'aux nues, les marchés ornés de mille colonnes, les fontaines d'eau pure, les fontaines d'eau rose, celles de liqueurs de canne de sucre qui coulaient continuellement dans de grandes places pavées d'une espèce de pierreries qui répandaient une odeur semblable à celle du girofle et de la cannelle. Candide demanda à voir la cour de justice, le parlement ; on lui dit qu'il n'y en avait point, et qu'on ne plaidait jamais. Il s'informa s'il y avait des prisons, et on lui dit que non. Ce qui le surprit davantage, et qui lui fit le plus de plaisir, ce fut le palais des sciences, dans lequel il vit une galerie de deux mille pas, toute pleine d'instruments de mathématiques et de physique.

Après avoir parcouru toute l'après-dînée à peu près la millième partie de la ville, on les ramena chez le roi. Candide se mit à table entre sa majesté, son valet Cacambo, et plusieurs dames. Jamais on ne fit meilleure chère, et jamais on n'eut plus d'esprit à souper qu'en eut Sa Majesté. Cacambo expliquait les bons mots du roi à Candide, et quoique traduits, ils paraissaient toujours des bons mots. De tout ce qui étonnait Candide, ce n'était pas ce qui l'étonna le moins.

Ils passèrent un mois dans cet hospice. Candide ne cessait de dire à Cacambo : « Il est vrai, mon ami, encore une fois, que le château où je suis né ne vaut pas le pays où nous sommes ; mais enfin mademoiselle Cunégonde n'y est pas, et vous avez sans doute quelque maîtresse en Europe. Si nous restons ici, nous n'y serons que comme les autres ; au lieu que si nous retournons dans notre monde, seulement avec douze moutons chargés de cailloux d'Eldorado, nous serons plus riches que tous les rois ensemble, nous n'aurons plus d'inquisiteurs à craindre, et nous pourrons aisément reprendre mademoiselle Cunégonde.»

Ce discours plut à Cacambo ; on aime tant à courir, à se faire valoir chez les siens, à faire parade de ce qu'on a vu dans ses voyages, que les deux heureux résolurent de ne plus l'être, et de demander leur congé à sa majesté.

« Vous faites une sottise, leur dit le roi : je sais bien que mon pays est peu de chose ; mais, quand on est passablement quelque part, il faut y rester. Je n'ai pas assurément le droit de retenir des étrangers ; c'est une tyrannie qui n'est ni dans nos moeurs ni dans nos lois ; tous

38. Pourquoi consent-il cependant à leur départ?

39. Quelles objections pratiques leur fait-il?

lieues   voir page 300

commodément   *d'une manière confortable, aisée*
au revers   ICI: *de l'autre côté*

40. Comment le roi proposet-il de les aider?

ont fait voeu   *ont promis solennellement*
enceinte (*nf*)   ICI: *espace (lieu) enclos*

41. Comment la manière dont Cacambo fait sa requête révèle-t-elle le fond de sa pensée?

vivres (*nm*)   *nourriture, provisions*

grand bien vous fasse   *je souhaite que cela vous*
fasse grand bien
sur-le-champ   *tout de suite*
guinder   *élever*

sellés   *sur le dos desquels on a mis une selle*
permettant aux hommes de monter sur eux

42. Quelles préparations faiton pour leur départ?

bridés   *La bride sert à guider l'animal. On dit*
aussi les rênes.
(la) monture   *animal sur lequel on monte*
(cheval, âne, etc)
franchi   *traversé*
moutons de bât   *moutons sellés de façon à*
transporter de la marchandise, du frêt

43. En quoi consistent maintenant les projets des deux voyageurs?

mise à prix   *rachetée au gouverneur pour une*
somme d'argent

312

les hommes sont libres ; partez quand vous voudrez, mais la sortie est bien difficile. Il est impossible de remonter la rivière rapide sur laquelle vous êtes arrivés par miracle, et qui court sous des voûtes de rochers. Les montagnes qui entourent tout mon royaume ont dix mille pieds de hauteur, et sont droites comme des murailles : elles occupent chacune en largeur un espace de plus de dix lieues ; on ne peut en descendre que par des précipices. Cependant, puisque vous voulez absolument partir, je vais donner ordre aux intendants des machines d'en faire une qui puisse vous transporter commodément. Quand on vous aura conduits au revers des montagnes, personne ne pourra vous accompagner ; car mes sujets ont fait voeu de ne jamais sortir de leur enceinte, et ils sont trop sages pour rompre leur voeu. Demandez-moi d'ailleurs tout ce qu'il vous plaira. — Nous ne demandons à votre majesté, dit Cacambo, que quelques moutons chargés de vivres, de cailloux, et de la boue du pays.» Le roi rit : « Je ne conçois pas, dit-il, quel goût vos gens d'Europe ont pour notre boue jaune ; mais emportez-en tant que vous voudrez, et grand bien vous fasse.»

Il donna l'ordre sur-le-champ à ses ingénieurs de faire une machine pour guinder ces deux hommes extraordinaires hors du royaume. Trois mille bons physiciens y travaillèrent ; elle fut prête au bout de quinze jours, et ne coûta pas plus de vingt millions de livres sterling, monnaie du pays. On mit sur la machine Candide et Cacambo ; il y avait deux grands moutons rouges sellés et bridés pour leur servir de monture quand ils auraient franchi les montagnes, vingt moutons de bât chargés de vivres, trente qui portaient des présents de ce que le pays a de plus curieux, et cinquante chargés d'or, de pierreries, et de diamants. Le roi embrassa tendrement les deux vagabonds.

Ce fut un beau spectacle que leur départ, et la manière ingénieuse dont ils furent hissés eux et leurs moutons au haut des montagnes. Les physiciens prirent congé d'eux après les avoir mis en sûreté, et Candide n'eut plus d'autre désir et d'autre objet que d'aller présenter ses moutons à mademoiselle Cunégonde. «Nous avons, dit-il, de quoi payer le gouverneur de Buenos-Aires, si mademoiselle Cunégonde peut être mise à prix. Marchons vers la Cayenne, embarquons-nous, et nous verrons ensuite quel royaume nous pourrons acheter.»

44. L'attitude de Candide semble-t-elle correspondre à sa nouvelle importance? Pourquoi?

transporté *plein de joie et d'enthousiasme*
s'enfoncèrent *de s'enfoncer:* ICI: *descendre,*
   pénétrer profondément
marais (nm) *terrains recouverts d'eau*
abîmés ICI: *tombés au fond de l'eau, engloutis*

45. Quelle morale tirent-ils de leur mésaventure?

Chapitre XIX

Ce qui leur arriva à Surinam, et comment Candide fit connaissance avec Martin

La première journée de nos deux voyageurs fut assez agréable. Ils étaient encouragés par l'idée de se voir possesseurs de plus de trésors que l'Asie, l'Europe, et l'Afrique n'en pouvaient rassembler. Candide transporté écrivit le nom de Cunégonde sur les arbres. A la seconde journée deux de leurs moutons s'enfoncèrent dans des marais, et y furent abîmés avec leurs charges ; deux autres moutons moururent de fatigue quelques jours après ; sept ou huit périrent ensuite de faim dans un désert ; d'autres tombèrent au bout de quelques jours dans des précipices. Enfin, après cent jours de marche, il ne leur resta que deux moutons. Candide dit à Cacambo : « Mon ami, vous voyez comme les richesses de ce monde sont périssables ; il n'y a rien de solide que la vertu, et le bonheur de revoir mademoiselle Cunégonde. »

RÉFLEXION ET DISCUSSION

1. Candide l'optimiste, après bien des dangers et des catastrophes, semble enfin trouver ici un lieu qui confirme sa théorie favorite: «Tout est pour le mieux dans le meilleur des mondes.»
   (a) Quels sont les aspects matériels de la vie qui font d'Eldorado un paradis terrestre?
   (b) Comment le caractère des habitants d'Eldorado contribue-t-il à cette atmosphère paradisiaque?
   (c) A quelles valeurs sont-ils le plus attachés? Lesquelles rejettent-ils avec mépris?
   (d) Pourquoi les visiteurs n'ont-ils pas besoin d'argent?
   (e) Quelle est la part des institutions (civiles et religieuses) dans l'organisation harmonieuse du royaume?

2. Lors de la visite de ce paradis qu'ils comparent à leur pays d'origine, l'étonnement de Candide et de Cacambo grandit à chaque pas.
   (a) Leurs premières réactions paraissent naïves aux habitants d'Eldorado. Quelles sont-elles? Sont-elles vraiment naïves? Pourquoi?
   (b) Quels autres aspects du monde d'où ils viennent Voltaire parvient-il à critiquer grâce à ce moyen? (usages, institutions, etc)
   (c) Quelle morale sommes-nous invités à tirer des réponses que les gens d'Eldorado font aux questions de leurs visiteurs?
   (d) Pourquoi personne ne sort-il jamais du pays? Qu'arrive-t-il à ceux qui essaient? Comment ce détail renforce-t-il la satire du monde «normal» faite dans ce passage?
   (e) Candide dit qu' «il faut absolument» qu'il y ait un pays «où tout va bien». Quelle importance attribuez-vous à sa conviction?
   (f) Les difficultés de l'arrivée et du départ soulignent l'inaccessibilité du pays. Qu'ajoutent ces détails au pessimisme du passage?

3. Décrivant l'Eldorado avec humour, Voltaire critique un monde en créant un autre monde
   (a) Comment crée-t-il ce pays merveilleux? (nombres, dimensions, adjectifs, etc.)
   (b) Que signifie «Eldorado»?
   (c) Par quels détails, par quelles remarques, Voltaire transforme-t-il les éléments fabuleux d'Eldorado en choses triviales?
   (d) Quel est l'effet de ces renversements?
   (e) Après avoir fait la liste des techniques humoristiques et satiriques employées ici, dites laquelle vous préférez (ou vous a paru la plus efficace), et pourquoi.

CYRANO DE BERGERAC

L'Autre Monde

Les États du Soleil

« *Cyrano de Bergerac* » *évoque le plus souvent le personnage sympathique d'Edmond Rostand, avec son nez énorme. Mais le vrai Cyrano est moins connu. Après une vie mouvementée, il fit le récit de ses voyages imaginaires dans le soleil et la lune. On dit que Jonathan Swift subit son influence. Dramatique et satirique, l'oeuvre de cet auteur à l'imagination fertile est peu à peu redécouverte.*

Elle achevait ceci, quand nous fûmes interrompus par l'arrivée d'un Aigle qui se vint asseoir entre les rameaux d'un arbre assez proche du mien. Je voulus me lever pour me mettre à genoux devant lui, croyant que ce fût le Roi, si 5 ma Pie de sa patte ne m'eût contenu en mon assiette. «Pensiez-vous donc, me dit-elle, que ce

---

Elle *la Pie (oiseau noir et blanc très bavard)*

fûmes *passé simple d'être*

se vint asseoir *est venu s'asseoir*

rameaux (nm) *branches*

ce fût (*subjonctif imparfait d'*être) = *c'était*

ne m'eût contenu en mon assiette *ne m'avait pas retenu à ma place* (eût contenu : *subjonctif plus-que-parfait de* contenir)

à cause que *parce que,*
  étant donné que
vous laissez commander
  aux plus grands *vous*
  laissez les plus grands
  commander
sottement *stupidement*
par vous *selon vos cri-*
  tères
autre *différente*
encore ICI : *de plus*
se pût venger *puisse se*
  venger (pût : subjonc-
  tif imparfait de pou-
  voir)
haïsse *de haïr : détester*
il tient les Etats *il ré-*
  unit le parlement
est reçu à *a le droit de*
S'il se rencontre *si on*
  trouve
il *le Roi*

un if *un arbre de la*
  famille des conifères
un étang *petit lac*
liés *attachés*
par devant *devant*
le peut jeter AU-
  JOURD'HUI : *peut le*
  jeter
sur-le-champ *immédiate-*
  ment
qu'il en a eue *qu'il a*
  eue pour faire ceci
répliqua *a répondu*
on tâche *on essaie*

grand Aigle fût notre souverain ? C'est une imagination de vous autres Hommes, qui à cause que
vous laissez commander aux plus grands, aux
plus forts et aux plus cruels de vos compagnons,
avez sottement cru, jugeant de toutes choses par 5
vous, que l'Aigle nous devait commander.

«Mais notre politique est bien autre ; car nous
ne choisissons pour notre Roi que le plus faible,
le plus doux, et le plus pacifique ; encore le
changeons-nous tous les six mois, et nous le 10
prenons faible, afin que le moindre à qui il aurait
fait quelque tort, se pût venger de lui. Nous le
choisissons doux, afin qu'il ne haïsse ni ne se
fasse haïr de personne, et nous voulons qu'il soit
d'une humeur pacifique, pour éviter la guerre, le 15
canal de toutes les injustices.

«Chaque semaine, il tient les États, où tout le
monde est reçu à se plaindre de lui. S'il se rencontre seulement trois Oiseaux mal satisfaits de
son gouvernement, il en est dépossédé, et l'on 20
procède à une nouvelle élection.

«Pendant la journée que durent les États,
notre Roi est monté au sommet d'un grand if sur
le bord d'un étang, les pieds et les ailes liés.
Tous les Oiseaux l'un après l'autre passent par 25
devant lui ; et si quelqu'un d'eux le sait coupable
du dernier supplice, il le peut jeter à l'eau. Mais
il faut que sur-le-champ il justifie la raison qu'il
en a eue, autrement il est condamné à la mort
triste.» 30

Je ne pus m'empêcher de l'interrompre pour
lui demander ce qu'elle entendait par la *mort
triste*, et voici ce qu'elle me répliqua :

«Quand le crime d'un coupable est jugé si
énorme, que la mort est trop peu de chose pour 35
l'expier, on tâche d'en choisir une qui contienne

la douleur de plusieurs, et l'on y procède de cette façon :

« Ceux d'entre nous qui ont la voix la plus mélancolique et la plus funèbre, sont délégués vers le coupable qu'on porte sur un funeste 5 cyprès. Là ces tristes musiciens s'amassent tout autour, et lui remplissent l'âme par l'oreille de chansons si lugubres et si tragiques, que l'amertume de son chagrin désordonnant l'économie de ses organes et lui pressant le coeur, il se 10 consume à vue d'oeil, et meurt suffoqué de tristesse.

« Toutefois un tel spectacle n'arrive guère ; car comme nos Rois sont fort doux, ils n'obligent jamais personne à vouloir pour se venger 15 encourir une mort si cruelle.

« Celui qui règne à présent est une Colombe dont l'humeur est si pacifique, que l'autre jour qu'il fallait accorder deux Moineaux, on eut toutes les peines du monde à lui faire com- 20 prendre ce que c'était qu'inimitié. »

---

funèbre *qui évoque la mort*
funeste ICI : *funèbre*
un cyprès *arbre qu'on trouve souvent dans les cimetières*
s'amassent *se rassemblent*
l'amertume de (*nf*) *humeur triste causée par*
l'économie (*nf*) ICI : *organisation*
à vue d'oeil ICI : *rapidement*
toutefois *cependant*
encourir *risquer*
une Colombe *oiseau blanc, symbole traditionnel de la paix*
l'autre jour que *l'autre jour quand*
accorder *réconcilier*
Moineaux (*nm*) *petits oiseaux très communs et très vifs*
ce que c'était qu'inimitié *ce que l'inimitié était* (inimitié : *contraire d'amitié*)

RÉFLEXION ET DISCUSSION

I. En quoi l'attitude du narrateur est-elle ridicule?

2. Comment la Pie lui explique-t-elle cette erreur de jugement?

3. Quelles qualités doit posséder le Roi des Oiseaux?

4. Dans quelles circonstances peut-on changer de roi?

5. Quelles sont les différentes punitions que l'on réserve aux mauvais rois?

6. Trouvez-vous la «mort triste» plus cruelle que la mort immédiate? Pourquoi?

7. Comment les Oiseaux choisis par l'auteur soulignent-ils le rôle et le comportement qui leur sont assignés dans ce pays?

8. Sur quels principes idéaux la philosophie des Oiseaux est-elle basée?

9. Selon vous, cette organisation de la vie en communauté est-elle applicable aux hommes? Pourquoi?

CHARLES BAUDELAIRE

L'INVITATION AU VOYAGE

songe *rêve*

à loisir *autant qu'on le
désire, calmement, en
prenant son temps*

brouillés ICI : *nuageux,
pleins de brume*

traîtres ICI : *dange-
reux sans le paraître*

luisants *brillants*

senteurs (nf) *parfums*
l'ambre (nm) *matière
qui entre dans la pré-
paration des meilleurs
parfums*

    Mon enfant, ma soeur,
    Songe à la douceur
D'aller là-bas vivre ensemble !
    Aimer à loisir,
    Aimer et mourir   5
Au pays qui te ressemble !
    Les soleils mouillés
    De ces ciels brouillés
Pour mon esprit ont les charmes
    Si mystérieux   10
    De tes traîtres yeux,
Brillant à travers leurs larmes.

    Là, tout n'est qu'ordre et beauté,
    Luxe, calme et volupté.

    Des meubles luisants,   15
    Polis par les ans,
Décoreraient notre chambre ;
    Les plus rares fleurs
    Mêlant leurs odeurs
Aux vagues senteurs de l'ambre,   20
    Les riches plafonds,
    Les miroirs profonds,
La splendeur orientale,
    Tout y parlerait
    A l'âme en secret   25
Sa douce langue natale.

Là, tout n'est qu'ordre et beauté,
Luxe, calme et volupté.

Vois sur ces canaux,

vaisseaux (*nm*) *bateaux,*   Dormir ces vaisseaux
  navires   Dont l'humeur est vagabonde ;   5

assouvir *satisfaire*   C'est pour assouvir
Ton moindre désir
Qu'ils viennent du bout du monde.
— Les soleils couchants

revêtent *habillent*   Revêtent les champs,   10
Les canaux, la ville entière,
D'hyacinthe et d'or ;
Le monde s'endort
Dans une chaude lumière.

Là, tout n'est qu'ordre et beauté,   15
Luxe, calme et volupté.

RÉFLEXION ET DISCUSSION

1. Le poète présente son projet sous les couleurs les plus attrayantes:
    (a) A quels sens (vue, ouïe, etc) fait-il appel?
    (b) Quels sont les mots qui indiquent
        (i)   la douceur et la chaleur?
        (ii) le luxe et l'opulence?
        (iii) l'exotisme et l'évasion?
    (c) Expliquez le rôle et le sens de l'expression «là-bas» (vers 3) et du mot «là» (vers 13, 27, 42).
    (d) Quelle est la «langue natale» de l'âme (vers 25–26)? Où peut-on espérer parler cette langue?
    (e) Comment le refrain résume-t-il les différentes images du poème?
    (f) Le rythme de ce poème vous paraît-il ou non correspondre à ce qui vous semble être son message?

2. Dramatis Personae
    (a) A qui est faite cette «invitation»?
    (b) Que sait-on de la personne à qui le poème s'adresse?
    (c) Quels éléments de la personnalité du narrateur nous est-il possible de deviner?
    (d) De quelle nature sont les relations entre les deux «personnages»?

3. L'«*Invitation au Voyage*» et l'utopie:
    (a) Quelle sorte de «voyage» l'auteur propose-t-il?
    (b) Comment sait-on qu'il s'agit d'un rêve?
    (c) Comment Baudelaire parvient-il à inviter à un «voyage» par un poème dont tous les éléments sont immobiles?

FRANÇOIS RABELAIS

LA VIE À L'ABBAYE DE THÉLÈME

(CHAPITRE 57, TEXTE MODERNISÉ) *

Gargantua est, avec Pantagruel, son fils, le héros le plus célèbre de Rabelais. Dans le roman qui porte son nom (1534) l'auteur se sert des épisodes fantastiques de la vie de ce géant pour exprimer son idéal d'humaniste. L'Abbaye de Thélème, imaginée par Rabelais, est un lieu de vie parfaite, où sont mis en pratique les principes humanistes de la Renaissance. Dans le langage courant, «Thélème» désigne maintenant un endroit de rêve.

(le) libre arbitre *liberté de choisir*

quand bon leur semblait *quand cela leur plaisait*

une clause *provision, article*

honnêtes ICI : *fins, cultivés*

un aiguillon *morceau de bois pointu avec lequel on pique les boeufs pour les faire avancer plus vite*

Toute leur vie était employée non par des lois, des statuts ou des règles, mais selon leur volonté et leur libre arbitre. Ils se levaient du lit quand bon leur semblait, buvaient, mangeaient, travaillaient, dormaient quand le désir leur venait; nul ne les éveillait, nul ne les forçait ni à boire, ni à manger, ni à faire quoi que ce soit d'autre. Ainsi l'avait établi Gargantua. Dans leur règle, il n'y avait que cette clause:

FAIS CE QUE VOUDRAS

parce que les gens libres, bien nés, bien instruits, vivant en compagnie de gens honnêtes, ont par nature un instinct, un aiguillon qui les

5

---

* Voir appendice page vii pour le texte ORIGINAL de Rabelais.

pousse toujours à des actions vertueuses et les éloigne du vice, et qu'ils nomment l'honneur. Quand ceux-ci, par vile subjection et contrainte, sont dominés et asservis, ils détournent l'usage de cette noble passion, grâce à laquelle ils ten- 5 daient nettement à la vertu, pour mettre à bas et briser ce joug de servitude ; car nous entreprenons toujours les choses défendues et convoitons ce qui nous est dénié.[...]

Ils étaient si noblement élevés qu'il n'y en 10 avait aucun ni aucune qui ne sût lire, écrire, chanter, jouer d'instruments harmonieux, parler cinq ou six langues, et composer dans ces langues tant en vers qu'en prose. Jamais on ne vit de chevaliers aussi preux, aussi galants, aussi adroits 15 à pied et à cheval, plus vigoureux, plus agiles, plus habiles à manier les armes, que ceux-là, jamais on ne vit dames si élégantes, si mignonnes, moins ennuyeuses, aux mains ou à l'aiguille plus habiles pour les travaux féminins honnêtes et 20 libres que celles-là.

Pour cette raison, quand le moment était venu pour quelqu'un de cette abbaye, soit à la requête de ses parents, soit pour d'autres causes, de vouloir partir, il emmenait avec lui une des 25 dames, celle qui l'avait pris pour amoureux, et ils étaient mariés ensemble ; et ils avaient si bien vécu à Thélème dans le dévouement et l'amitié qu'ils les prolongeaient encore mieux dans le mariage : ils s'aimaient autant à la fin de leurs 30 jours qu'au premier jour de leurs noces.[...]

---

asservis *réduits à l'esclavage*

détournent *emploient dans un but différent du but original*

la passion *impulsion*

le joug *morceau de bois réunissant deux boeufs, symbole de l'oppression*

convoitons *désirons ardemment*

sût *(subjonctif imparfait de savoir)* = *sache*

tant... que *aussi bien ... que*

preux *braves, courageux*

manier *se servir de*

mignonnes *délicates, gentilles, jolies*

à la requête *à la demande*

le dévouement *disposition à servir loyalement*

noces *(nf, pl)* *mariage*

RÉFLEXION ET DISCUSSION

1. Sur quel principe fondamental la vie est-elle fondée à Thélème?

2. Pour quelles raisons la règle de l'abbaye ne favorise-t-elle pas l'anarchie et le vice?

3. Pourquoi la liberté totale est-elle préférable à la contrainte?

4. A quel genre d'activité les gens de l'abbaye passent-ils leur temps?

5. Quel effet durable la vie à Thélème a-t-elle sur ceux qui en partent?

6. Auriez-vous aimé vivre à Thélème? Pourquoi? Croyez-vous une telle institution possible? Donnez vos raisons.

PROJETS

1. Montrez comment les quatre textes de cette unité ont pour principe essentiel de proposer, chacun à leur façon, des éléments contraires à ceux de la vie normale. (Exposé collectif)

2. Rabelais dit des gens qui habitent Thélème qu'ils sont tous «bien nés et bien instruits». Comment ces détails vous semblent-ils limiter l'application de l'expérience de Thélème? (Devoir écrit)

3. Quels changements faudrait-il opérer dans votre université pour en faire une «Abbaye de Thélème»! (Exposé collectif)

4. Dans les utopies que vous connaissez, y a-t-il souvent des voyages? Pourquoi? Illustrez. (Devoir écrit)

5. Connaissez-vous des thèmes de science-fiction ou d'utopie, qui se sont réalisés plusieurs années ou plusieurs siècles après que leurs auteurs y ont pensé? Donnez des exemples et décrivez-les en détail. (Projet de recherche)

6. En vous basant sur une utopie, ou un ouvrage d'anticipation que vous connaissez bien, expliquez comment l'imagination de son auteur a pu être influencée par son époque. (Projet de recherche)

7. «Utopie» signifie «en aucun lieu», «nulle part». Pourquoi, selon vous, les hommes continuent-ils d'aspirer à un état impossible à atteindre en écrivant des utopies? (DISCUSSION DE CLASSE)

8. Quelles utopies connaissez-vous? Racontez l'une d'entre elles. (EXPOSÉ PERSONNEL)

9. De nos jours l'adjectif «utopique» s'emploie pour qualifier une ambition ou un désir très difficilement réalisable. Avez-vous de telles ambitions, de tels désirs? Racontez. (DEVOIR ÉCRIT)

10. Décrivez la société idéale telle que vous la voyez. (EXPOSÉ ET DISCUSSION DE CLASSE)

11. Quelles sont les possibilités d'évolution dans une société fermée? (EXPOSÉ COLLECTIF)

12. Imaginez une école en Eldorado. Quel enseignement y ferait-on? (EXPOSÉ ET DISCUSSION DE CLASSE)

APPENDICE

Notices biographiques

Baudelaire (1821–1867)

Charles Baudelaire, précurseur de la poésie moderne, reçut sa première éducation à Lyon, puis à Paris. Un voyage aux Indes en 1841 le met sur la voie de l'exotisme. De retour à Paris il mène une vie de bohème. Ses dernières années sont assombries par la gêne et la paralysie.

Dans son grand ouvrage poétique, *Les Fleurs du Mal*, qui parut en 1857, le poète présente sa vision de l'homme sans cesse partagé entre «l'extase et l'horreur» de la vie (*Spleen* et *Idéal*). Le recueil fut condamné à sa parution pour «outrage à la morale publique et aux bonnes mœurs». Baudelaire écrivit aussi des *Poèmes en prose* (1869, posthume) et des ouvrages critiques.

Gerbod

Paul Gerbod en plus de son livre sur *La vie quotidienne dans les lycées et collèges au XIXe siècle* (voir l'extrait page 43) a écrit *La Condition universitaire en France au XIXe siècle* (1965).

Hugo (1802–1885)

Victor Marie Hugo, poète, romancier, et dramaturge, domine le mouvement Romantique du 19e siècle. Né à Besançon en 1802 il passa sa jeunesse en Corse, en Italie et en Espagne. D'abord royaliste, la révolution de 1848 fit de lui un républicain. Il se tourna violemment contre Louis-Napoléon lors du coup d'état de 1851 et dut s'exiler. Il revint à Paris en 1870 et devint sénateur sous la IIIe République. À sa mort on lui fit des funérailles nationales.

La Fontaine (1621–1695)

Jean de la Fontaine, auteur des *Fables*, que les petits enfants apprennent à réciter à l'école, est né en Champagne. Peu enclin à travailler, il préféra vivre à la charge des nobles qui le protégeaient, ce qui lui permettait d'écrire à loisir.

Prévert (1900–   )

Né à Paris, Jacques Prévert connut le succès surtout à partir de 1946, la date de publication de *Paroles* où furent réunis de nombreux poèmes jusque-là dispersés dans des journaux et des revues. Il puise souvent ses sujets dans la vie quotidienne. Maître des mots et des jeux de mots, il allie la satire au lyrisme. Il déteste tout ce qui est dogmatique et donne libre cours à l'imagination. Il écrit aussi des scénarios, entre autres, *Les Enfants du Paradis*, 1945.

Maupassant (1850–1893)

Guy de Maupassant naquit en Normandie. Avant de se lancer dans une carrière littéraire, il travailla pour le Ministère de la Marine et le Ministère de l'Instruction Publique. Connu surtout pour ses *Contes* dont il publia seize volumes, Maupassant est apprécié pour la clarté de son style et la justesse avec laquelle il décrit la vie de province et celle de la société parisienne. A cause du surmenage dû à une vie dissolue, sa santé se détériora et il finit ses jours dans un asile d'aliénés.

Rabelais (vers 1494–1553)

Médecin et chanoine, humaniste et satiriste, François Rabelais est connu pour son *Pantagruel* (1532–33) et *Gargantua* (1534). L'histoire de ces deux géants et de leurs exploits extra-ordinaires permet à Rabelais de montrer à la fois son amour de la vie, sa foi dans l'humanisme, et sa méfiance du monasticisme et des pédants. Ses oeuvres littéraires lui attirèrent la colère des théologiens et furent à plusieurs reprises condamnées. Elles sont appréciées aujourd'hui pour la vivacité de leur style, leur richesse de vocabulaire et leur réalisme.

Saint-Exupéry (1900–1944)

Né à Lyon, Antoine de Saint-Exupéry devint aviateur pionnier des lignes intercontinentales. De son expérience de pilote il tira ses principaux romans : *Vol de nuit*, *Terre des Hommes*, *Pilote de guerre*. Il disparut au cours d'une mission militaire en 1944. Dans *Le Petit prince*, (1943) Saint-Exupéry nous révèle sous la guise d'un conte pour enfants, sa finesse et sa sensibilité philosophiques.

Vian (1920–1959)

Boris Vian est un des personnages les plus pittoresques du quartier Saint-Germain-des-Prés d'après Guerre. Cet homme aux talents multiples—critique de jazz, trompettiste, ingénieur, directeur d'une maison de disques—est aussi l'auteur de nombreux romans qui nous font pénétrer dans un monde surréel où tout devient possible grâce à la magie du verbe de l'auteur. *L'Écume des jours* (voir extrait page 77) parut en 1947.

Madame de Sévigné (1626–1696)

Les lettres qui l'ont rendue célèbre ont été publiées après sa mort. Elles étaient adressées à sa fille et aux amis qui vivaient en province, et décrivaient la vie des nobles dans leurs relations sociales et domestiques.

Jean de la Bruyère (1645–1696)

Après avoir fait ses études de droit, la Bruyère devint précepteur du petit-fils du prince de Condé. Il publia, en 1688, ses *Caractères*. Dans cet ouvrage il fait la critique des hommes de son temps et de leurs moeurs.

Abel et Caïn

Adam ayant connu Ève sa femme, elle conçut un enfant Caïn et elle dit : « J'ai fait l'acquisition d'un homme, avec le secours de l'Éternel. » Elle mit encore au monde Abel, son frère. Abel était berger, et Caïn laboureur.

Au bout de quelque temps, Caïn offrit des fruits de la terre en oblation à l'Éternel. Abel, de son côté, offrit des premiers-nés de son troupeau et de leur graisse. L'Éternel eut égard à Abel et à son offrande ; mais il n'eut point égard à Caïn ni à son offrande. Caïn en fut très irrité, et son visage fut abattu. L'Éternel dit à Caïn : « Pourquoi es-tu irrité, et pourquoi ton visage est-il abattu ? Si tu avais fait ton offrande avec piété n'aurait-elle pas été agréée ? Si tu l'as faite sans piété, c'est que le péché est déjà à la porte de ton coeur qu'il tend à dominer. Mais toi, sache t'en rendre vainqueur. »

Caïn parla à son frère Abel. Et, comme ils étaient dans les champs, Caïn se jeta sur son frère Abel et il le tua. Alors l'Éternel dit à Caïn : « Où est Abel, ton frère ? » Caïn répondit : « Je ne sais pas. Suis-je le gardien de mon frère, moi ? » L'Éternel dit : « Qu'as tu fait ? Le sang de ton frère crie de la terre qui a ouvert sa bouche pour recevoir de ta main le sang de ton frère. Quand tu cultiveras la terre, elle ne te donnera plus ses fruits ; tu seras errant et fugitif sur la terre. » Caïn répondit à l'Éternel : « Mon châtiment est trop grand pour que je puisse le supporter ! Tu me chasses aujourd'hui de ce pays, et je dois me cacher loin de ta face. Je serai errant et fugitif sur la terre ; et le premier qui me trouvera me tuera. » L'Éternel lui répondit : « Non ! Si quelqu'un tue Caïn, Caïn sera vengé sept fois ! » L'Éternel mit sur Caïn un signe, afin que quiconque le rencontrerait ne le tuât point. Alors Caïn se retira de devant l'Éternel et il habita dans le pays de Nod, à l'orient de l'Éden.

— Version synodale de la Société biblique de France

La Vie à l'abbaye de Thélème

Toute leur vie estoit employée non par loix, statuz ou reigles, mais selon leur vouloir et franc arbitre. Se levoient du lict quand bon leur sembloit, beuvoient, mangeoient, travailloient, dormoient quand le desir leur venoit : nul ne les esveilloit, nul ne les parforceoit ny à boyre, ny à manger, ny à faire chose aultre quelconques. Ainsi l'avoit estably Gargantua. En leur reigle n'estoit que ceste clause :

FAY CE QUE VOULDRAS,

parce que gens liberes, bien nez[1], bien instruictz, conversans en compaignies honnestes, ont par nature un instinct et aguillon, qui tousjours les poulse à faictz vertueux et retire de vice, lequel ilz nommoient honneur. Iceulx, quand par vile subjection et contraincte sont deprimez et asserviz detournent la noble affection, par laquelle à vertuz franchement tendoient, à deposer et enfraindre ce joug de servitude ; car nous entreprenons tousjours choses defendues et convoitons ce que nous est denié....

Tant noblement estoient apprins qu'il n'estoit entre eulx celluy ne celle qui ne sceust lire, escripre, chanter, jouer d'instrumens harmonieux, parler de cinq et six langaiges, et en iceulx composer tant en carme, que en oraison solue. Jamais ne feurent veuz chevaliers tant preux, tant gualans, tant dextres à pied et à cheval, plus vers, mieulx remuans, mieulx manians tous bastons, que là estoient, jamais ne feurent veues dames tant propres, tant mignonnes, moins fascheuses, plus doctes à la main, à l'agueille, à tout acte muliebre honneste et libere, que là estoient.

Par ceste raison, quand le temps venu estoit que aulcun d'icelle abbaye, ou à la requeste de ses parens, ou pour aultres causes, voulust issir hors, avecques soy il emmenoit une des dames, celle laquelle l'auroit prins pour son devot, et estoient ensemble mariez ; et, si bien avoient vescu à Theleme en devotion et amytié, encores mieulx la continuoient ilz en mariaige : d'autant se entreaymoient ilz à la fin de leurs jours comme le premier de leurs nopces.

— François Rabelais

Supplément au vocabulaire

Pour la nature de ce vocabulaire, voir Introduction, page xi.

A

abord: d'abord en premier lieu, avant tout

accord (*nm*) conformité de sentiment, d'opinion

acquis (*nm*) connaissance ou expérience qu'on a (Ex: Parler plusieurs langues est un bon acquis.)

affreux terrible, horrible

s'**agiter** aller et venir en tous sens; remuer

aigre acide, piquant, dont le goût ressemble à celui du vinaigre

amener conduire quelqu'un dans un endroit (Ex: Il *a* amené une amie à la réception.); occasionner, être la cause de (Ex: La guerre amène beaucoup de malheurs.)

anglaise: fuir à l'anglaise s'en aller sans dire au revoir et sans être vu

alors en ce cas-là

âme (*nf*) esprit (Ex: L'homme a un corps et une âme.)

apaiser calmer

appareil (*nm*) une machine

apprêter préparer

appuyé qui repose sur

archipel (*nm*) groupe d'îles

arracher enlever de force, détacher avec effort, extirper

s'**arrêter** contraire de *partir* et de *continuer*

asservir rendre esclave, réduire à la dépendance

assiette (*nf*) manière d'être assis ou placé; plat dans lequel on mange

attendre rester dans un endroit jusqu'à ce que quelqu'un ou quelque chose arrive (Ex: attendre l'autobus.)

auparavant avant

aurore (*nf*) lever du jour, aube; **aurore boréale** phénomène lumineux qui précède le lever du soleil dans les régions polaires

avoir: avoir de la chance être dans une situation favorable. (Ex: Paul n'avait plus d'argent mais il a eu de la chance et il a trouvé un billet de cent francs.); **avoir l'air** donner l'impression, sembler, paraître

B

battant (de **battre**): **le coeur battant** Le coeur, en battant, fait circuler le sang; sous l'effet d'une émotion on a le coeur battant.

bâtie (*adj*) construite

bâton (*nm*) morceau de bois

bercer balancer (Ex: Une mère berce son enfant pour l'endormir.)

bonne (*nf*) domestique

borne (*nf*) *au figuré*: limite

bouger remuer, s'agiter, faire un mouvement

brise (*nf*) vent léger

briser détruire par un choc violent

brouillé mélangé, en désordre, troublé

brûler consumer par le feu

buffet (*nm*) meuble où on met les objets de cuisine

but (*nm*) point, objectif que l'on se propose d'atteindre

C

carte (*nf*): **carte murale** Une carte murale représente le globe terrestre ou la géographie d'un pays

céans: **maître de céans** maître de maison

céder laisser, abandonner (Ex: il cède ses droits et son pouvoir.)

cendre (*nf*) ce qui reste quand le feu a consumé quelque chose

cerveau (*nm*) centre nerveux principal, organe de l'intelligence

chancelant qui n'est pas stable (Ex: Une personne qui a trop bu chancelle.)

chemin (*nm*) route étroite; itinéraire

choisi: **morceaux choisis** voir **morceaux**

colère (*nf*) violente irritation

col (*nm*) partie d'une chemise ou d'une veste qui est autour du cou

comprimé (*nm*) pastille contenant un médicament (Ex: Il porte un comprimé d'aspirine.)

confondre faire une confusion entre deux choses

conjurer détourner (un malheur); dissiper (une menace)

contrefait difforme; imité frauduleusement

convaincre persuader

convaincu *participe passé* de **convaincre**

convenir être approprié (Ex: Cette maison ne lui convient pas; il en veut une plus grande.)

corne (*nf*) pièce de bois qui s'articule sur le haut du mât d'un bateau et à laquelle s'attache la voile

couronne (*nf*) symbole de souveraineté que les rois portent sur la tête

creuser faire un trou, une excavation

croissante qui augmente, qui grandit

cuisse (*nf*) partie supérieure de la jambe

cupidité (*nf*) convoitise, désir de richesse

D

débile faible, sans force

décrocher pour répondre au téléphone on décroche le récepteur

dépaysé désorienté, ce que l'on ressent lorsqu'on change de pays

se **dérouler** prendre place dans le temps, avoir lieu

dissimuler cacher

dos (*nm*) partie postérieure du tronc

(la colonne vertébrale le suit de haut en bas); **assis de dos** assis de manière à présenter le dos au public

dresser faire tenir droit, ériger

durer continuer dans le temps

E

ébaucher commencer à donner une forme, esquisser

s'écarter se mettre sur le côté pour laisser passer quelqu'un

s'échapper s'évader

éclairage (*nm*) source de lumière, ou cette lumière elle-même

éclairé qui reçoit de la lumière

s'écrier pousser un grand cri

s'écrouler tomber en ruines

effacer faire disparaître (Ex: Il efface ce qui est écrit sur le tableau noir.)

effrayer faire peur

égarement (*nm*) état de déréglement, déviation du comportement rationnel ou moral accepté

s'emparer se saisir d'une chose par la force, s'en rendre maître, l'occuper (Ex: L'armée s'est emparée de la ville.)

empêcher rendre une action impossible

emporter prendre avec soi en partant; **l'emporter sur,** gagner, triompher (Ex: Les soldats romains l'ont emporté sur les Gaulois)

engourdissement (*nm*) état d'un membre (bras, jambe, etc.) qui est en partie privé de mobilité ou de sensibilité. Si on reste longtemps assis ou couché dans une même position on s'engourdit.

enjeu (*nm*) ce que l'on risque dans une aventure ou au jeu

enlever emporter avec soi; faire partir, faire disparaître (une tache sur un vêtement); emmener par force ou par ruse

s'ensuivre résulter, être une conséquence logique

entreprendre décider de faire une chose; commencer à la faire

envahir occuper un territoire brusquement et par la force

environ (*adv*) approximativement

épargner économiser; exempter, dispenser de (Ex: Epargnez-nous vos commentaires!); ne pas blesser ou tuer quelqu'un

épars (*adj*) en désordre, ça et là, dispersé, sans ordre

épaule (*nf*) partie du corps qui relie le bras au tronc

époque (*nf*) période de temps

éprouver sentir, avoir un sentiment

éteindre faire cesser (Ex: On éteint la lumière.)

éviter s'abstenir de

F

face (*nf*) **assis de face** assis de manière que toute la figure puisse se voir

faillir manquer (Ex: Il a failli à son devoir); **faillir + infinitif** être presque au point de (Ex: j'ai failli avoir un accident [j'ai presque eu un accident])

falloir (*impersonnel*) être nécessaire

fallut *passé simple* de **falloir**

fil (*nm*) long morceau de fibre textile utilisé avec une aiguille pour faire une couture

flanc (*nm*) côté

flot (*nm*) surface d'eau en mouvement

foi (*nf*) croyance religieuse; loyauté, fidélité; **bonne foi** sincérité

folie (*nf*) démence, maladie mentale; acte extravagant

folle voir **fou**

fond (*nm*) partie la plus basse d'un ensemble (Ex: Au fond de la mer il n'y a pas de lumière.) **au fond, dans le fond** en réalité; **à fond** complètement; **de fond en comble** de la base au sommet

fort grand, solide, puissant, courageux, énergique, ferme

fort (*adv*) très

fou qui a perdu la raison

foulard (*nm*) mouchoir de cou

fraise (*nf*) fruit rouge et parfumé qui pousse près du sol

friser coiffer les cheveux en boucles; approcher de très près (Ex: Cette actrice n'est plus très jeune; elle doit friser la soixantaine.)

frôlant de **frôler**

frôler toucher légèrement une chose ou une personne près de laquelle on passe

front (*nm*) partie du visage entre les yeux et les cheveux

fuite (*nf*) action d'échapper, de partir pour sortir d'une situation désagréable

G

gifler frapper avec la main ouverte

glace (*nf*) la vitre d'une fenêtre d'auto

gorge (*nf*) partie antérieure du cou

goutte (*nf*) très petite quantité de liquide

H

hanche (*nf*) partie du corps qui lie la jambe au tronc

hasard (*nm*) événement imprévu; **par hasard** fortuitement

hasardeux (*adj*) qui peut être dangereux

hisser faire monter (Ex: On hisse le drapeau.)

honte (*nf*) sentiment de regret qu'on éprouve après une mauvaise action

hurler crier

I

imprévu que l'on n'attendait pas

inabordable (*adj*) dont l'accès est impossible

indigne (*adj*) qui ne mérite pas

s'**inquiéter** se tourmenter, s'alarmer

instituteur (*nm*) enseignant, maître

L

lâcheté (*nf*) manque de courage

laine (*nf*) la peau du mouton est couverte de laine

légion (*nf*) corps de gens de guerre; quelquefois le nom d'un régiment; grand nombre de personnes

lié (*participe passé* de **lier**) attaché

logis (*nm*) maison

lunette (*nf*) instrument d'optique qui permet de voir plus distinctement les objets éloignés

M

machinal automatique, instinctif, mécanique

maladif, –ive (*adj*) sujet à être malade ou qui présente le caractère de la maladie

malaise (*nm*) sentiment de trouble physique ou mentale

maléfique qui suggère la sorcellerie

manche (*nf*) partie d'un vêtement qui couvre le bras

manquer faire défaut (Ex: Il me manque du beurre et du sucre : je ne pourrai pas faire le gâteau.)

méchamment (*adv*) cruellement, durement

mêler mettre des objets ensemble, sans ordre ; mélanger

ménage (*nm*) nettoyage d'une maison ; tous ceux qui composent une famille (Ex : C'est un ménage de quatre personnes.)

menteur (*nm*) qui ne dit pas la vérité

mépris (*nm*) dédain, indifférence hautaine

mignonne : «ma mignonne» généralement, terme d'affection employé en parlant à une enfant ou à une jeune fille petite et jolie

moeurs (*nf pl*) coutumes

moindre plus petit, moins important

moins : du moins néanmoins, pourtant

se moquer ridiculiser, railler (Ex : Il se moque de son frère en imitant sa manière de parler.)

morceau (*nm*) : **morceaux choisis** passages sélectionnés d'écrivains et de textes littéraires divers

muet (*adj*) privé de l'usage de la parole, ou, sous l'effet de l'émotion, momentanément incapable de parler (Ex : Il voulait parler, mais l'étonnement le rendait muet.)

muraille (*nf*) mur épais et haut

murale : carte murale voir **carte**

N

naissant *participe présent* de **naître**

naufrage (*nm*) accident de mer qui a pour conséquence la destruction du bateau

navire (*nm*) bateau

néfaste qui a, ou qui peut avoir, des conséquences malheureuses, dangereuses ou désastreuses

nuque (*nf*) partie postérieure du cou

O

ôter déplacer, retirer, faire disparaître

ouragan (*nm*) tempête causée par des vents violents et opposés

P

panne (*nf*) Quand un moteur ne fonctionne pas, il est en panne.

par : par tout le monde dans le monde entier

particulier (*nm*) individu

pas (*nm*) Pour marcher, on met un pied devant l'autre, on fait un pas, deux pas, etc.

peau (*nm*) enveloppe, tissu recouvrant le corps, les fruits

paître manger de l'herbe dans un pré

partir : à partir de dès, en commençant par

peint : draperies peintes rideaux décorés

peine : ce n'est pas la peine de cela ne vaut pas l'effort de

pénétré imprégné, convaincu (Ex : C'est un homme pénétré de son importance.)

pénible désagréable, dur, difficile, fatigant

périr mourir

peser avoir un certain poids (Ex : Les légumes pèsent 2 kilos.)

peu : à peu près approximativement

plancher (*nm*) surface de bois couvrant le sol d'une maison

plat (*adj*) qui a une surface plane, unie, régulière ; de faible épaisseur ; **à plat ventre** couché sur le ventre, de tout son long

pli (*nm*) En refermant une feuille de papier sur elle-même, on fait un pli au milieu.

plombé garni de plomb (métal gris très dense) ; de la couleur du plomb

plonger se jeter dans l'eau la tête la première

plutôt appliqué à une action, indique une préférence (Ex : J'irai à Paris plutôt qu'à Rome.)

poitrine (*nf*) devant du corps entre l'estomac et le cou

portail (*nm*) entrée principale et monumentale d'un édifice ; grande porte (Ex : le portail de la cathédrale)

poumon (*nm*) organe principal de la respiration

pousser déplacer dans une direction déterminée

pourvoir avoir la capacité, la force, le moyen de faire quelque chose ; **n'en pouvoir plus** être extrêmement fatigué

préjugé (*nm*) idée préconçue

près : à peu près approximativement

pressant (*adj*) urgent

se **prêter à** s'adapter à quelque chose ; accepter d'être soumis à une action

Q

quiconque n'importe qui, toute personne qui

R

récolte (*nf*) action de recueillir les produits de la terre quand ils sont mûrs (Ex : La récolte du blé, est très riche cette année.)

rédaction (*nf*) action d'écrire un texte ; composition

refroidir rendre froid ou moins chaud

remontrances (*nf pl*) critiques, reproches

renaître naître de nouveau, revenir à la vie

renfermer contenir; enfermer de nouveau

renvoyer faire retourner d'où l'on vient (Ex: César a renvoyé le messager avec sa réponse.)

résonner produire du bruit, des échos, des résonances

résoudre (*verbe transitif*) trouver la solution d'un problème; **se résoudre à** décider de

revers (*nm*) le côté opposé au côté principal d'un objet (Ex: Le revers du manteau est noir.)

rigueur (*nf*): **à la rigueur** en cas de nécessité absolue, en allant à la limite du possible ou de l'acceptable. (Ex: On peut à la rigueur vivre quelques jours sans manger.)

ruminer mâcher lentement et plusieurs fois, comme une vache qui digère; *sens figuré*: réfléchir

S

saccadé discontinu, brusque, irrégulier

saigner perdre son sang

sang (*nm*) liquide rouge qui circule dans les veines et dans les artères

savoureux (*adj*) qui a très bon gôut, qui a beaucoup de saveur

secouer agiter

sein (*nm*) buste, poitrine, mammelle

selon conformément à; d'après

serrer tenir avec force; presser

serviteur celui qui est au service de quelqu'un (Ex: Leporello était le fidèle serviteur de Don Juan.)

sinon: sinon . . . que si ce n'est que

soin (*nm*) précaution

sort (*nm*) destinée

souffler expirer, exhaler de l'air

sourd (*adj*) qui ne peut pas entendre, ou difficilement; aussi un bruit qu'on n'entend pas distinctement

sous-entendu (*nm*) pensée qui n'est pas clairement exprimée, mais qui peut être comprise par allusion ou insinuation

supplier demander en priant, d'une manière pressante

supporter endurer

supprimer éliminer (Ex: Ce texte est beaucoup trop long; il faudra en supprimer plusieurs passages.)

sursaut (*nm*): **en sursaut** subitement

T

tâcher essayer, faire un effort pour (Ex: Tâche de m'écrire une fois par semaine.)

tant (*adv*) tellement, à un tel degré; **Pas tant de manières** Soyez plus simple!

tenir à vouloir absolument

tenter de essayer de, chercher à

tiroir (*nm*) partie d'un meuble que l'on tire pour ouvrir et où on range des vêtements, des papiers, etc.

tout (*adv*) complètement

tracé (*nm*) ligne ou schéma que l'on dessine à grands traits

traîner tirer derrière soi

trempé saturé d'eau ou d'un autre liquide

tribunal (*nm*) cour de justice

trou (*nm*) excavation dans la terre ou ouverture dans un autre solide

U

usages (*nm pl*) coutumes

V

vague (*nf*) masse d'eau agitée et élevée par le vent

valoir mieux être préférable, meilleur (Ex: Il vaut mieux réfléchir avant de parler.); être plus estimable

veille (*nf*) jour précédent

velu couvert de poils

ventre (*nm*) abdomen; partie du corps où se trouvent les viscères; **à plat ventre** voir **plat**

voguer naviguer

voie (*nf*) route, chemin

vol (*nm*) action de voler, comme un oiseau ou un avion; action de prendre ce qui n'est pas à soi (Ex: On a volé les bijoux de la duchesse.)